决策共识形成的合作行动机制

肖亚雷◎著

DECISION MAKING CONSENSUS
BUILDING MECHANISM
BASED ON COOPERATIVE ACTION

中国经济出版社
CHINA ECONOMIC PUBLISHING HOUSE
北 京

图书在版编目（CIP）数据

决策共识形成的合作行动机制 / 肖亚雷著 . --北京：中国经济出版社，2023. 8

ISBN 978-7-5136-7399-0

Ⅰ. ①决… Ⅱ. ①肖… Ⅲ. ①决策学-研究 Ⅳ. ①C930

中国国家版本馆 CIP 数据核字（2023）第 140285 号

责任编辑　罗　茜
责任印制　马小宾
封面设计　华子设计

出版发行　中国经济出版社
印 刷 者　北京科信印刷有限公司
经 销 者　各地新华书店
开　　本　710mm×1000mm　1/16
印　　张　16. 5
字　　数　252 千字
版　　次　2023 年 8 月第 1 版
印　　次　2023 年 8 月第 1 次
定　　价　88. 00 元
广告经营许可证　京西工商广字第 8179 号

中国经济出版社　**网址** www. economyph. com　**社址** 北京市东城区安定门外大街 58 号　**邮编** 100011
本版图书如存在印装质量问题，请与本社销售中心联系调换（联系电话：010-57512564）

序言

把共识确立为公共决策的目标是实现政策公共性的基本要求，也是追求实质民主之本意所在。在后工业化的历史进程中，社会越发具有流动性和不确定性，并趋向复杂化、虚拟化和多元化，突发性事件的频发是其典型症候。社会状况的嬗变不仅使政策问题变得更加低度结构化和具有建构性，还加速了公共性的扩散和多元决策主体的兴起，进而推动了公共决策民主化。在高度复杂和不确定的决策情境中，多元决策者们很难再借助传统的决策方式来形成共识。所以，在后工业化进程中，公共决策所面临的主要困境是共识难以形成。决策共识的形成不仅有利于促进公共性的生产与再生产，还能有效规避突发性事件的发生，因为突发性事件的发生绝非一朝一夕之功，而是根植于常态性事件。

公共政策学家倾向于把公共决策视为一种行动，主张通过理性选择、讨价还价或协商对话的方式来建构决策共识，从而悬置了对结构性条件的考量。换句话说，当前的决策共识研究是在一个行动与结构二元分立的理论架构中进行的。其实，行动与结构从来都是相互套嵌的，作为行动的公共决策也必定是在一个组织或社会结构中进行的。可见，决策共识理论既是一种行动理论，也是一种结构理论。实质性决策共识的形成不仅需要平等主体之间的持续互动，也需要社会结构予以支持。但是，当前的大多数决策共识研究者习惯于把行动视为语言性构成，把结构视为独立于行动的支配性存在。如果组织或社会结构只会对行动产生制约性，那么，自主性行动的生成就绝无可能性，建构实质性决策共识也必定是镜花水月。因此，追求实质性决策共识必须对行动与结构及其之间的关系进行重构。

本书在对社会学和组织社会学关于行动与结构及其关系梳理的基础上，从行动与结构融合的视角来分析决策共识的形成问题。我们倾向于把行动视为一种“流”，把社会组织视为行动的结构化特征。作为有组织的行动，社会组织既是行动的结果，又为行动提供了条件，二者相互建构，并统一于循环往复的社会互动过程中。决策共识的形成不仅需要平等主体之间的语言性和非语言性互动，还需要使这种平等互动获得结构性支持，从而呈现出可持续性与稳定性。因而，建构决策共识必然在逻辑上导向合作行动理论，而合作行动理论不仅提倡行动自主性，还主张通过社会组织的去中心化来为共识形成提供结构性支持。从行动机制上来说，就是要借助于合作化的组织学习来实现从共识到默契的升华，从而形成实质性决策共识。因为组织学习本身就是一种理想的共识形成方式，其中的反思、探询、深度会谈和讨论都是卓有成效的沟通工具。只是，组织学习所具有的功能主义特征影响了其作用的发挥，所以必须对其加以重构。一旦依据合作行动理论对组织学习加以改造，使之生成“过程”与“合作”的特征，就可以建立起决策共识形成的合作行动机制，从而解决后工业化进程中实质性决策共识难以形成的问题。

目录

第1章 导 论

1.1 研究的背景和意义

1.1.1 研究的背景

随着全球化和后工业社会的来临，人类社会不断呈现出多元化、虚拟化和流动性的特征，突发性事件的频发是社会复杂性和不确定性急速增长的典型症候。社会形态的变化对公共决策中的共识形成提出了严峻挑战，因为在后工业化进程中，公共决策不仅要处理常态性事件，还要应对突发性事件。实质上，突发性事件绝不是凭空而来的，其发生或发展必定要经历一个长期的过程，或者说，突发性事件在初露端倪时也是常态性事件，只不过因为没有及时加以有效处理而最终酿成了突发性事件。从这种角度来看，所谓的突发性事件都不过是常态性事件的异化形式。因此，如果在常态性事件的解决过程中能广泛吸纳利益相关者参与，并就政策方案达成实质性共识，大多数突发性事件是完全可以规避的。即便突发性事件发生了，决策者也可以借助在长期对话中积累的经验和形成的默契做到当机立断。

在公共决策民主化的浪潮中，公共决策必定是在一个包括政府、企业、非营利组织和普通公民在内的多中心决策架构中进行的，因而有必要建立一个多元行动者共同参与决策的行动框架。在民主社会中，对共识的追求是公共性的内在要求，因为不以共识作为公共决策的目标或准则，公共决策就可能异化为精英主义者的权力游戏或科层制组织的技术主义独白，甚至有可能蜕化为无政府主义式的狂欢。因此，在后工业化进程中，必须牢固地把共识确立为公共决策的基本目标，并寻求实质性决策共识的形成机制。总体来说，西方公共政策学界在决策共识的研究上聚焦如何通过平等主体之间的协商对话来建构共识，协商对话是协商民主理论的核心论题。作为代议制民主的替代形式，协商民主强调公民对公共事务的直接参与，并通过自由辩论来形成共识。其实，民主本身就是一种公共决策方式，或者说，公共决策是民主得以展现的主要形式，但是民主并不必然是实质性的。当前的决策共识理论倾向于通过平等主体之间的协商对话来形成共识，但这种对话基本上是在“中心—边缘”式的社会结构或组织中进行的。行动者的自主性和彼此之间的平等得不到保障，那么实质性决策共识的形成也是一种空想。

当前，我国正处于社会转型期，面临着社会变迁导致的利益多元化、文化多元化和价值多元化问题，突发事件时有发生，社会进入矛盾和冲突的多发期，更凸显了公共决策中共识形成的重要性和紧迫性。国内的大多数公共政策学家主要研究突发性事件的应急处理机制，且不谙突发性事件与常态性事件之间的联系。其实，突发性事件的发生更多是有意识行动的意外后果，这种有意识的行动是一种在公共决策中排斥公众参与和共识形成的行动。如果在公共决策中有意识地吸纳多元行动者参与，并建立起广泛而深入的共识，那么突发性事件的意外后果是完全可以规避的。当然，也有一些国内的公共政策学者已经开始有意识地研究决策共识的形成问题。有学者认为，我国新医改政策的制定就是一种共识型决策，政策的出台就是政府官员、专家学者和利益相关者通过协商对话来形成共识的结果。国内学者关于决策共识的研究不仅丰富了决策共识理论，还具有积极的实践意义，但也存在不足，需要进一步加以完善和改进。

1.1.2 研究的理论意义

当前，中西方学者关于决策共识的研究存在两种基本视角，即经济学视角和政治学视角。持经济学视角的公共政策学家通常采取个人主义的方法论来进行研究，其假定人是理性自利的，并把决策共识看作决策者经由理性计算或策略性交换而形成的利益上的一致。因而，经济学视角的决策共识研究是选择的学问、投票的学问和博弈的学问。持政治学视角的公共政策学家则把公共决策看作是包容理性与情感的世界，因而其认为决策共识的形成绝不仅是通过成本—收益分析而实现的，它可能是一个渐近调适的过程，也可能是一个充斥着意义、歧义和讨价还价的世界。政治学视角中的决策共识研究是讨价还价的学问、妥协的学问和结社的学问，同时也是一门艺术。当然，学界也存在着一些其他的决策共识研究视角，如哲学和管理学，只不过，相对于经济学和政治学，它们处于从属地位。可见，关于决策共识的研究是一个多学科交叉的领域。

虽然不同研究视角的决策共识理论在关于决策共识的界定及其形成方式上观点各异，但也共享着一些基本特征，或者说，存在着同样的不足。首先，这些研究大多是在一个行动与结构二元分立的理论框架中进行的，它们往往侧重于从行动与结构中的某一方来研究决策共识形成。即便涉及社会结构或组织的问题，也是从功能主义的角度来看待组织问题，并把组织等同于科层制组织或由科层制组织构成的组织间网络，从而排除了彻底重构组织的可能性。其次，这些决策共识理论坚信行动必定涉及语言，尽管语言在其中发挥的作用有所不同，从而忽略了非语言性行动的重要性。其实，舒茨、吉登斯和布迪厄等社会学家已经揭示了非语言的、理所当然的行动在社会生产与再生产中的积极作用。因而，从当前的决策共识理论来看，不仅非语言性行动被习惯性遗忘，行动与结构的关系问题也常常得不到重视。因此，建构实质性决策共识的形成机制，不仅要重视行动理论，还要重视结构理论，关键是要重构行动与结构及其关系。

本书立足于人类社会后工业化进程这一时代背景，拟采取社会学和组织社会学的研究视角，从行动与结构的关系出发来分析公共决策中共识形成的机理，进而解决高度复杂和不确定情境下实质性决策共识难以形成的问题。组织社会学，尤其是阐释主义取向的组织社会学，以互依性行动为逻辑起点，把社会组织看作是人类互动的虚拟化特征，从而破除了行动与结构二元分立的局面。组织理论中的行动主义不仅强调行动的自主性，还把行动视为一种“流”，为分析决策共识的形成提供了一种动态的研究视角，可以有效弥合语言行动与非语言行动之间的断裂，从而建立起更具包容性的理论框架。合作行动理论的提出消解了社会互动中的权力关系及其支配属性，有利于实现决策参与者之间真正的平等，从而为形成实质性决策共识奠定基础。可见，组织社会学的研究视角可以为分析公共决策中的共识形成提供一种全新的视角，有利于弥补当前决策共识研究视角存在的不足。同时，决策共识形成的合作行动理论架构的提出也不失为一种理论创新，对于丰富当前的决策共识理论有着积极贡献。

1.1.3 研究的现实意义

从实践方面来看，当前公共决策中遇到的最大困境是共识难以形成，之所以如此，与社会情境的高度复杂性和不确定性有关，也与共识形成的机制不当有关。采用社会学和组织社会学理论来研究公共决策中的共识形成问题，既有利于形成实质性共识，也能达成一种更高层次的默契，从而实现从共识到默契的升华。默契也是一种共识，只不过是一种更高层次的共识。

作为“过程”的共识始终处于变动之中，它会从一个低级的形态发展到一个高级的形态，当然也有可能发生破裂或被彻底替代，但绝不会作为一个结果或终点而停滞不前。因而，协商对话与共识或默契之间是一种循环往复的相互建构过程，共识或默契既是协商对话的结果，同时又为下一步的面对面互动提供了前提或条件。

扩大的决策共识理论具有积极的现实意义：首先，基于合作行动的决策共识理论不仅主张多元行动者对公共决策的平等参与，还消解了社会组织的中心—边缘结构及其支配性，有利于推动公共决策民主化，从而最大限度地实现对公共性的追求。其次，基于合作行动的决策共识理论有利于减少公共政策执行中的阻力。因为，政策是经由利益相关者的平等对话和深入讨论而作出的，反映了他们的真实意愿和现实诉求，故而不会在政策执行中出现刻意阻挠的现象。最后，决策共识形成的合作行动理论有利于规避突发性事件的发生。决策共识理论虽以常态性事件为研究对象，但突发性事件大多源于对常态性事件的处置不当。因此，只要合理解决了常态性事件，突发性事件也就无从生成了。

可见，一个行动主义取向的决策共识理论对处于转型期的中国来说是十分必要的。因为，决策者自主性的生成、合作关系的建立和社会组织的重构不仅能够推动公共决策民主化，实现政策公共性，还能把公共政策建立在广泛而平等的对话机制之上。那么，突发性事件的规避就不再是一种奢望，而是有了现实的制度依托和行动机制，势必带动和谐社会的建设。

1.2 文献综述及评价

1.2.1 国内文献梳理

国内关于共识的研究主要集中于政治哲学和政治学领域，具体来说，就是引介和阐述哈贝马斯、罗尔斯和一些协商民主理论家的共识理论。然而，对公共决策中共识形成的研究相对滞后，且有价值的成果寥寥无几。虽然这些领域的共识研究在分析层次和视角上存在差异，但都强调协商对话之于共识形成的重要性，并把构建多元行动主体之间的协商对话机制作为根本理论旨趣。可见，对不同领域的共识研究成果进行梳理甚为必要。

（1）政治哲学和政治学关于共识或决策共识的研究成果

对哈贝马斯共识理论的研究以姚大志、谢立中、陈炳辉和李远行等为代表，成果虽多，但趋同性较高，大多围绕理性共识形成的“理想沟通情境”或“言谈有效性条件”展开。也有一些学者除了对共识理论进行阐释，还指出了其存在的问题和不足。姚大志认为，哈贝马斯的共识理论本质上是一种程序主义，[①] 它关注的主要问题是共识产生的程序，而不是共识的实质内容，因而必然导致形式主义。谢立中指出哈贝马斯沟通有效性理论的前提和限制。在他看来，共识达成的主要障碍不是不平等的权力关系，而是不同的话语体系，[②] 因为，不同的话语体系会导致对话语陈述真实性、真诚性和规范性的不同理解，从而使共识难以达成。陈炳辉揭示了哈贝马斯共识理论的形式主义和理想主义特征。他认为，所有人在没有被强制的情境下，经由平等对话和批判性讨论所形成的共识，并不是借助于

① 姚大志．哈贝马斯政治哲学的内在逻辑［J］．社会科学研究，2010（1）：114-119.

② 谢立中．哈贝马斯的“沟通有效性理论”：前提或限制［J］．北京大学学报（哲学社会科学版），2014（5）：142-148.

某种共享的世界观、价值观或社会规范来实现的，而是交谈约束条件下的意向一致。① 作为程序主义的产物，这种共识仅仅是形式上的，而不涉及具体的内容。此外，这种共识局限于政治化的公共领域或生活世界，并以一种“围攻的方式”来规避制度化、官僚化的公共权力机构对平等对话的侵扰，因而只能说是一种具有理想主义色彩的“乌托邦”。李芳认识到，哈贝马斯的理想共识观之所以难以实现，主要在于他完全悬置了诸多非理性因素，② 而这些因素是社会生活不可分割的重要组成部分。通过对哈贝马斯共识理论研究文献的梳理，我们不仅加深了对哈贝马斯共识理论的理解，还深刻认识到其理论的不足和局限性。哈贝马斯提倡在交往行动中通过理性对话来达成共识，虽有利于破除工具理性对生活世界的殖民化，但是，他又把共识理论建构于经过精心裁剪的现实之上，比如对非语言因素和非理性因素的排斥，一定程度上消解了其理论的解释力与可信度。

对罗尔斯“重叠共识”理论的研究以姚大志、万俊人、顾肃、童世骏等为代表。他们的主要学术贡献在于阐明了“重叠共识”的几个关键议题。首先是“重叠共识”的内涵和特征。姚大志指出，“重叠共识”有三个主要特征：共识的中心是政治的正义观念；重叠共识是建立于道德基础之上的；具有稳定性。③ 其次是“重叠共识”的作用和意义。“重叠共识”的提出本身是为了解决社会的稳定性问题，当然这一理论对于中国的和谐社会构建也有着积极的理论意义和实践价值。再次是关于“公共理性”的内涵界定问题。可以说，对“公共理性”这一核心概念的阐释，万俊人、姚大志和顾肃等学者不惜笔墨。他们认为，作为政治价值的公共理性是适用于宪法实质和基本正义问题的公民的理性，它是“重叠共识”得以形成的关键。最后是“重叠共识”得以形成的步骤。王露珠认为，“重叠共识”的形成需要经过两个阶段，④ 先是针对宪法中的正义原则形成初步共识，然后不断扩展广度和深度，直至达成重叠共识。

---

① 陈炳辉．哈贝马斯的民主理论［J］．厦门大学学报（哲学社会科学版），2001（2）：101-110.

② 李芳．哈贝马斯交往理性的构成及其实践局限［J］．湖北社会科学，2015（8）：109-111.

③ 姚大志．从《正义论》到《政治自由主义》——罗尔斯的后期政治哲学［J］．中国人民大学学报，2010（1）：23-29.

④ 王露珠．重叠共识与社会稳定：起源、限定与达成［J］．甘肃社会科学，2014（5）：125-128.

顾肃[①]和陈肖生[②]进一步梳理了“重叠共识”作为政治建构主义理论的逻辑脉络，他们认为罗尔斯的“重叠共识”理论并不适合解决所有的公共事务，仅是用来处理宪法实质和基本正义问题的。童世骏揭示了罗尔斯“重叠共识”理论的工具主义本质。他指出，共识是作为一种支撑社会稳定性的工具而存在的，[③] 它从程序中立的角度来寻求与“多元完备性学说”的有序共存，而不是追求它们在理解上的一致性。他认为，用伽达默尔的“视域融合”理论来指导共识构建，可以超越“重叠共识”，达到一个更高的境界。总的来说，国内学者对罗尔斯“重叠共识”的研究存在着诸多共性。比如都认为，公共理性是在宪法层面就正义基本问题进行对话并形成重叠共识的机制，但是又都疏于对“重叠共识”和“公共理性”适用的时代背景、社会条件和理论界限进行深入分析，所以很容易导致理解上的偏差和实践上的误差。

协商民主理论的兴起受到了哈贝马斯、罗尔斯的影响，这种强调偏好整合而不是偏好聚合的民主理论成为西方学者争相研究的热点，也引起了国内学者的广泛关注。关于“协商民主”含义的界定，尽管学界存在争议，但大多数学者的观点是一致的。陈家刚指出，民主本身就是一种决策方式，协商民主是建立在对话和沟通基础上并以共识为取向的民主形式。[④] 邢玲和高信奇也表达了类似的观点。他们认为，协商民主的实质在于公共决策中公民的实质性参与，而且这种公共参与借助于言语这一媒介，并以形成共识为目的。因此协商民主具有三重面向：言语、行动与共识。[⑤]

关于协商民主的形式和渠道，以及协商民主与公共性的关系问题，国内学者也多有论述。杜英歌和娄成武将协商民主界定为一种“参与式民主的政策科学”，他们认为公民参与的形式不应局限于简单的讨论和协商，

---

① 顾肃．多元民主社会中的重叠共识与公共理性［J］．马克思主义与现实（双月刊），2008（1）：23-27.

② 陈肖生．理解作为一种辩护方法的政治建构主义［J］．中国人民大学学报，2014（3）：54-63.

③ 童世骏．关于“重叠共识”的“重叠共识”［J］．中国社会科学，2008（6）：55-65，205-206.

④ 陈家刚．中国协商民主的比较优势［J］．新视野，2014（1）：20-26.

⑤ 邢玲，高信奇．言语、行动与共识：协商民主的三重面向［J］．学海，2013（5）：102-107.

还存在公民听证会、愿景工作坊、网络参与、民主恳谈、社区议事会和村民评议会等多种形式。[①] 刘仁春和林延斌指出，传统公共决策中，公共性的缺失是造成邻避冲突和群体性事件的主要原因，[②] 协商民主理论有利于实现政策公共性。因为协商民主强调公民参与公共决策，并通过对话来取得理解上的一致，可见，协商民主是政策公共性得以实现的有效方式。引入协商民主需要疏通利益表达渠道、加强风险沟通和实施行政公开原则，关键是要搭建一个有利于公共参与和协商对话的组织载体，他们把这种决策者之间的互动平台称为“利益话语能量场”。

关于协商民主是不是一种新的民主范式，这是一个颇具争议的话题。有的学者认为协商民主是替代代议制民主的一种新的民主范式，它实现了从“投票”式民主到“对话”式民主的转型。邢玲和高信奇却提出了不同的看法。他们指出，尽管协商民主更具有规范意义上的优越性，但不足以取代以投票和讨价还价为决策方式的代议制民主，充其量不过是一种补充和完善。罗维对中西方的协商民主制度进行了比较研究，他认为，二者在社会背景、理论基础和生成路径等方面具有较大的差异。[③] 中国协商民主的渠道和形式更为完备，也更具有包容性，因而能够更好地协调不同的利益诉求，方便开展协商对话，并达成广泛而深入的共识，同时对化解社会矛盾和推动和谐社会建设更为有利。

对于协商民主的优点和局限性，学界也多有讨论。陈炳辉和王卫从“多数”与“少数”关系的角度，对协商民主的优点进行了阐述。他们相信，协商民主不可能在每一个问题上使所有人达成意向一致，因而仍需面对“多数”和“少数”的问题。[④] 不同于投票民主中单纯依据数量计算的“多数”，协商民主中的“多数”并不是一个恒定的数值，而是表征决策人数动态变化的过程。在协商民主中，多数人通过自由对话来达成共识，但是这种共识是有条件的、暂时的和可错的。它不仅不能对少数人构成压

---

① 杜英歌，娄成武. 西方协商民主理论述评［J］. 国家行政学院学报，2010（5）：60-64.

② 刘仁春，林延斌，王莹. 协商民主视阈下公共决策“公共性”的实现［J］. 广西师范大学学报（哲学社会科学版），2014（5）：43-49.

③ 罗维. 寻求不一致的一致——中西协商民主制度比较研究［J］. 江汉论坛，2012（11）：43-48.

④ 陈炳辉，王卫. 民主共识的达成——协商民主解决多元偏好冲突的路径选择［J］. 厦门大学学报（哲学社会科学版），2012（5）：35-42.

制，反而始终要面临少数人的挑战，并且少数人的意见经过修正和完善也有可能成为“多数”。因此，协商民主从根本上化解了“多数”和“少数”之间的矛盾，使“共识”变得更为真实。总体来说，大家普遍认为，协商民主不仅可以增强公众对政策的支持和认同，减少政策执行中的阻力，还能推动公共决策科学化和民主化，从而扩大政策合法性与政策公共性。

然而，也有一些学者指出了协商民主的局限性。他们认为，协商民主所主张的公民参与、共识达成和普遍性价值只是一些空洞的口号，缺乏对成本效率和社会秩序的考量，极易蜕变成一种空想或乌托邦。另外，协商民主始终还要面对公众参与能力的欠缺、地位的悬殊、知识和信息的匮乏及面对面对话的规模限制等问题，与其说它是一种替代传统民主形式的新范式，还不如说它只是一种创新性的“政策工具”。综上所述，国内学者对西方协商民主理论的介绍和阐释还是比较系统和全面的，但对于这种民主模式是否适用于中国，以及在多大程度上适用于中国，学界很少加以深入分析和省查。

国内关于共识的研究，除了介绍和解读西方的相关理论之外，还尝试用这些理论来分析和解决当前中国社会发展中遇到的一些问题，但大多集中在社会共识、政治共识、价值共识和道德共识领域。关注的问题也主要在共识的具体内涵，共识对社会发展、人类生活或和谐社会建设的积极意义，共识形成过程中存在的主要障碍，以及如何形成共识等几个方面。

（2）公共政策学关于决策共识的研究成果

相对于政治哲学和政治学，国内对公共政策中共识形成的研究起步较晚。在公共政策研究中，较早提出“共识”问题的是薛澜和陈玲。他们认为，在政策过程中，尽管达成共识的方式和手段有所不同，比如权威指令、次优选择、讨价还价和竞争性说服等，但“达成共识乃是政策过程的首要诉求”。[①] 追求共识既是中国政策过程的制度目标，也是政策实践的现

① 薛澜，陈玲．中国公共政策过程的研究：西方学者的视角及其启示［J］．中国行政管理，2005（7）：99-103.

实目标。[①] 此外，他们还指出，随着政策制定过程中决策主体范围的扩大，势必推动决策民主化，进而提出决策机制重构的要求。薛澜和陈玲把传统上专属于政治哲学和政治学研究的“共识”问题引入公共政策领域，并把共识确立为政策过程的基本目标，是对公共政策研究和共识理论的一大贡献。

周超和易洪涛对公共政策中的共识建构作了理论上的拓展。他们认为，政策共识的作用和优势是非常明显的，它不仅能够缓解政策执行中的阻力或冲突，提升政策合法性，还能衍生出一些次效应，比如有利于在政策参与者间建立信任关系、形成新的组织模式和政策学习机制等。同时，他们指出当前政策共识理论中存在一些问题，意识到社会建构主义理论不仅会导致共识建构陷入僵局，还会生成一种逆民主化的现象。具体来说，就是在现有的政治框架内，群体之间的力量和权力是不对等的，权势较大的群体会利用共识去扩充它们的既有优势，从而“延续了现有的等级制关系模式”,[②] 并导致等级制组织固化加剧。政策共识的这些负效应可能使形成成熟共识的理想异化为勉强可接受的决策。

鉴于此，周超和易洪涛指出，在西方兴起的政策论证理论可以有效解决共识异化的问题。政策论证理论揭示出，在公共决策中，同样的数据往往会导致不同的政策主张。所以，学者应该把注意力聚焦到数据背后的各种规范性主张上，并批判性地检验这些主张中所隐含的基本假设和认知依据，从而为政策辩论提供一个可以进行分析和比较的参考框架。在政策论证的过程中，理想沟通情境下的程序合理性为政策论证或协商对话提供了有效性条件，不同的政策主张可以在一个公开平台上进行比较和评判，最终形成所有决策参与者都认同的政策共识。当然，在政策共识构建中，专家的作用和政策工具的选择也是至关重要的，专家的作用主要体现在创造和管理一个真实的对话情境上，从而能够引导政策参与者进行协商对话。政策分析中的方法论工具，比如 Q-方法论和假设分析，都可以用来测度

---

① 陈玲，赵静，薛澜．择优还是折中？——转型期中国政策过程的一个解释框架和共识决策模型［J］．管理世界，2010（8）：59-72.

② 周超，易洪涛．政策论证中的共识构建：实践逻辑与方法论工具［J］．武汉大学学报（哲学社会科学版），2007（6）：913-920.

参与者的政策偏好和价值取向。

实质上，政策论证就是公共决策中建构共识的一种对话方式。虽然周超和易洪涛认识到社会建构主义理论对共识形成的消极作用，并从政策论证理论中寻找到解决方案。但是，他们的研究从本质上来说是一种工具主义或技术主义，并且也忽略了一个重要问题，就是在当前政治框架中不平等的权力关系会导致政策共识异化。试想，如果决策者之间的关系是支配性的，那么他们的真实意向必然无法得到表达，而实质性政策共识的形成也只能是一种奢求了。

薛冰论述了协商民主理论对于公共决策的影响。她指出，协商民主中的“辩论共识”可以消解公共决策中的“话语独白”，并克服科层制组织中集权化决策带来的诸多弊端。以交往行动理论为基础的“辩论共识”不同于社群主义所提出的“伦理共识”，它是公共交往与协商对话的产物，而不是先验性的普遍意志。在薛冰看来，“辩论共识并不直接形成公共政策”,① 而是为政策制定提供一种共享的价值前提。哈贝马斯认为，正是工具理性对日常生活世界的殖民化造成了公共话语的衰落，而工具理性根植于市场和政府组织。为此，只有避开市场和政府权力，在公共领域中借助于公共论坛、政策听证或公民参与等形式，才能形成实质性的共识。可见，哈贝马斯交往行动理论的根本目的，并不在于取缔科层制组织的合法地位，而是以“围攻的方式”对其施加影响。所以，“辩论共识”本身存在着虚幻性，因为它悬置了协商对话的结构性条件，而这种“先天不足”是由交往行动理论的固有缺陷所决定的。薛冰的理论贡献主要在于，她正确指出了“辩论共识”的局限性，具体来说，就是协商民主理论对于科层制组织的选择性遗忘和忽视。然而，她并没有沿着针对科层制组织的思路继续走下去，更没有提出有价值的组织变革方案，这不能不说是一种遗憾。

颜学勇和周美多对后现代背景下的共识构建问题进行了研究。他们认

① 薛冰．自由、社群与协商共识——探究公共管理的思想基础［J］．江海学刊，2007（2）：105-109.

为，“现代公共治理应该是一种基于共识的治理”，[①] 政策共识的形成有利于减少政策执行中可能遇到的阻力。他们把政策共识界定为不同利益和价值观之间围绕特定的议题，通过互相沟通、调整或妥协等形式而达成的一种合意状态。依据强制程度的不同，可以把共识分为威胁、说服、沟通和妥协四种方式。他们指出，在后现代的决策情境中，差异性、多元化和非理性的泛滥使共识形成的可能性越来越低，但政府仍然可以通过票决、补偿、强制和推迟共识达成等措施来挽救共识。颜学勇和周美多对政策共识内涵的界定是对共识理论的一大贡献，但是，他们对共识建构途径或方式的理解值得商榷。共识型决策的提出完全是出于替代投票和讨价还价这些决策模式，因为它们本身存在着形式民主的弊病。

杨芳揭示了公共性和公共政策之间的关系。她认为，“公共性是整个公共政策制定过程的出发点和归属”，[②] 它具有两个方面的含义：作为目标的“公共利益”和作为内在规定性的“公共的善”。在杨芳看来，公共政策的目标和公共理性是一致的，通过公共理性可以实现公共政策的公共性，而公共理性的实现则取决于公民理性的培育、决策话语权的再分配，以及重叠共识的达成。杨芳肯定了罗尔斯的重叠共识理论和公共理性在政策公共性实现中的积极作用，但至于如何在公共决策中通过公共理性来形成重叠共识，或者公共理性发挥作用的具体机制是什么，则没有加以讨论。

在陈玲看来，无论是用理性决策模式、渐进决策模式，还是垃圾桶决策模式都无法完全解释中国的政策制定过程。这些决策模式把公共决策看作是从数量有限的备选方案中加以择优的过程。实际上，中国的政策制定是政府官员、技术专家和利益相关者之间通过利益妥协和协商对话来寻求意见融合，并最终形成某种程度的共识的过程。陈玲认为，“中国政策过程的制度目标和现实目标都是共识，而共识就是意见一致。”[③] 在她所建构

---

① 颜学勇，周美多．基于共识的治理：后现代情境下政策共识的可能性及其限度［J］．电子科技大学学报（社科版），2011（4）：19-25.

② 杨芳．公共理性在公共政策中的运用及其实现［J］．理论导刊，2012（4）：18-20.

③ 陈玲．制度、精英与共识：寻找中国政策过程的解释框架［M］．北京：清华大学出版社，2011.

的共识型决策框架中，政府组织是一个关键性的自变量，因为，政策是在政府组织中制定的，而政府组织作为公共决策的舞台和决策者之间权力关系的正式结构，在很大程度上影响着政策共识的形成。陈玲构建了一个解释中国政策过程的理论框架，具有一定的创新性。

刘淑妍和陈学东关注的问题是公共决策过程中政策舞台的变化。他们指出，在传统政策舞台中，公共决策主要是在政府组织内作出的，但随着社会的日益分化和公民参与的兴起，公共决策必然突破政府组织的界限，[①] 并扩展到由多元组织构成的决策舞台。然而，决策结构的社会化也会带来显著的负面效应，如利益各方的持续博弈会使公共决策的作出变得迟缓。刘淑妍和陈学东的研究已经突破了陈玲关于政策舞台的看法。他们意识到，公共决策民主化的兴起必然对科层制组织形成冲击，但是，就如何建构新的政策舞台以及解决政策制定迟缓的问题，他们没有提出建议和思路。

共识追求与民主理论是同步的，甚至可以说是同构的，民主的目的本身就在于形成共识。张康之、向玉琼从利益的维度研究了政策问题建构中的共识达成问题。他们认为，从利益的视角来看，在政策问题建构中的共识其实就是决策者们关于普遍性利益所形成的一致意见，这种“一致意见”在卢梭那里是用“公意”来表达的。其实，代议制本身是一个政策共识建构的民主模式，但是，随着政治与行政的分立，公共政策中的共识构建开始走向科学化与技术化的道路。然而，无论是政策共识构建的民主模式还是科学模式，都是一种建立在中心—边缘式社会治理结构之上的精英主义决策模式，同时也都是一种抹杀了个体差异性的工具理性的决策模式。因为，在这种中心—边缘式的决策结构中，“绝大多数处在社会边缘的人群都被排斥在政策问题建构过程之外”。[②] 显然，政策共识构建中排斥差异的做法引发了民主政治的合法性危机。西方学者相继提出了公民参与和协商民主两种解决方案，但都收效甚微。其缘由在于，这些举措都没能

---

① 刘淑妍，陈学东．中国政策过程问题浅析——从共识角度分析［J］．学理论，2013（4）：46-47.

② 张康之，向玉琼．政策问题建构：从追求共识到尊重差异［J］．社会科学研究，2015（5）：1-11.

处理好差异和共识之间的关系，更没有认识到，差异排斥根源于社会治理的中心—边缘结构。因此，在政策问题建构中形成共识必须以尊重差异为前提，而差异的凸显从来不仅仅是一个行动问题，也是一个结构性问题，故打破社会治理的中心—边缘结构就成为逻辑上的必然。

张康之将共识界定为行动者在开展共同行动时所形成的意向一致，然而，共识并不是普遍的、永恒的，而是具体的、暂时的。“一时一地总会有属于此时此地的共识，彼时彼地又会因另一件事情而产生另一种共识。”① 他认为，共识在不同的历史时期及其治理模式下体现为认同、共识和默契三种形式。在农业社会的统治型社会治理模式下，权力的独白没有给普通民众参与公共决策留下多少空间，而且作为前共识的认同是建立在人身依附关系之上的。这种低层次的共识主要依靠强制力、诱导或欺骗等形式来迫使被统治者屈服，也就是说，认同的形成是以弱势一方的妥协为代价的。在工业社会的管理型社会治理模式下，共识的形成建立在行动者之间相互承认的基础之上，基于工具理性的利益博弈或讨价还价成为建构共识的主要形式。在后工业社会的服务型社会治理模式下，社会越来越呈现多元化、虚拟化和“去中心化”的特征，决策情境的变化对社会治理中的共识构建提出了严峻挑战。

张康之认为，共识构建所要处理的核心问题是同一性和差异性之间的关系，无论是社会治理的科学取向还是市场取向，都无不以抽象的同一性来抹杀个体的特殊性。因此，在社会治理中谋求共识，必须以尊重差异性为前提。没有对差异的尊重就没有平等，没有平等就不会有真实的对话，实质性共识自然也就难以形成了。所以，“只有在合作的意义上，对话和商谈才有可能发生，才会取得有价值的成果”。② 在张康之看来，平等主体之间的协商对话既是一种行动问题，也是一种结构问题，而且行动始终是与结构联系在一起的，并需要获得结构的支持。从这种角度来看，实质性共识形成的主要障碍不是行动问题，而是结构问题，具体来说，是“中心—边缘”的社会治理结构消解了行动者的自主性，进而造成对话者意向

① 张康之，张乾友．共同体的进化［M］．北京：中国社会科学出版社，2012.

② 张康之．合作的社会及其治理［M］．上海：上海人民出版社，2014.

的扭曲和共识的形式化。

张康之提出的合作治理理论就是为了打破这种不平等的社会治理结构，从而为平等主体之间的协商对话提供结构性支持。总体来说，张康之在共识理论方面的学术贡献主要体现在以下几个方面：首先，他从时代变迁和社会治理模式转型的角度对共识的类型进行了划分，并厘清了它们之间的脉络。在他看来，相对于认同和共识来说，默契是借助于超理性的非语言因素而形成的一种更高层次的共识，这种共识是针对目的和价值而达成的意向一致。并且，默契并不是对认同和共识的排斥，反而是一种扬弃和整合。在共同行动中，行动者先通过默会就目标达成默契，然后再通过协商对话就手段达成共识或认同，因此，认同和共识是从属于默契的。显然，关于共识类型的划分有利于澄清共识的层次或共识的真实性程度，从而对共识建构作出有针对性的指引。因为，有些共识理论只是笼统地对共识作出界定，很容易造成不同层次共识之间的混淆，进而误导决策行动。其次，张康之还对共识建构的方式或途径进行了区分，揭示了非语言性社会互动在共识形成中的重要性。他指出，共识构建的方式不仅包括以语言为中介的协商对话，还包括超理性的默会。这种观点大大超越了以语言为中心的共识理论的视域。最后，张康之认识到，社会治理中的共识形成绝不仅仅是一种行动理论，还是一种结构理论，并且“中心—边缘”的社会治理结构才是影响实质性共识形成的根本原因。无疑，这是对建立在科层制组织基础上的共识理论的极大挑战。张康之坚信，建构实质性共识必须对组织进行再造，为此他提出了建立合作制组织的构想，并认为通过组织学习可以实现从共识到默契的升华。

张康之关于共识的研究是建立在对行动与结构及其关系进行系统梳理之上的。他承接阐释主义社会学关于行动与结构的观点，并在批判的基础上提出了“合作行动”理论。这种理论不仅能使传统行动理论中的支配性特征得以消解，还能使由合作行动所建构的组织实现“去中心化”。所以，基于合作行动与合作制组织的公共决策必然可以形成实质性的共识，并实现从共识到默契的升华，从具体行动机制上来说，是合作化的组织学习促进了决策共识的升华。共识、默契、合作行动与组织学习等是张康之共识理论的核心概念，这些概念如何被整合成一个逻辑严密的共识理论框架有待于进一步梳理。

1.2.2 国外文献梳理

本书旨在分析公共决策中的共识形成问题。关于共识的研究本身是一个学科交叉领域，涉及政治哲学、政治学、公共行政学和公共政策学等多个学科，文献繁多，梳理起来有一定的难度。虽然不同学科在分析视角上有所不同，在关于“共识”内涵的理解和“共识”形式的界定上也存在差异，但基本上都是围绕着决策方式的转变和对实质性共识的追求这条主线来展开的。本书根据学科领域依次进行文献梳理。

(1) 政治哲学和政治学关于共识或决策共识形成的研究成果

依据萨利托的观点，共识可以分为三个层级，即信仰与价值层面的共识、规则与制度层面的共识、政策层面的共识。西方政治学和政治哲学关于共识的研究主要集中在社会价值和基本制度层面。霍布斯、洛克和卢梭等启蒙思想家宣称国家权力的来源和行使必须征得人民的同意，国家的生成是人民缔结社会契约的结果，其规则是“一致同意”。如果把“一致同意”看作是“共识”，那么社会契约就是共识的初级形式。虽然霍布斯和洛克在关于自然状态的认识上存在差异，但是，他们都赞同“政治社会的形成是全体成员一致同意的结果”[①] 这一观点，而且都假定人是理性自利的。霍布斯更是把个人自利视为一切人类行动的原始驱动力，社会共同体只不过是实现个人目的的手段和工具，充分暴露了其个人主义者和功利主义者的面目。因而，一致同意只能是自利的个人之间基于理性计算而妥协退让的产物，或者说，这种契约形式的共识不过是个人利益的简单聚合。

其实，功利主义的契约观早已出现在柏拉图以前的政治思想中，在《理想国》一书中，格劳孔就曾主张以开明的自利在人们之间达成互不侵害的约定，从而把社会契约看作是利己主义发展的结果。然而，卢梭的观点不同于霍布斯和洛克，他强调公意而不是众意，公意是个人利益的共同部分，而众意只不过是个人利益的简单加总。可见，在卢梭看来，政治社

① 列奥·斯特劳斯，约瑟夫·克罗波西．政治哲学史（下）[M]．李天然，译．石家庄：河北人民出版社，1998.

会是作为共同体存在的，社会契约也只能是共同利益的表现形式。卢梭的社会契约观是对功利主义与个人主义的一种反叛，然而，在效率至上和物资极度匮乏的工业社会初期，这种思想难以占据主流地位。实质上，契约主义的共识观是以国家和社会的分离为前提的，或者说是一种前科层制时代的产物。

没有什么比"一致同意"更有利于对一种政治原则或制度进行辩护了，或者说，一种政治原则或制度之所以更具有合法性，更应该被采纳，就是因为它得到了人们的一致同意。罗尔斯关于他的两个正义原则的证明是契约论的。为了证明他所提出的正义原则的合理性，罗尔斯设置了"原初状态"。"原初状态"的主要构成要素是无知之幕，处在"无知之幕"中的人们，在对彼此的价值观、身份和资质等社会事实都无所知晓的情况下就正义问题达成一致协议。① 其实，"原初状态"只不过是一种拟制，它的引入完全是为了构造一种理想化的决策情境，以确保正义原则选择过程的公平性。可以说，罗尔斯的社会契约论完全是一种建构主义，与实践相去甚远，因为"在现实政治生活中，契约的达成往往伴随着争议和讨价还价"。② 罗尔斯的正义论以功利主义作为靶地，但它的论证却仍然基于自利人的假定，因而社会契约也必然是个人利益的简单加总。所以，"原初状态"也不完全是一种空想，它是工业社会初期低度复杂的社会状况的真实写照。当社会变得越来越多元化，理想的决策情境不复存在时，"原初状态"就必然受到人们的质疑。为此，罗尔斯提出了"重叠共识"③ 这一概念，以回应宗教学说、哲学学说、道德学说间不可通约的社会状况。

总体来说，面对不断复杂化和多元化的社会情境，政治哲学的共识理想理论也发生了嬗变。哈贝马斯、基恩以及协商民主理论家把共识视为平等主体在理解上所达成的一致，并主张采取协商对话的方式来建构共识。面对工具理性和科层制组织扩张所导致的公共领域的衰落，以及由此所引发的"合法性危机"，哈贝马斯提出要重塑"共识理想"，并建构了"交

① 乔治·萨拜因. 政治学说史（上卷）[M]. 邓正来，译. 上海：上海人民出版社，2008.
② 姚大志. 当代西方政治哲学史 [M]. 北京：北京大学出版社，2011.
③ 约翰·罗尔斯. 政治自由主义 [M]. 万俊人，译. 南京：译林出版社，2011.

往行动理论”。哈贝马斯旨在借助语用学来实现对行动理论的重构，具体来说，就是用“交往行动”替代“目的合理行动”，以使“共识行动建立在主体通性所承认的公认的要求上”。[①] 其实，哈贝马斯所说的协商对话规范机制完全是一种伦理倡导，这充分体现在他关于“话语正当性”构成要件的论述中，即规范、手段（目的）有效性和真实性的效度要求。

哈贝马斯为我们描绘了一个理想的共识形成图景。在那里，行动者完全是自主的，彼此之间的对话是自由而真诚的，并可经由这种伦理规范下的真实对话来建立共识。也就是说，哈贝马斯以包容他者的方式在人们的日常互动中重建公共领域。哈贝马斯的“交往行动理论”从属于行动主义的视角。他把建构共识的希望完全寄托在具有真值性的公共对话和理性言谈情境的构造上，试图以“话语真理”来修补工具理性所导致的合法性危机和共识困境。但是，作为现代理性主义的守卫者，他提出的有效沟通的要件充其量只是一种伦理幻想，因为，他是以围攻的方式来化解工具理性的困扰，而没有直面科层制组织的问题。然而，如果不从根本上改造科层制组织的支配性结构，行动者的自主性又从何而来呢？

实质性共识的形成不仅要求平等主体之间可以自由对话，而且需要在决策机制和组织结构上做出改变。在这方面，基恩和一些协商民主理论家都曾有所论及。为了在差异的基础上寻求同一性，基恩从现实出发来对社会和政治关系进行改造，并主张建立一种“社会和政治联合形式”。[②] 博曼试图对科层制组织进行改造，使其具有公共性。在博曼看来，效率导向的科层制组织是协商民主得以推行的主要障碍，因而，必须对其进行改造，并且这种改造是一个完全可以实现的理想。根据博曼的观点，对科层制组织的改造是以保留科层制组织为前提的，即“为了获得一个真正具有公共性质的行政部门，每一个行政机构都要围绕自身发展出一个公共领域”。[③] 官僚行政机构中的公共领域可以赋予公众以特定的协商地位，进而

① 于尔根·哈贝马斯．重建历史唯物主义［M］．郭官义，译．北京：社会科学文献出版社，2013.

② 约翰·基恩．公共生活与晚期资本主义［M］．马音等，译．北京：社会科学文献出版社，1999.

③ 詹姆斯·博曼．公共协商：多元主义、复杂性与民主［M］．黄相怀，译．北京：中央编译出版社，2006.

建立起行政部门和公众之间的信任关系与合作关系，推动公共决策中的共识形成。吉登斯同样认识到科层制组织之于对话民主的制约性。但是，在官僚组织还没显示出消失迹象的社会状况下，他主张推动组织内部的民主化，建立一个既能利用社会反思、又能有效应对不确定性的、以责任为基础的组织。[①] 这种组织由信任所构成，强调责任下放，并能够扩大对话空间。另外，吉登斯还扩展了对对话民主的理解：对话民主既可以存在于日常生活和组织之内，也可以应用到公共领域乃至全球秩序，并且对话的目的不一定是要形成共识，也可以保持多样性，它更应该被视为一种在公共交往中建立信任关系的手段。

总体来说，政治学和政治哲学关于共识的研究体现出以下几个基本特征：首先，政治哲学和政治学研究的主要是价值、信仰与制度层面的共识；其次，共识建构的方式遵循从自利人之间的一致选择或讨价还价到平等主体之间的协商对话这样一个脉络；再次，共识建构的结构安排通常集中于公共领域，当然也有学者认为组织也是形成共识的一种平台；最后，这些共识理论倾向于把科层制组织视为既定的存在，不是着眼于建构一个能够包裹科层制组织的、开放的公共领域，就是从科层制组织内部寻求民主化的可能性，从而放弃了彻底重构科层制组织的可能性。

（2）公共行政学关于决策共识形成的研究成果

公共行政学的学科边界较为宽泛，公共决策研究只是其中的一个重要组成部分。在传统的公共行政理论中，关于组织结构和行政原则的研究是公共行政学家关注的重点，组织中的行为则常常被忽略。西蒙率先把研究视角投向组织中的决策问题，从而开启了组织决策分析的先河，因此，对公共行政学中的决策共识理论进行梳理要从西蒙开始。公共行政学关于决策的研究不仅是在一个绵延的时空中进行的，而且始终与行动和结构理论联系在一起。鉴于此，本书认为对公共行政学中的决策共识理论进行梳理要兼顾历史与理论两条线索。下文从四个方面对公共行政学中的共识理论进行综述。

---

① 安东尼·吉登斯．超越左右——激进政治的未来［M］．李慧斌等，译．北京：社会科学文献出版社，2000.

一是决策共识形成的情境问题。

情境问题是一个时间或历史的问题，因为，在不同的历史时期，社会的具体形态是迥然不同的，而特定的社会环境和条件构成了公共决策的基本情境。在工业社会中，决策情境是相对稳定和低度复杂的，正如理性决策模式所假定的那样，该历史时期所需解决的政策问题是既定和明确的，所有的备选方案都可以被穷尽，并且其预期结果也能够被准确地加以计算，最后经过比较来选择出一个最佳方案。由于受到决策情境复杂性、信息匮乏和决策能力不足的影响，决策中的理性必定是有限的。①

然而，理性决策模式关于决策情境的假设绝不是凭空捏造的，而是对现实的真实映射。有限理性决策模式、渐进主义决策模式和垃圾桶决策模式的提出恰恰说明决策的世界绝不像想象的那么简单，而是呈现为一种“有组织的无序”。尤其是在后工业化的进程中，社会越来越趋向于复杂化、多元化和虚拟化，利益、认知和价值等方面的冲突极为激烈，甚至不可调和。因而，催生了一种相对主义和虚无主义的思潮，后现代公共行政理论的出现是这股思潮的典型症候。后现代公共行政理论强调差异的绝对化，拒斥理性、共识和宏大叙事，并迷恋“终结”这一话题，诸如逻各斯中心主义的终结、元叙事的终结、表征的终结、历史和哲学的终结等。虽然过于迷信后现代公共行政理论并不可取，但是，我们不得不正视后现代公共行政所描述的社会情境，并思考如何在一个多元化和虚拟化的社会中来建构决策共识的问题。

二是“决策共识”的定义问题。

对于什么是决策共识，公共行政学界存在着争议，而且不同取向的公共行政理论对共识的界定是不一样的。根据罗森布鲁姆的观点，公共决策的制定有管理、政治和法律三种途径，只有政策途径的公共决策才以共识作为目标。罗森布鲁姆指出，政治途径的公共决策是一种渐进主义的决策模式，决策的作出是以决策参与者之间形成共识为准则的。也就是说，决策是否优良的标准在于，“在政策和实施政策的方法上是否达成一致或共

① 赫伯特·A. 西蒙. 管理行为［M］. 詹正茂，译. 北京：机械工业出版社，2006.

识”。[①] 这里的“共识”不是基于经济、效率和效能在利益上所达成的一致，而是依据回应性和代表性在价值观上所建立的同一性。可见，在政治和管理分立的公共行政理论中，对共识的界定是根据决策内容或决策诉求来作出的。

哈蒙把共识视为一种决策规则，具体来说，共识指的是组织内以及组织间权威关系的正式说明。在哈蒙看来，存在五种运用于公共组织的决策规则，即层级决策、交易或市场规则、选举、契约和共识。[②] 并且作为决策规则的共识不同于政治学或管理学意义上的共识。政治学理论中的共识是一种共有价值的集合；管理学语境中的共识要么被认为是一种过程，要么被视为过程的结果；而作为决策规则的共识追求是非强制基础上的全体一致。

然而，在后现代主义公共行政学家眼中，共识是不存在的。用法默尔的话说，“后现代主义否定中心化的解释”，[③] 这种说辞显然没有为共识形成留下任何空间。福克斯和米勒的话语理论重视公共对话，但不是为了寻求共识，而是促成“异质同构”。[④] 他们既提倡多元话语和异质观点之间的对抗性交锋，又谨防对话和争辩破裂，话语的正当性规则为保持对立观点之间的张力提供了结构性支持。法默尔、福克斯和米勒的共识观与利奥塔是一致的。在利奥塔看来，“统一的共识是一条可望而不可即的地平线”，[⑤] 并且共识本身就是一种没有任何价值的陈旧物。利奥塔反对哈贝马斯的“共识理想”观，把所有的知识——无论是科学知识还是叙事知识——都视为语言游戏规则。而且这些语言游戏规则是异质多元的，不同的语言游戏有不同的规则，即使是相同的语言游戏也有多种不同的玩法，

---

① 戴维·H. 罗森布鲁姆，罗伯特·S. 克拉夫丘克. 公共行政学：管理、政治和法律的途径［M］. 张成福等，译. 北京：中国人民大学出版社，2002.

② 哈蒙. 公共行政的行动理论［M］. 吴琼恩，译. 台北：五南图书出版公司，1982.

③ 戴维·约翰·法默尔. 公共行政的语言——科层制、现代性与后现代性［M］. 吴琼，译. 北京：中国人民大学出版社，2005.

④ 查尔斯·J. 福克斯，休·T. 米勒. 后现代公共行政：话语指向［M］. 楚艳红等，译. 北京：中国人民大学出版社，2002.

⑤ 让-弗朗索瓦·利奥塔. 后现代状况——关于知识的报告［M］. 岛子，译. 长沙：湖南美术出版社，1996.

于是统一的共识也就成了一种遥不可及的幻想了。因为，共识向来与标准相连，现代主义学者把共识建立在理性与真理的基础之上——要么是工具理性的“相符真理”，要么是交往理性的“话语真理”；后现代主义学者则明确拒斥任何元话语。

三是决策共识形成的方式或途径问题。

决策共识的建构方式与决策共识的定义有关。如果把共识视为决策者在利益上所达成的一致，那么，决策共识的形成只能通过投票或选择的方式来实现；如果把共识视为决策者在价值观上所形成的集合，那么，决策共识的建立只能通过讨价还价的方式来实现；如果把决策共识视为“自由意志的契合”，那么，决策共识的形成最好通过平等主体之间的协商对话来建构。当投票、搜寻和讨价还价这些决策方式越来越暴露出形式主义的弊端时，协商对话就成为建构实质性决策共识的理想选择。

登哈特、弗雷德里克森、卡蓝默、麦克斯怀特和全钟燮等公共行政学家强调协商对话之于社会治理和公共决策的重要性。登哈特认为，公共利益是公众就共同利益进行对话的结果，而不是个人利益的聚合，[①] 显然，经过对话所形成的公共利益可以被视为一种共识。弗雷德里克森把社会公平视为公共行政的第三个理论支柱，[②] 而且公平只能通过政治共同体内部的协商对话来加以实现。也就是说，为了实现社会公平，一定范围内的公民参与对政治对话来说是必要的。

卡蓝默对公共对话的真实性进行了剖析。在他看来，当前的社会治理模式，无论是官僚主义路线还是市场化取向，都不过是科学主义和技术主义的典范，实质上是一种技术专家政治。这种治理模式与工业化生产中技术工程师的行为极为相似，偏爱计划、统计和分类，其深层目的都不过是省去与人的对话。然而，卡蓝默也不认为凡是有公民参与的公共对话都是一种真正的对话，因为，在有些公共对话中，公民是被政府拖进由其所确立的规划之中的，公民参与的被动性容易衍生出消极的对话。当公民的诉

---

① 珍妮特·V. 登哈特，罗伯特·V. 登哈特. 新公共服务——服务，而不是掌舵［M］. 丁煌，译. 北京：中国人民大学出版社，2004.

② 乔治·弗雷德里克森. 公共行政的精神［M］. 张成福等，译. 北京：中国人民大学出版社，2003.

求和愿望得不到有效抒发，对话的质量和效果也就值得怀疑了。显然，这种公民消极参与的公共对话并不是一种吸纳了他者声音的共同规划，而是一种“被先天的缺陷所玷污的”对话。①

麦克斯怀特强调了倾听之于公共对话的重要性。他在梳理美国公共行政学术史的基础上提出，围绕民主治理中行政角色的合法性问题，即“民主政治中的科层制”问题所进行的理论争锋，不过是围绕公共政策的制定权和执行权所展开的一种意识形态的斗争。无论是联邦主义的理性行政模式，还是反联邦主义的实用主义的行政模式，都应该给予合法性与话语空间，没有必要为支持一种理论而压制另一种理论。他提请公共行政理论界采用不同的对话模式，相互保持开放，“唯一的选择就是倾听，就是成为空心人，把他者当作自身来接受”。② 麦克斯怀特虽认识到相互倾听之于公共对话的重要性，但是他把公共行政理论视为一种意识形态，这只能导致共识的瓦解。

全钟燮同样重视学习和对话在社会治理中的重要性。他指出，公共行政并不是一种客观存在的知识体系，而是人们通过社会互动加以建构和再建构的，也就是说，公共行政的世界是由多元社会治理主体之间通过以语言为中介的社会互动而得以建构的。作为社会设计的公共行政聚焦于“理解不同的思想、经验、技术和社会知识，以及通过地方分权发展共同责任”。③ 因此多元行动者之间的积极倾听、知识分享和相互学习就成为社会治理的应然之事。既然公共行政的现实是由社会建构的，那么，每一个行动者对于生活世界的理解都应该同样地被尊重，每一个行动者的地位和作用也都应该被平等地承认。

四是决策共识形成的组织安排问题。

决策必定是在一个组织中进行的，组织结构和规则为决策的作出提供了基本前提。组织不仅确立了其成员的基本分工和职责权限，还为决策信

① 皮埃尔·卡蓝默，安德烈·塔尔芒．心系国家改革——公共管理建构模式论［M］．胡洪庆，译．上海：上海人民出版社，2004.

② O. C. 麦克斯怀特．公共行政的合法性危机：一种话语分析［M］．吴琼，译．北京：中国人民大学出版社，2002.

③ 全钟燮．公共行政的社会建构：解释与批判［M］．孙柏英等，译．北京：北京大学出版社，2008.

息的流通提供了渠道，同时对决策方式和规则也进行了限定。因此，在一个组织化的社会中，研究决策共识形成绝对不能忽略组织因素的存在。西蒙研究决策本身是为了替代科层制的理论构架，但是，他所说的决策毕竟是在“组织”中进行的，而且他断定，即便是未来的组织也仍将是阶层等级的形式。[①] 正如奥斯特罗姆所言，西蒙本来是要对科层制组织进行挑战的，但是，挑战之后他又回到了原点——科层制组织的世界。

科层制组织是一种层级节制的支配型结构，而组织成员只不过是这台机器上的一个个零件，没有多少自主性可言。显然，这种社会结构无法为决策共识形成所需要的非强制性对话提供支持，因而寻求对科层制自主进行重构或替代就是逻辑上的必然。在全钟燮看来，共识的建构不仅需要行动者之间的相互承认和协商对话，还离不开一定形式的载体——比如会议和论坛等。然而，这种公共对话舞台却不是一种“常态”，往往受制于现有的组织形式和治理结构，面对层级节制的公共组织和疏于参与的公民，全钟燮也倍感无奈。弗雷德里克森用“结构动力学”这个概念来阐明“结构不是固定不变的，并且也未必是等级制的”，[②] 并试图对科层制组织进行修补。

哈蒙同样认识到，通过互为主体性的协商对话来建构共识需要对组织作出变革，而目标组织必定是一种有结构的非层级节制体系，但他并没有对这种组织的具体形态进行描述，更没有论及如何建构这种组织。可见，决策共识理论也是一种组织理论，建构实质性的共识必然提出重构组织的命题。如果组织是一种支配性的存在，个体自会受到结构的制约，那么，个体的自主性和彼此之间的平等也就无从谈起了，又何来实质性的决策共识呢？然而，当前的公共行政学家大都选择与科层制组织共舞，而不是与之彻底决裂，并寻求一种替代性的组织形式。可见，决策共识形成中组织再造的核心是如何对待科层制组织的问题，具体来说，就是对科层制组织进行修补，还是对其进行彻底重构。

---

① 赫伯特·A. 西蒙. 管理决策新科学［M］. 马洪等，译. 北京：中国社会科学出版社，1982.

② H. 乔治·弗雷德里克森. 新公共行政［M］. 丁煌等，译. 北京：中国人民大学出版社，2011.

(3) 公共政策学关于决策共识形成的研究成果

不同于公共行政学，公共政策学是问题导向的。这就决定了，公共政策学所研究的共识是萨利托所说的第三个层面的共识，或者说，是在解决具体问题中所形成的意见一致。政策层面的共识可以是政策问题建构中所形成的共识，也可以是政策制定或决策中所形成的共识，甚至可以是政策执行中所形成的共识。本书主要研究公共决策中所形成的共识。决策共识与决策模式有直接的关系，决策模式的嬗变主要围绕理性决策模式的修正或替代这一主线，并且不同的决策模式在决策共识的界定及其建构方式上也不一样。因此，梳理公共政策学中的共识理论需要以理性决策模式作为切入点。下面，我们依次梳理几种决策模式及其共识理论。

一是理性决策模式与有限理性决策模式及其共识观。

公共决策模式的演变是以理性决策模式作为逻辑起点的，或者说，其他决策模式都是对理性决策模式的修正或替代。“有限理性”决策模式的提出说明了人类理性的有限性，也可以看作是对决策情境和人类认知有限性的一种妥协。有限理性决策模式被揭示为“注意力分配理论”和“宽裕理论”,[①] 虽然它主张对政策方案进行搜寻，而不是从已知的备选方案中进行选择，但仍基于成本—收益进行分析，是一种“结果逻辑”。因此，有限理性决策与理性决策在本质上并没有什么不同，它们所界定的共识是指利益上的一致性，共识形成也都是通过“选择”来实现的。也就是说，哪种备选方案效用最大就选择哪种方案，只不过是选择的范围和策略不同而已。通过选择或搜寻所形成的意向一致完全是一种技术主义的考量，与决策人数的多寡无关，因为一旦评估指标确定，由谁来计算和对结果进行比对都是一样的。显然，理性决策模式和有限理性决策模式从属于经济学视角，它假定人是自利的，追求个人利益最大化，并且关于成本—收益的评估标准又是既定的，所以可以选择出一个最佳或比较满意的问题解决方案。

二是渐进主义决策模式及其共识观。

针对理性决策模式的局限性，林德布洛姆提出了渐进主义决策模式，

① 詹姆斯·G. 马奇. 马奇论管理［M］. 丁丹，译. 北京：东方出版社，2012：27.

他倾向于把决策看作是“一个非常复杂的分析和政治的过程”。[1] 他认为，公共决策并不是在已知的、数量有限的备选方案中作出理性选择的活动，而是依据对过去经验的评估来对现行政策进行渐进调适的过程。在这一过程中，理性分析的作用是极其有限的，需要我们用渐进主义的、非理性的方式来提高人类的认知能力。因此，公共决策必定是一个理性分析与政治游戏高度糅合的复杂过程，而且是一个没有明确节点和界限的、循环往复的持续性过程。

根据林德布洛姆的分析，既然不能仅仅依据理性选择来制定出为大家所普遍接受的公共政策，那么就只能把决策权交给少数政策专家，让他们通过理性分析、策略性互动或讨价还价来进行决策了。在渐进主义决策模式下，良好政策的衡量标准是在政策方案上是否达成了全体一致，而不是政策效用是否最大化。可见，在渐进主义决策模式下，决策共识指的是决策者针对政策方案所形成的妥协，它采取的方式主要是讨价还价——当然也可能包括理性计算和选择，并且决策共识的形成是一个持续的过程。显然，渐进主义决策模式从属于政治学的视角，它强调了非理性因素和经验知识在决策共识形成中的重要性。

三是垃圾桶决策模式及其共识观。

实际上，公共决策过程绝不像理性主义决策模式所描述的那么秩序井然，马奇和金登的研究表明，决策过程本身就是混乱的，决策者的流动性、偏好的含混性、身份的多样性，以及经验和历史的模糊性，都使决策中的诸环节呈现为“松散的耦合”。马奇把这种混乱的局面称为“有组织的无序”，并提出了“垃圾桶决策模型”。“垃圾桶”是被用来形容决策情境的，在决策过程中，问题、备选方案、决策参与者都会源源不断地进入这个“垃圾桶”，并在某个决策时机中相遇，从而促成了决策的作出。也就是说，决策的作出是“决策者、问题和解决方法在这个体系中互相追踪彼此的行踪”的过程，[2] 只有三者高度契合，决策活动才能完成，而这一

---

① 查尔斯·林德布洛姆．决策过程［M］．竺乾威等，译．上海：上海译文出版社，1988：5.

② 詹姆斯·G. 马奇．决策是如何产生的［M］．王元歌，译．北京：机械工业出版社，2014：157.

切取决于时间。可见，渐进主义决策模式遵循的是时间逻辑，而不是因果逻辑。因此，在垃圾桶决策模式中，决策者几乎很难控制决策过程，只能遵循时间机制来作出决策，自然也就谈不上有什么共识可言了。

四是共识型决策及其共识观。

在公共决策民主化的进程中，公共政策学家开始把共识作为公共决策的根本目标。哈蒙和托马斯曾明确把共识型决策作为公共决策的一种基本类型。托马斯根据公民参与决策的程度不同，把公共决策划分为五种模式，即自主式管理决策、改良式的自主管理决策、分散式的公众协商、整体式的公众协商和公众决策。[①] 在这五种决策模式中，公众决策中公民参与的程度最高，也更能促进政府管理者与公众之间的合作关系，从而在解决方案的选择上取得共识。至于如何建构决策共识，托马斯没有提及，哈蒙则从行动理论的角度进行了论述。

推崇共识型决策的公共政策学家强调了共识的重要性，而且普遍把共识视为意义理解上的一致性。哈蒙把共识视为非强制基础上的全体一致，这种一致无非是互为主体的行动者通过对话而形成的共同理解。根据斯通的观点，决策的理性计划仅仅是对现实不完整的描述，因为它忽略了公共决策中的政治因素，或者说是它把政治考量当作非理性因素而加以祛除了。斯通认为，公共政策的制定必然涉及政治因素，即便是理性分析也难以摆脱政治因素的影响，因为作为理性分析基础的思想范畴本身就具有歧义性。可见，没有政治介入的理性分析是不存在的。所以不难理解，斯通为何把公共决策看作是一种借喻或类比式的政治推理过程了，[②] 这个过程始终充斥着歧义性、象征性和悖论。人们围绕这些相互冲突的理念进行沟通、辩论和相互说服，并基于对话而形成共识。斯通所界定的共识主要指决策者针对理念或范畴方面形成的理解上的一致性。

如果说决策共识的形成涉及理念或思想范畴，那么，建构实质性的决策共识就必然触及决策者内心深处的基本假设，因为理念扎根于行动者的

---

① 约翰·克莱顿·托马斯．公共决策中的公民参与［M］．孙柏英，译．北京：中国人民大学出版社，2014：32.

② 博拉·斯通．政策悖论：政治决策中的艺术［M］．顾建光，译．北京：中国人民大学出版社，2006：9.

心智。一些公共政策学家试图开发与行动者基本假设有关的技术和方法。为此，图尔明提出了政策论证理论，这种理论包括数据、根据、支持、反对、限定词和主张六个要素。[①] 在图尔明看来，政策论证的假设分析技术可以把规范性因素纳入政策分析范围，有效检验、识别和比较政策参与者关于数据或政治主张的基本假设，以及他们的推理和论证过程，从而为决策共识形成提供技术性支撑。费舍尔在综合图尔明和哈贝马斯的理论的基础上提出了非形式的政策论证逻辑，[②] 从而使经验数据和规范论证得以连接，为政策论证中商谈规范性问题提供了分析框架。斯蒂尔曼和玛格尔提出了分析参与者政策偏好和价值取向的Q-方法论。[③]

1.2.3 对文献的分析和总结

从国外现有的文献来看，关于决策共识的研究是一个多学科交叉的领域，经济学、政治学、组织社会学和公共行政学等都有涉及。经济学假定行动者是理性自利的，他们在公共决策中追求的是利益最大化，而决策共识只不过是理性计算的副产品，通常被视为偏好的自然聚合或者是偏好的有机整合；政治学假定行动者是社会人，他们会受到情感的驱使，而公共决策的世界与意义和价值有关，决策共识的形成是多元行动者就理念争论而达成的妥协或折中；组织社会学的研究重心是行动与结构以及它们之间的关系，从社会学和组织社会学的角度来看，决策共识的形成要么是社会互动的结果，要么是社会结构或社会规范从外部加以强制的产物。公共行政学或公共政策学对决策共识的研究通常借鉴了其他学科的研究视角和研究成果。实证主义取向的公共行政学侧重于从经济学来寻求灵感与工具；规范主义取向的公共行政学则倾向于采用现象学、符号互动论、阐释社会学或批判社会学的概念和理论来分析决策共识的形成问题。

通过对国外文献的梳理，可以做如下总结：一是国外关于决策共识研

---

① Toulmin, S. The Uses of Argument [M]. Cambridge: Cambridge University Press, 1958, 96-99.

② Fischer, Frank. Evaluating Public Policy [M]. Belmont, CA: Wadsworth, 1995, 230.

③ Steelman, T. A. &L. A. Maguire. Understanding Participant Perspectives: Q-Methodology in National Forest Management [J]. Journal of Policy Analysis and Management, 1999, 18.

究的文献相对比较分散，而且呈现为多学科或学科交叉的局面。这些研究成果既存在区别，也不乏相同点。国外文献在关于决策共识的概念界定上分歧较大，有的学者把决策共识视为个人利益的简单加总，有的学者把决策共识看作是行动者在意向或理解上的一致性。但是，学者在决策共识形成方式的认知上还是比较一致的，总体上都倾向于认为平等主体之间的协商对话是形成决策共识的理想方式。而且，这种认识与西方民主理论的发展趋向是一致的，西方民主是沿着代议制民主到协商民主这条线前行的，协商民主所主张的正是用公民在公共生活中的直接对话来取代代表制和投票。二是国外文献在公共决策模式的分类上存在差别。通常的分类方式是把公共决策分为理性主义决策、渐进主义决策、混合扫描式决策和垃圾桶式决策；有的学者从行动逻辑的角度把决策区分为结果导向的决策和规则遵循的决策；有学者认为存在着投票、契约、层级决策、讨价还价和共识型决策等几种公共决策模式。共识型决策模式的提出是公共决策理论发展的重大成果，它明确地把共识作为公共决策的根本指向和基本规则，有利于对决策共识的形成机制进行针对性、深入性和系统性的研究。三是西方文献在对决策共识的研究中大多秉承的是一种工具主义的视角，倾向于从技术上和手段上来寻求共识形成，忽视了社会环境和结构性因素，或者说，疏于对组织结构如何影响决策共识形成进行讨论。其实，任何行动都是在一定的社会结构下进行的，不存在不受约束的行动，也不存在没有行动参与的结构。如果悬置结构因素来研究决策共识，那么，得出的结论必定是值得怀疑的。四是国外文献过于强调以语言为中介的社会互动和理论知识对于决策共识建构的重要性，而对非语言的社会互动和经验性知识置若罔闻。实际上，决策共识的形成不仅是决策者有意图地、有计划地进行利益博弈、讨价还价或协商对话的结果，那些默会知识或理所当然的知识对行动的影响也是非常重要的，并且有意图的行动总会生成意料之外的后果。

国内学者对决策共识的研究起步较晚，反而有大量的文献集中于引介和阐释罗尔斯、哈贝马斯和协商民主理论的共识观，这种研究寻求的是价值共识、道德共识或政治共识的建构。按照萨利托的观点，共识可以分为三个层次，即价值层次、制度层次和政策层次，国内学者主要聚焦于对前两个共识层次的研究。实质上，共识的各个层次之间是相互联系的，较低层次的共识是套嵌在较高层次的共识之中的，奥斯特罗姆曾对此做过论述。其实，民主本身就可以被视为一种决策方式，民主意味着公共事务交由多数公民来裁决，也就是说民主的本质是多数统治。民主可以用于解决不同层面的问题，社会价值、伦理道德、政治制度和具体政策问题都可以用民主的方式加以应对，公共决策民主化就是强调要以民主的方式来制定公共政策。协商民主理论的提出对公共决策产生了深远影响，它强调通过平等主体之间的协商对话来处理公共事务，这种面对面的社会互动被共识取向的决策者所青睐。国内也有学者指出，中国政府在某些重大公共事务方面的政策制定也是共识型决策，这种决策主张通过协商对话来建构决策共识。而且，他们认识到，决策共识的形成是互动机制和决策参与结构共同作用的结果。显然，国内的一些学者已经意识到行动和结构是影响决策共识形成的两个关键要素，只不过，他们仍然是在行动与结构二元分立的架构下来研究决策共识问题，没有对行动理论进行更深入的思考，也没有对科层制组织的支配型结构提出质疑，更不用说对行动与结构的关系进行梳理了。

从国内外关于决策共识研究的文献来看，尽管中西方学者在“决策共识”概念的界定、共识的建构方式和共识形成的影响因素等方面存在分歧，但也不乏认识上的共同点。对决策共识的重视和共识型决策模式的提出与公共决策民主化和协商民主理论的兴起是联系在一起的，尤其是经由平等主体之间的协商对话来建构共识这种理念已经深入人心，业已被多数国内外的政策学家们接受为决策共识建构的理想方式。同时，他们也认识到，决策共识的形成不仅仅是多元决策者之间进行讨价还价或协商对话的结果，还受到结构性条件的制约，尤其是组织结构对决策共识形成有着重要影响。

当前，国内外学者关于决策共识的研究也存在一些共性问题。首先，这些研究都是以一种静态的视角来看待决策共识问题，普遍把共识作为协商对话的结果，共识的形成意味着对话的终结，从而排除了决策共识进一步演变的可能性。其次，这种研究割裂了常态性问题和突发性问题的联系，没有认识到突发性问题其实只不过是常态性问题的异化状态，并且针对常态性问题形成共识能够有效规避突发性问题的发生。再次，这些研究都是以行动与结构的二元分立为基本假设。虽然从行动的角度对决策共识进行研究的学者居多，但大多数研究是在悬置社会结构的前提下进行的，即便涉及结构性问题，也常常把结构视为独立于行动的客观存在。最后，这些研究都倾向于把社会结构看作是一种制约性的，也就是说社会组织对公共决策只会起到限制与约束作用，而不能产生使动性和推动力。把科层制组织视为理所当然的存在就是这种观念的典型体现，从而也阻断了实现组织彻底重构的道路。如果不对科层制组织进行彻底改造，祛除中心—边缘结构及其宰制性，那么平等自主的行动从何而来？实质性的决策共识又如何形成？

1.3 研究方法

1.3.1 阐释主义

阐释主义又称解释学或诠释学，它的本意是指对典籍或神旨进行传译、诠释及阐发。作为一门古文献释读的语言技术，阐释学发端于古希腊时期，其标志是亚里士多德“修辞学”的发明。之后在中世纪，经由经院学者用于神学考据，发展成文献注释。艾尔维森和舍尔德贝里指出，阐释主义的根据在于“文艺复兴时期两条并行且在一定程度上相互影响的思潮——对圣经的新教分析与对古典的人文主义的研究”。[①] 文艺复兴之后，阐释学开始摆脱神学桎梏，尤其是18世纪以后，在维柯、施莱尔马赫和狄尔泰的努力下，阐释学迈入现代阶段。阐释学新学诞生的标志是伽达默尔于1960年发表的《真理与方法》一书。总体上来说，阐释学经历过神学、文字学和精神科学三次变革，终于在伽达默尔这里蜕变成为哲学阐释学，史称“本体论转折”。

阐释学被引入社会学是以反“实证主义”的面目出现的，在阐释社会

① 马茨·艾尔维森，卡伊·舍尔德贝里．质性研究的理论视角：一种反身性的方法论［M］．陈仁仁，译．重庆：重庆大学出版社，2009：62.

学家看来，社会科学和自然科学有着本质的区别，社会现象是意义的世界，因而只有深入到行动者的意识内部，通过类似于释读《圣经》的“阐释学”方法才能理解行动背后的主观意义。阐释社会学家认为，只有采用这种不同于实证主义科学的“阐释”或“理解”的方法，才能更好地去把握社会现实。在韦伯的阐释社会学中，对行动者的主观意义的理解是通过一种“客观方法”来实现的。韦伯认为，他者的主观意义是独立于阐释者的，因此，只要在阐释时参照“意义适当性”和“因果适当性”，就最大限度地保证了理解的“客观性”。

然而，在现象学社会学家看来，对主观意义的理解是通过一个互为主体性的过程来实现的，抑或说，意义的厘定需要借助主体间的对话，而不是主体对客观的单向度阐释。吉登斯提出，社会科学不同于自然科学，“它是一种‘双向解释’，包括他们所研究的行为与制度的双向性”。[①] 也就说，在社会科学研究中存在“双重阐释”，不仅行动者要对自己或他人的主观意义进行阐释和理解，社会科学家也要对行动者的“意向”进行阐释。后现代主义学者主张“反思性阐释”，就是对阐释和理解的视角或透镜进行颠覆或再选择。

阐释或理解是通过一种互为主体性的对话过程来实现的，而且，阐释必然是反思性的和双重的。如果把这种阐释观应用于研究共识型决策，就会导向如下研究取向：首先，从决策共识建构的角度来说，公共决策中的共识形成是多元决策者通过协商对话所形成的意向一致或理解一致；其次，如果分析决策共识的形成机制，研究者就必须深入到行动者的对话之中，对他们的理解进行二次阐释，或者说，研究者要通过对以往的研究成果进行系统梳理和阐释，来发现问题并提出创新性的主张。实质上，前一种方法强调对第一手的资料进行扎根研究；后一种方法侧重于对二手资料进行再阐释。本书的研究更多的是基于后者。

1.3.2　批判主义

批判理论兴起于“现代性”弊病的逐渐展露。启蒙运动相信科学可以

---

① 安东尼·吉登斯．社会理论与现代社会学［M］．文军，赵勇，译．北京：社会科学文献出版社，2003：32.

带来一个不断进步的世界，然而，工具理性和科层制组织的扩张却把人类笼罩在“无往不利”的枷锁之中。马克思揭示出资本主义生产方式的压迫性，其致力于全人类的解放，从而确立了批判主义的基本主题。“批判理论”这一术语与20世纪初期发源于德国的一种思想流派有关。[①] 可以说，批判主义的兴起和发展得益于法兰克福学派，作为法兰克福学派的主要人物，卢卡奇、霍克海默、阿多诺和哈贝马斯都曾对批判主义做出过理论贡献。法兰克福学派的学术研究围绕人类解放和科层制组织的关系展开。卢卡奇在将马克思和韦伯的理论转移到现代批判理论方面起到了关键的连接作用。[②] 他用“物化”来描述社会关系商品化的过程，把马克思的“商品拜物教”与韦伯的“工具理性”联系在一起，从而揭露了“理性化”的“交换和计算”本性。但是，卢卡奇把实现人类解放的希望完全寄托在黑格尔的“自我意识”上，不能不说是一种遗憾。霍克海默和阿多诺对卢卡奇理论中的黑格尔色彩提出了质疑。他们认为，人类的主观意识是不可能与社会现实完全分离的，因而，实现人类解放应从分析客观的压制性力量如何导致支配关系着手。

哈贝马斯是法兰克福学派的集大成者，他的批评主义方案仍然把人类解放这一目标置于理论的中心，但是，却有意规避存在于早期批判主义理论家思想中的主观主义论调、韦伯关于历史理性化进程的悲观主义色彩和马克思的乐观主义成分。哈贝马斯认为，工具理性和技术主义的扩张导致了公共领域的萎缩与“合法性危机”（“委托危机”或“表达危机”）。社会治理弥漫着专家统治意识，普通行动者被排斥在了公共对话之外。因而，批判理论自然转向从互动和沟通中来寻求人类的自由和解放，这就是哈贝马斯交往行动理论提出的根本意图。

从共识型决策的角度来看，批判主义理论仍是值得借鉴的。既然决策共识的形成是以平等主体之间的协商对话为前提，那么，揭露和修正决策参与者之间对话中的支配和宰制就是应然之事，因此，在共识型决策中，

---

① 大卫·马什，格里·斯托克．政治科学的理论与方法［M］．景跃进，译．北京：中国人民大学出版社，2006：185.

② 乔纳森·特纳．社会学理论的结构［M］．邱泽奇等，译．北京：华夏出版社，2001：233.

人的自由和解放必定是核心论题。哈贝马斯的交往行动理论对于决策共识形成有着积极的意义，但是，其中的理想化色彩必须加以割舍。如悬置现有社会结构和制度设置来构造理想的对话情境，以及对异议和争论的无意识处置等。鉴于此，对哈贝马斯的交往理论进行批判，并在此基础上进行理论探索乃是批判主义的核心精神所在。同时，我们又需要批判性地审视后现代社会理论。后现代社会理论批判主体性，反对宏大叙事，倾向于把现实看作是一些拟像物的组合。按照这种观点，“所有的社会理论都不过是关于拟像的拟像观点，那么，关于社会现实的认识必然陷入一种对拟像物的迷狂之中”,① 共识自然也就成了难以触及的虚幻之物。所以，在后工业社会背景下，必须以后现代主义作为逻辑起点，对批判主义进行批判，从而建立起支持平等对话的共识形成机制。

1.3.3 比较研究

比较研究法就是参照一定的标准对两个或两个以上的社会现象进行比较，辨别它们之间的相同点和不同点，从而探求事物的实质和具体形成机制。在社会科学研究中，比较法被划分为类型比较法和历史比较法。类型比较法用于对不同类型的事物进行共时性的横向比较；历史比较法研究社会的历时变化，并对不同的社会进行比较。② 在社会学中，比较研究法始于孔德，后被涂尔干、韦伯、兹纳尼茨基和托马斯等相继采用。比较研究法在公共行政和公共政策研究中的应用相对较晚。比较公共行政研究的主题具有多样性，但一般都是把中程范围的科层制组织作为理想的分析对象，比较公共政策更倾向于对政府决策进行跨国研究。本书对共识型决策的研究既采用了类型比较法，又采用了历史比较法。具体来说，本书侧重于对不同类型和不同历史时期的决策共识理论进行比较，以区别它们的相同点和不同点。本书不仅仅要对共识型决策的不同研究视角进行比较，而且要把决策共识的形成放到时空演变的历史维度中去加以甄别。因为，公共决策的理论变迁是有延续性的，只有追根溯源，厘清各种决策理论的脉

---

① 乔治·瑞泽尔．后现代社会理论［M］．谢立中等，译．北京：华夏出版社，2003：288.

② 艾尔·巴比．社会研究方法（第10版）［M］．邱泽奇，译．北京：华夏出版社，2005：324.

络以及它们之间的相互关系，才能把握决策共识形成的未来走向，从而为构建新理论奠定基础。

1.4 研究的思路、创新点及相关概念界定

1.4.1 研究的思路

从规范的意义来讲，公共决策是以实现公共性为旨归的，而决策共识的形成是衡量公共性实现程度的重要指标，所以公共决策总是以共识形成作为目标或规则。自公共决策民主化思潮兴起以来，公共决策理论发展的历程就是不断寻求决策共识的过程。决策共识是针对常态性政策问题形成的，因为面对突发性问题时人们往往没有足够的时间来形成共识，但这并不等于否认共识与突发性政策问题的联系。实质上，所谓突发性事件并不完全是突发的，其发生总是会经历一个长期的过程，因而它也具有常态性，甚至可以把突发性事件看作是常态性事件的一种特殊形态。可见，如果在突发性事件的酝酿阶段或发展阶段就采取行动形成决策共识，完全有可能及早把其化解，不至于最终造成它的突发。

当前的决策共识研究是在一个行动与结构二元对立的架构中进行的，倾向于把决策共识看作是行动者针对常态性事件进行理性计算、讨价还价或协商对话的方式来建构，共识的形成意味着公共决策的终结，从而忽略了共识发展或终结的可能性，也排除了对结构性因素的思考。行动与结构并不是完全对立的，即便是自主性再高的行动也离不开结构，因为结构本身会影响行动的自主性。同时，决策共识的形成并不意味着社会互动的终结，因为业已形成的共识和决策行动的意外后果会为下一步的公共决策提供前提和条件。可见，决策共识的形成是一个动态的过程，它既是社会互动的结果，又为后续的社会互动提供条件，二者之间是相互建构并循环往复的过程。

鉴于此，我们认为，决策共识研究既需要一种动态的视角，又需要一种能够融合行动与结构的视角。首先，从行动的角度来看，我们应该把行

动视为一种“流”，而不是一个“点”，这种行动观来源于吉登斯的结构化理论。如果作为决策共识建构方式的社会互动也被视为一种“流”，那么，循环往复的决策行动就很容易在决策者之间形成共识乃至默契。其次，决策共识研究应该重视非语言的行动。无论是目的性行动图式、规则遵循行动图式，还是交往行动图式，都以“理性”为轴心。然而，对行动中语言成分的过度强调，也常常把建立在常识性知识基础上的、非语言性的行动排斥在行动理论之外，这种无意识行动往往是社会实践得以生产和再生产的关键。最后，决策共识研究应该重视对社会结构或组织问题的关注，只有建构起支持行动自主性的决策结构，实质性决策共识的形成才有可能。

为了形成实质性的决策共识，平等主体之间的协商对话甚为必要。鉴于协商对话之于决策共识的重要性，公共政策学家倾向于以实现真实性的协商对话来作为研究旨趣。他们常常从伦理和技术的角度来讨论协商对话，要么把真实性的协商对话看作是倾听、承认和信任等伦理要素规范下的结果，要么把其看作是沟通技术或交谈策略的问题，或者两者兼而有之。然而，这些研究都忽视了社会结构或组织对于形成真实性的协商对话的影响。现代社会是一个组织化的社会，离开了组织，人类就无法组织起集体行动。所以，真实性的协商对话不仅需要行动自主性，也需要社会组织提供结构性支持。于是，问题的焦点就转变为如何通过组织再造来支持平等主体之间的协商对话，或者说，如何建构一种组织形式能够使协商对话具有稳定性和持续性。然而，以往的公共决策理论都过多地耽于对理论知识和专业技术来建构决策共识，要么是完全悬置结构性因素，要么是把科层制组织或由科层制组织参与构成的组织间网络作为公共决策的结构安排。决策共识理论必然是一种组织理论，建构实质性的决策共识需要对中心—边缘的组织结构进行重塑。

显然，决策共识理论既是一种行动理论，又是一种组织理论。因此，形成实质性的决策共识不仅要改造行动理论，还要重构组织理论。传统的组织理论倾向于把科层制组织视为一种合理性的存在加以神圣化，自然不会产生怀疑，从而只能从组织之外来寻求决策结构变革的可能性。功能主义组织观倾向于把组织视为一种具有整体性的、独立于行动者的、自我再制的系统。从这一角度来看，科层制组织、市场和社会网络都是一种组织形式，各有自己的特性和适用范围，并且彼此之间是不可通约的。既然组织具有结构和功能上的整体性，并可脱离行动而独立运转，那么，组织的优先性便显而易见了。可见，在功能主义的组织意象中，行动者的自主性是无法获得结构性支持的。

行动主义取向的组织社会学采取了一种虚拟化组织的方法，把组织看作是行动的建构物。也就是说，组织并不是一种独立于行动者的客观实在，而是寓于行动之中，并表征为行动的循环往复的结构化特征。从这种观点来看，所有的组织没有什么不同，都不过是行动的结构化特征，只是结构化程度不同而已。虽然在行动取向的组织理论中，行动者的自主性得到一定程度的释放，并且组织本身也会对行动产生使动性，但是，行动者之间的关系仍然是一种支配性的权力关系。显然，行动主义的组织理论并没有从根本上消除组织中的权力关系，因而也不可能为平等主体之间的协商对话提供结构性支持，从而促进实质性决策共识的形成。

因此，欲建构实质性的决策共识必须对行动与结构进行重构，合作行动理论为我们提供了一个全新的视角。在合作行动理论的架构中，合作是一种不同于协作的行动图式，合作的最大特征是去权力化和去支配化，合作基于行动者之间的共生共存，而不是交换中的理性计算。此外，合作行动不仅重视以语言为中介的行动，还把非语言性行动纳入行动架构当中，从而突破了以语言和理性为轴心的行动图式，为话语行动与实践行动之间的连接提供了理论支撑。承接结构化理论和组织决策分析的观点，合作行动理论仍倾向于把组织视为行动的结构化特征，作为行动的建构物，组织既是行动结果，也是行动的条件。从具体组织形态上来看，由合作行动所建构的组织被称为合作制组织，这种组织是一种问题导向的、开放的网络结构。作为一种组织形式，合作制组织将会促进自主性行动的生成，从而使平等对话成为可能，真正建立起实质性的决策共识。

依据合作行动理论，决策共识可以被界定为：在公共决策中，多元行动者通过协商对话或默会行动来形成意向一致的过程。合作行动化的组织学习可以为公共决策中的共识形成提供具体行动机制，从而解决后工业社会进程中实质性决策共识难以形成的问题。合作制组织是一种建立在组织成员之间高度信任基础上的、开放的、网络型的合作体系，这种组织结构能够最大限度地支撑和生成行动自由。作为一种无边界的行动体系，合作制组织与社会是同构的，或者说，其本身就是作为社会而存在的。作为一种社会互动形式，组织学习可以通过反思、探询、深度会谈和讨论等沟通技术来促成“反思性开放”，进而达成深度共识乃至默契。合作制组织的任务导向、开放性和去支配化能够祛除影响组织学习的结构性障碍，消解组织学习的封闭性和技术主义色彩，使之成为一种开放的、过程导向的决策共识形成方式；同时，成为合作行动的组织学习也可以扩大经验和知识的交流与分享，促进合作关系的生成与绵延，从而维系合作制组织的生产与再生产。

1.4.2 创新之处

本书旨在解决后工业社会进程中决策共识难以形成的问题。从组织社会学的角度来看，决策共识的形成是行动与结构共同作用的结果，然而并不是所有的行动图式与结构安排都可以形成实质性的决策共识。本书在充分梳理和分析行动与结构辩证关系的基础上，提出以合作行动理论来建构决策共识，具有一定的创新性。具体体现在以下几个方面。

首先是选题具有创新性。在公共政策研究中，以政策共识为主题的文献居多。从政策过程的角度来看，政策共识既可以指政策问题建构中所形成的共识，也可以指公共决策中所形成的共识，甚至还可以指政策执行中所形成的共识。然而很多研究者并没有对此加以区分，只是笼统地研究政策共识问题，终不知研究的是哪个政策环节的共识。当然也有少数公共政策学者以共识型决策作为研究对象。但决策共识不限于共识型决策，在其他决策模式中也存在共识问题。本书明确以决策共识形成的行动机制作为研究对象，选题上具有创新性。

其次是研究思路具有创新性。当前对决策共识的研究持经济学、政治学、公共行政学和公共政策学等视角的居多。这些研究通常把决策共识形成看作是一种行动问题，忽视了对社会结构或组织问题的关注。其实，公共决策从来都是在一个组织中进行的，这种组织要么是科层制组织，要么是市场，或者是组织间网络。所以组织的结构与规则必定影响决策权力的分配、决策方式的选择以及决策中的信息流通渠道，进而影响决策共识形成的质量。组织社会学关注的是行动与结构的问题，可以为分析决策共识形成中的行动与组织要素提供理论依据。因而，以组织社会学中的行动与结构理论来分析决策共识的形成问题在思路上具有创新性。

最后是研究结论具有创新性。本书提出以合作行动理论来建构决策共识的形成机制。合作行动理论不仅从行动的去支配化和行动的非语言包容性两个方面实现了对行动图式的改造。而且提出建立合作制组织，重构行动与结构的关系。合作行动与合作制组织是一种相互建构的关系，合作制组织由合作行动所建构。因此，以合作行动理论来形成决策共识，不仅能消解决策者之间的支配关系，促进对话的平等与真实，而且能够为平等主体之间的对话提供结构性支持。从具体行动机制上来看，本书提出建立决策共识形成的组织学习机制。因为组织学习本身就是一种共识和默契的形成方式，只不过组织学习的作用受制于其功能主义特征。如果依据合作行动理论对组织学习加以重构，组织学习便能成为一种理想的决策共识形成方式。因而，提出决策共识形成的组织学习机制在理论上具有创新性。

1.4.3 概念界定

在公共决策的相关文献中，“公共决策”“共识型决策”“政策共识”和“决策共识”是几个核心概念。“公共决策”有广义与狭义之分。广义上的“公共决策”等同于公共政策，指的是公共政策制定的整个过程，[①] 安德森持有的就是这种观点。狭义上的“公共决策”是公共政策决策的简称，被视为政策过程的一个阶段，[②] 具体来说，指的是拟定或搜寻备选政策方案并从中加以选择的活动。作为政策过程中的一个阶段，公共决策具有自足性，也就是说，公共决策可以自成体系。根据金登的观点，政策过程的各个阶段在逻辑上具有独立性，每一个阶段可以不依赖于其他阶段而存在，并且，各阶段之间并不必然以时间上的先后顺序来呈

① 詹姆斯·E. 安德森. 公共决策［M］. 唐亮，译. 北京：华夏出版社，1990：4.

② 布莱恩·琼斯. 再思民主政治中的决策制定：注意力、选择和公共政策［M］. 李丹阳，译. 北京：北京大学出版社，2010：86.

现。[①] 也就是说，政策方案及其选择可以先于问题而存在，政策执行也不一定以预先确立的目标和问题为导向。其实，政策问题建构并不是一开始就作为政策过程的一个阶段而存在的。在传统的公共决策理论中，政策问题被视为预先存在的、已知的、确定的，更多地作为决策的前提而存在，不是一个需要特别加以关注的政策环节。然而，政策过程理论认为，政策问题并不是客观存在的，而是被建构的产物。作为一种社会建构物，政策问题的形成是多种因素综合作用的结果，尤其离不开多元行动者之间的互动。本书把公共决策视为政策过程中的一个独立性环节，具体指搜寻备选政策方案并参照相应规则从中加以挑选的过程。

哈蒙根据决策规则的不同把公共决策划分为五种类型，即层级决策、市场交易决策、选举决策、契约决策和共识决策。在哈蒙看来，共识型决策是公共决策的一种类型，它以决策者之间能够达成全体一致的同意或共识来作为方案选择的标准。托马斯在研究公共决策的公民参与这一问题时也对公共决策模式进行了划分，在托马斯的决策类型体系中，与共识有关的是公众决策，[②] 只不过，公众决策既涉及多元决策主体针对政策问题所形成的共识，也包含就解决方案而达成的共识。

王绍光根据互动机制和决策参与结构把决策模式划分为四种类型，共识型决策就是其中的一种。可见，公共政策学家普遍把共识型决策视为多种决策模式中的一种类型，但是，也存在把决策共识与政策共识相混淆的情况。从政策过程理论的角度来看，政策问题的建构和解决方案的产生是两个相对独立的过程，而且，当多元行动者参与政策问题建构时，也是可以形成共识的。因而，在政策过程中所形成的共识必然包含两种情形，即关于政策问题的共识和关于解决方案的共识。我们倾向于把在政策过程中所形成的共识称为“政策共识”，在公共决策中所形成的共识称为“决策共识”，决策共识是政策共识的一个重要组成部分。本书侧重于分析“决策共识”形成的机制问题，也就是分析在公共决策中如何达成共识的问题。

---

① 约翰·W. 金登. 议程、备选方案与公共政策 [M]. 丁煌等，译. 北京：中国人民大学出版社，2004：99.

② 约翰·克莱顿·托马斯. 公共决策中的公民参与 [M]. 孙柏英等，译. 北京：中国人民大学出版社，2014：32-33.

“共识”是一个极富争议的概念。在经济学家的视野中，共识是偏好的简单加总或聚合；在政治学家的视野中，共识是讨价还价的结果或妥协的产物；在具有阐释学取向的社会学家看来，共识是行动者之间通过对话所形成的意向一致或理解上的一致。我们发现，大多数研究政策共识的文献往往对此不加以区分，因而难以对政策共识的真伪进行识别。实质性政策共识形成必须以平等主体之间的自由对话和辩论为前提。在后工业社会进程中，社会情形的虚拟化、多元化和流动性使政策问题逐渐远离了利益冲突，转向价值观或认知之间的矛盾，这些问题不能再借助于理性计算或讨价还价的方式来解决，而必须付诸政策对话和理解。哈贝马斯的交往行动理论和协商民主理论为我们的共识观提供了理论借鉴。我们倾向于认为在共识形成的过程中，平等主体之间的协商对话至关重要，然而，通过默会所形成的行动默契也是必不可少的。话语共识和默会共识统一于合作行动取向的公共决策过程之中。因此，我们把“决策共识”定义为，在公共决策中通过平等主体之间的协商对话或默会所形成的意向一致。

第2章 后工业化进程中的公共决策及共识困境

人类社会民主化的过程就是追寻共识的过程。公共决策也以寻求共识作为基本目标，这是公共性实现的内在要求。在工业社会，决策情境是低度复杂和不确定的，政策问题往往被认为是给定的，行动者很容易在公共决策中形成共识。然而，在后工业社会进程中，社会的流动性、多元化和虚拟化程度呈几何级增长。政策问题的去结构化和决策主体的多元化是决策情境发生质变的典型症候，从而给决策共识的形成带来了严峻挑战。所以，在后工业社会进程中，公共决策遇到的最大困境就是决策共识难以形成的问题。

2.1 民主社会的共识叙事

作为一种决策方式，民主意味着通过公民参与来处理公共事务，对实质民主的追求趋向于把共识作为社会治理的基本目标，因为共识形成是对民主的最佳阐释。纵观民主社会的演变历程，存在三种寻求共识的途径或方式：以契约来寻求共识、以投票来寻求共识、以协商来寻求共识。鉴于选举或投票民主的形式主义特征，民主理论发展的趋势是以平等主体之间的协商对话来寻求共识，这也是实质民主的应有之义。

2.1.1 以契约来寻求共识

寻求共识是民主社会永恒的主题，然而，共识也有层次之分。伊斯顿把共识划分为三个层次，即共同体层次的共识、程序共识和政策共识。这与萨利托的共识观是一致的，萨利托认为，“终极价值或信仰体系、游戏规则或程序和具体的政府政策是共识的三个对象”。[①] 共同体层次的共识主要是信仰体系和价值观方面的共识，比如自由和平等，它是民主的有利条件，而不是必要条件；程序共识是针对解决冲突的规则而形成的共识，它是民主制度的必要前提，这里的规则主要指的是多数原则，即在选举中所遵循的少数服从多数的规则；政策共识是最低层次的共识，它是针对特定的社会问题所形成的共识，因而也处于政治文化、基本政治制度和社会治理模式的规范之下。共识的政策层面往往处于各种利益群体交互活动的中心，也是分歧和争论最为密集的场域。但是，异见的存在并不代表共识对民主来说没有价值，反而说明了共识的重要性，因为没有共识人类社会就无法组织起有效的集体行动。

综上可见，关于自由、平等、公正等的价值共识与关于制度的程序共识更多的是通过社会化的方式内化到公众意识之中的，进而形成了人们的意向一致，而不是通过公众的直接参与形成共识。因为这些共识牵涉的人群相对广泛，让所有利益相关者直接参与公共决策具有操作上的不可能性。当然，有些范围较大的政策议题也可通过选举或投票方式作出决策。但是，选举和投票这种决策方式也是存在弊端的，实践证明，形式主义的投票只会平添公民对政治生活的冷漠。政策共识是一种最低层次的共识，也是以具体社会问题为决策对象的共识，政策共识的这种特点决定了它是一种离公众最近的共识，是公众最有可能直接参与而形成的共识。

公共决策从来都是与民主联系在一起的，甚至可以说，民主本身就是公共决策。民主的实现可以有多种方式，但主要是以选举的方式体现出来的，选举是采取多数原则以投票的方式来做出选择的决策方式，多数人的同意是选举的基本准则。因此，选举意义上的民主只是达成“舆论统治”的手段，所以民主从根本上来说就是对公众舆论做出回应并负责，前提是公众舆论必须是自由的。所谓“公众舆论”是指存在于公众中的与公共事务有关的舆论。作为一个政治概念，公众舆论与近代新闻媒介的产生高度相关，或者说报纸和新闻等现代信息传播技术导致了公众舆论的产生。基

① 乔万尼·萨利托．民主新论［M］．冯克利等，译．上海：上海人民出版社，2015：146.

于自由的公众舆论的民主意味着被统治者的统一，公众舆论与卢梭的“公意说”和中世纪的“同意说”是一脉相承的。显然，我们可以把民主社会的共识叙事追溯到启蒙运动时期。

自由主义学者宣称国家权力的来源和行使必须征得人民的同意，这种“同意”的共识通常是以“社会契约论”的形式来予以表征的。霍布斯、洛克和卢梭都是社会契约论的忠实拥趸，契约论蕴含着“同意说”，即国家和公民社会的产生，乃至国家和社会的任何一项重大公共决策都要通过社会契约来赋予其合法性。霍布斯认为，“权利的互相转让就是人们所谓的契约”,[①] 国家的产生就是人们之间相互订立信约的结果。洛克则进一步阐明，人们订立契约的动机在于最大限度地维护个人利益，理性的自利驱使个人去自愿让渡自己的部分权利，人们之所以同意订制契约是因为个人的利益得到了最大限度的满足。按照“同意说”，国家关于任何重大公共事项的决策都要征得全体公民的一致同意。洛克认识到，“政治社会的创始是以那些要加入和建立一个社会的个人的同意为依据的”。[②] 但是，鉴于一致同意在政治社会中的不可企及性，他弱化了“同意说”，提出了“多数决定”的原则。

卢梭把公意视为共同利益的化身，并对公意和众意作出区分。然而，在卢梭看来，代表全体公民意志的公意只能通过投票中的多数来界定，并且多数与少数之间的比率会因讨论问题的性质而呈现出差别。[③] 可见，契约论具有明显的功利主义和可计算性的特征。罗尔斯关于他的两个正义原则的证明也是契约论的，我们通常称之为“新契约论”，即其正义原则的合法性源于所有人的一致同意。这种关于正义原则的共识是在“原初状态”下达成的，而“原初状态”作为一种拟制，其意图是“建立一种公平的程序，以使任何被一致同意的原则都将是正义的”。[④] 罗尔斯的新契约论预设了一个原初状态，自由而平等的理性人在“无知之幕”中就正义原则达成共识。可以说，民主社会的选举和共识理论正是根植于启蒙思想家们

---

① 霍布斯．利维坦［M］．梨思复，译．北京：商务印书馆，1985：10.

② 洛克．政府论［M］．叶启芳，翟菊农，译．北京：商务印书馆，1964：65.

③ 卢梭．社会契约论［M］．李平沤，译．北京：商务印书馆，2011：120-121.

④ 约翰·罗尔斯．正义论［M］．何怀宏等，译．北京：中国社会科学出版社，1988：136.

的政治理想，他们的学说为共识理论的发展和传承奠定了哲学基础。

社会契约不仅用于论证国家产生的合法性或者正义原则的合法性，它还用于社会治理的实务。新公共管理理论被称为新契约主义或新合同主义，它把市场机制引入社会治理和公共服务的提供中，并主张对政府的角色和职能进行重构。新公共管理理论认为，作为掌舵者而不是划桨者的政府，应该充分调动企业、非营利组织和公民等社会力量来参与公共服务的供给。新公共管理把政府和公共部门之间的关系看作是一种委托与代理关系，实质上就是一种契约关系，而“契约的签订是以实现帕累托最优为指向的”。[①]

可见，政府选择把公共服务交由谁负责，完全是基于收益—成本核算，它所遵循的依然是“少花钱多办事”的工具理性逻辑。这种逻辑体现在管理实践上意味着，“效果管理既优于臆测管理，又优于目标管理”。[②] 并且契约理论具有浓厚的个人主义色彩，可以说，“正是现代的个人主义自然法和语言，以及启蒙运动的法哲学和政治哲学，促进了契约理论的生成”。[③]

2.1.2　以投票来寻求共识

选举民主一度得到政治思想家的青睐，正像萨利托所说，“选举是检验民主的最佳工具”,[④] 因为选举是度量普遍共识或者全体公民意见的显示器。在民主社会，没有什么政治制度能够比选举更具有影响力，当然选举主要是以投票的方式来进行的，甚至可以说，投票就是选举的代名词。霍夫曼相信，“政治就是进行选择”。[⑤] 这种观点得到亨廷顿的高度认同，他也认为，“选举是民主制度运行的方式，它既是民主化的目标，也是民主

---

① 简·莱恩．新公共管理［M］．赵成根等，译．北京：中国青年出版社，2004：205-206.

② 戴维·奥斯本，特德·盖布勒．改革政府：企业家精神如何改革政府［M］．上海：上海译文出版社，2006：113.

③ 马克斯·舍勒．知识社会学问题［M］．艾彦，译．北京：北京联合出版公司，2014：180.

④ 乔万尼·萨利托．民主新论［M］．冯克利等，译．上海：上海人民出版社，2015：142-143.

⑤ Stanley Hoffmann，“Some Notes on Democratic Theory and Practice,” The Tocqueville Review2, 1（Winter 1980）：69.

化的手段”。[1] 可见，对投票的青睐是“民主等同于选举”这种政治理念的必然结果。如果想让更多的普通公民参与到公共事务中来，从操作性上来看，没有比投票更为合适的方式了。因为投票把问题简化为“是与否”，选民只需作出二选一的选择就可以了，而且很容易从选票的数量上来甄别备选方案的优劣。尤其是网络技术的发展使不在场的投票行为成为可能，从而能够调动更多的人参与公共决策，大大提高了投票的适用范围。

投票这种决策方式具有相当广泛的用途，它既可以被用来处理国际事务，也可用来对民族国家内部具有较大影响范围的重大事项进行决策，甚至可以用来解决基层村社中的公共问题。比如国际重大事务的解决和联合国秘书长的产生就是通过安理会的投票来完成的。在西方国家，国家元首或政府首脑不是通过投票直接产生，就是由在议会中占多数席位的政党领袖来出任，而政党优势地位的获得也离不开投票。一些事关全局的国内问题也可以借助投票来解决。比如，英国的脱欧公投就是一种直接的票选制，有意登记参加公投的选民多达4600万，在正式投票中，同意脱欧的选票超过了半数，最终脱欧成功。投票也是广泛用于基层治理的一种决策方式。我国的《村民委员会组织法》明确规定，村民委员会主任、副主任和委员须由村民选举产生。无锡市开创了用电子投票方式来选举街道办事处“小巷总理”的先河，从而推动了基层民主的建设。山东曲阜市姚村镇戴家洼村采用“村民投票”的方式来对集体土地承包、公共财务支出和上级政策落实等村级重大事项进行决策。

信奉“民主等同于通过选择或投票的方式进行决策”[2] 的理论家认为，公民的偏好是既定的，通过投票的方式可以对他们的不同偏好进行测量，进而针对备选方案达成选择上的一致。可见，投票具有技术上的先天优势，它假定人是理性自利人，通过计算和选择可以实现个人利益的自然聚合。这种经由计算而达成的同意是与公共选择理论联系在一起的。所谓“公共选择理论”就是把经济学的理论和分析方法应用于政治领域。

---

① 塞缪尔·P. 亨廷顿. 第三波：20世纪后期的民主化浪潮［M］. 欧阳根景，译. 北京：中国人民大学出版社，2013：166.

② 本杰明·巴伯. 强制民主［M］. 彭斌等，译. 长春：吉林人民出版社，2011：223.

在政治经济学家布坎南和塔洛克看来，尽管投票遵从多数规则，但在本质上它追求的是全体一致，而全体一致是“个人可以借以确保他人行动永不给他造成成本的唯一方法”①。诚然，达成集体决策的全体一致规则可以使一个人的外部成本近乎为零，但是，这种理想的状态是在忽略决策成本的情况下获得的。随着参与决策者人数的增多，决策成本势必提高，那么，只能按照多数规则来进行投票了，这实乃一种权宜之计。但是，多数决策规则绝不是让多数人接受所做出的规则，而是多数人做出的决策可以为全体成员所接受，它寻求的仍然是全体一致。如果把通过投票所形成的选择上的全体一致视为共识，那么，这种共识不过是“同意的计算”，也就是说，全体一致的形成源于对个人利益的理性计算。从公共选择理论的角度来看，全体一致或共识的形成是自利取向的原子化的个人，在全体一致规则或多数规则的指引下，通过投票所形成的选择上的一致性。

投票固然是一致常见而高效的决策方式，但也存在诸多弊端或局限性。首先，选举或投票民主是一种不连续的民主，它大多在关键政治领袖人物的产生或重大事项的决策上才能派上用场，也只有在选举时公民才能享用到民主的福祉，在其他时候，他只需要充当一个旁观者或欢呼者就行了。其次，投票民主必然遇到委托—代理问题。我们知道，民主的形式与规模有关，如果一个政治单位的人数较少，实行公民直接参与公共决策的直接民主或公民大会式民主是比较合适的，反之就只能选择代议制民主的形式，把决策参与权委托给其他人了。这就是达尔所说的民主的“时间和人数定律”②。也就是说，当政治共同体的人数达到一定的规模时，不可能所有的公民都参与投票，只能将权利委托给代表来行使。由于受到信息不对称的影响，代表们往往不能完整地表达公民的意志，甚至有时候会牺牲他们的意志。

另外，投票民主会遇到少数和多数的问题。这个问题体现在两个方面：其一是候选方案制定与选择中的少数与多数；其二是作为投票规则的少数与多数。选举常常把政策问题结构化为是与否，即便允许利益相关的

① 詹姆斯·M. 布坎南，戈登·塔洛克．同意的计算——立宪民主的逻辑基础［M］．陈光金，译．北京：中国社会科学出版社，2000：76.

② 罗伯特·A. 达尔．论民主［M］．李风华，译．北京：中国人民大学出版社，2012：93.

全体人员参与投票也掩盖不了少数精英对决策过程的操控。换句话说，在投票民主中，政策问题和候选方案是被少数人预先确定的，参与者只需要在几个有限的政策方案中做出选择。此外，鉴于全体一致的不可能性，选举或投票采用的是多数规则。可见，但凡投票就会遇到“多数专制”的问题。在达尔看来，对一些人的利益造成损害是民主必须付出的代价，只不过是，与寡头统治和独裁相比，民主所造成的伤害是最小的。显然，达尔眼中的民主是最低限度的民主，民主的优越性仅仅体现在它比非民主更好一些而已。巴伯则不这么认为，在巴伯看来，把民主还原为投票必然导致多数主义，多数主义则是民主失败的征兆。根据巴伯的观点，投票式民主是一种弱势，也是一种有缺陷的民主，它不仅不能识别投票者的真实动机，还无法阻止把公共利益化约为私人利益的聚合，因而，需要用强制民主取而代之。

我们可以把经由投票所形成的共识看作是公众对某个事件具有接受上的一致性，或者说，公众共同拥有某个对象。从这种意涵来讲，共识意味着公众意见的一致性，抑或说公众舆论的一致性。显然，选举或投票民主所界定的共识是一种消极意义上的共识，因为共识的指涉物是预先设定的，公众只需要被动地做出接受与否的选择就行了，而无须对问题及其解决方案进行思考。可见，选举或投票共识的局限性是显而易见的，这种共识建立在消解的公民观之上，它假定公民是懒散的，不愿主动思考与承认责任。因此，经由投票所形成的共识只能是一种被操纵的共识，同时也是一种形式主义的共识。

2.1.3 以协商来寻求共识

鉴于投票和选举民主的局限性，学界提出了“协商民主”的概念。协商民主理论的提出也意味着政治合法性的来源发生了改变，具体来说，就是“从多数投票转换为可辩护的公共政策制定过程”①。协商民主传递了一个基本的信念，那就是“政治本质上是对话、协商、言语和说服的实

① 戴维·赫尔德. 民主的模式［M］. 燕继荣等，译. 北京：中央编译出版社，1998：272.

践”①。尽管协商民主理论家们针对“应该怎样协商以及为什么需要协商”② 这两个问题存在争论，但是，他们也共享着一些基本理念。那就是，大家普遍认为，“任何民主的做事方式，都应该具有包容、理性批判和对话的性质”。③ 尤其是包容性和对话是协商民主的核心特质，包容性意味着每个公民都应该享有同等的公共决策参与权，而对话则必须是以公民的自主性和自愿性为前提。

可见，协商民主可以被看作是一种有着特定限制条件的对话机制，这种机制为平等主体之间的协商对话和共识形成提供了基础性的架构。作为一种“实质性的民主决策方式”④，协商民主具有很多值得称道的优势，它不仅能够推动民主走出形式主义的窠臼，传扬公民美德，增强社会治理的合法性，还能显著地改善立法的质量。然而，协商民主也存在困境，尤其是“需要面对民主中的虚假偏好与虚假认同的问题”⑤。因为，在协商民主中，可能存在普通公民的偏好被利益集体、政府和大众传媒所操纵和篡改的现象，也可能存在公民被强制性施加认同的现象。显然，这些偏好和认同并没有反映公民的真实诉求或愿望，或者说，并不是本真性的公民意志表达，那么，由此所建立的共识也就很难与公民的利益保持一致了。因此，对协商民主也应该持一种批判性的态度，起码协商民主不是医治“民主病”的灵丹妙药。

协商民主理论建立在罗尔斯和哈贝马斯的共识理论之上，它旨在取代传统的选举民主或代议制民主。罗尔斯认识到，“在自由而平等的公民因相互冲突，甚至是无公度的宗教学说、哲学学说和道德学说而产生深刻分歧的情况下”，⑥ 任何一种完备性学说都不足以让公民形成共识。于是，他

① 汪行福．通过话语民主之路：与哈贝马斯对话［M］．成都：四川人民出版社，2002：71.

② 伊森·里布．美国民主的未来：一个设立公众部门的方案［M］．朱昔群等，译．北京：中央编译出版社，2009：37.

③ 詹姆斯·菲什金，彼得·拉斯莱特．协商民主论争［M］．张晓敏，译．北京：中央编译出版社，2009：147.

④ 詹姆斯·博曼，威廉·雷吉．协商民主：论理性与政治［M］．陈家刚等，译．北京：中央编译出版社，2009：185.

⑤ 约·埃尔斯特．协商民主：挑战与反思［M］．周艳辉，译．北京：中央编译出版社，2009：136.

⑥ 约翰·罗尔斯．政治自由主义［M］．万俊人，译．南京：译林出版社，2011：134.

在《政治自由主义》一书中提到了“重叠共识”这个概念，所谓的“重叠共识”是指多元完备性学说就政治的正义观念所达成的共识，其旨在解决社会的稳定性问题。为了使“重叠共识”能够达成，罗尔斯把人们的观念分为两个部分：一是作为“独立观点”的政治的正义观念，“独立的观点”意味着它是适用于社会的基本结构并具有自主性的政治价值；二是形而上学的宗教、哲学和道德学说。罗尔斯认为，要想使一种政治的正义观点成为重叠共识的中心，就必须赢得理性的形而上学价值观的支持和认同。

在罗尔斯的行文中还有一个重要的概念，即“公共理性”。他指出，公共理性是自由而平等的公民的理性，贯穿于政治过程之中，其作用在于支持“重叠共识”的达成，也就是说公共理性是“重叠共识”达成的机制。罗尔斯把公共理性视为一种政治价值，它意味着政治的正义观点始终需要得到证明，而公共理性的作用就在于对这种论证和推理的过程给予限制，使其能够以公民相互接受的方式来进行。对于罗尔斯而言，公共理性不具有类似法律和规则制度的强制性，而是一种公民自愿遵守的、从属于实践理性的公民义务，自由而平等的公民在这种共同的实践理性的基础上发展出了正义原则。因此，罗尔斯所提出的正义原则不是外在人的客观存在，而是公民积极建构的产物，也就是他所说的“政治建构主义”。罗尔斯意欲在合理多元化的事实这一社会文化背景下，通过“重叠共识”的达成，为社会的稳定性提供基础和支持。哈贝马斯同样认识到选举式民主中共识异化的现象，他从语用学的角度出发提出了交往行动理论，寄希望于通过构建一个理想的交谈情境来形成实质性的共识。吉登斯对协商民主的看法不同于罗尔斯与哈贝马斯。根据吉登斯的意见，协商民主或对话民主不是对传统代议制民主制度的延伸或补充，而是一种新的社会交流形式和民主范式。

在协商民主理论家们的眼里，协商是指向权利的，权利不是实现个人偏好加总的工具，而是无条件的、非工具性的，不能以任何理由加以反对。权利是人们共享的一套社会信念结构，象征着人类的普遍诉求和共同命运，是人类作为一个共同体的隐喻，因而，权利的实现意味着公共利益的实现。理性协商围绕权利而展开，实质上也是围绕理念和价值而展开的。鉴于理念和价值的不可计算性，理性协商必然是一种非手段—目的的行动图式，因此，理性协商中的“理性”并不是工具理性，而是交往理性。

理性协商不同于交换，交换是基于理性计算而进行的自愿交易，它以最大化行动者的个人利益为目的，而不涉及价值观之间的冲突。理性协商所要解决的是目标和价值观之间的冲突，它侧重于通过语言沟通而形成相互理解。所以，理性协商必然涉及对彼此观点的理解、质询、转化与协同，而不是利益博弈和讨价还价。可见，由理性协商所形成的意向一致是对话双方在自由辩论的基础上所形成的理解上的一致，而不是利益上的妥协和均衡。从公共利益实现的角度来说，理性协商比讨价还价更为可取。因为在公共决策中通过个人见解陈述、公开讨论或相互质证这种理性协商的互动方式来作出政策方案选择，能够最大限度地化解各方的价值分歧，从而把公共利益的实现建立在话语共识和审慎的道德基础之上。而那些以自利为名所进行的讨价还价或理性交换助长了功利性的尔虞我诈和利益争夺，消解了人类共同体所应具有的共享价值和道德同一性。

可见，人类社会追求民主的过程，也就是寻求共识的过程，共识形成的广度和深度决定着民主的质量。其实，对民主和共识的梳理必须放到历史架构中才能辨识清楚，民主是以共识来度量的，但共识建构的方式则不是恒定的，不同历史时期下的共识理论有着很大的差异。因此，只有对不同的共识理论加以比对和分析，才能真正找到建构实质性共识的方式。契约民主、选举民主和协商民主在共识的构建上持有不同的逻辑。契约民主假定社会是同质的，个体之间不存在任何差别，其实，罗尔斯的“原初状态”就是对这种简单社会状况的临摹。显然，在工业社会初期，高度同质化的社会很容易使政治哲学家相信达到全体一致的同意是可能的。但是，全体一致的共识观过于理想化，用于论证工具尚可——分别被卢梭和罗尔斯用于论证国家的产生和两个平等原则，但应用于政治实践则会遇到操作上难以克服的困境，最后不得不以多数原则来作为替代。随着社会复杂性的提高，多元主义民主的兴起使多样性成为社会常态。寻求共识首先必须尊重差异，因而，多元主义共识观就是差异基础上的同一。在尊重差异的基础上通过协商来形成共识已经成为民主社会的发展趋势，罗尔斯、哈贝马斯以及那些协商民主理论的拥护者都是这种共识理论的积极倡导者和探索者。

2.2 公共决策情境的嬗变

在后工业化的进程中，高度复杂和不确定的决策情境使政策问题变得越来越具有突发性和建构性，并且政策问题也更多地凸显为价值观与认知之间的冲突。这些低度结构化的政策问题虽具有突发性，但其形成也绝非朝夕之力，而是要经历一个漫长的过程。所以，突发性政策问题往往具有非突发性，甚至可以把突发性政策问题看作是常态性问题的一个异化形态。同时，随着社会多元化的加剧，决策主体也开始趋向多元化。公共决策情境的嬗变为公共决策中的共识形成提供了基本背景和前提条件。

2.2.1 社会趋向高度复杂性与不确定性

自 20 世纪 80 年代以来，人类社会步入后工业化进程，社会呈现出与之前截然不同的特征，后工业社会、流动性的社会、知识社会或消费社会都是对这种即将来临的新型社会的不同称谓。然而，它们关于社会形态的表述却大同小异，那就是，社会越来越趋向多元化、虚拟化和流动性。抑或说，社会的复杂性和不确定性越来越高，甚至呈几何级增长。高度复杂性和不确定性是后工业化进程中社会的总体特征，它们与社会的多元化、虚拟化和流动性这些次级特征是正相关的，甚至可以说，它们正是通过这些次级特征得以体现的。显然，社会越是多元化、虚拟化和具有流动性，其复杂性和不确性就会越高。当然，我们说后工业化进程中社会具有高度复杂性和不确性，并不是说工业社会不具有复杂性和不确定性，只不过是，相比较而言，其复杂性和不确性都低得多而已。

在发达的现代社会，与生产力和财富的几何级增长相伴而生的是高风险社会的生成，这种风险具有更大的影响范围，甚至是全球性的，且超出了人类的感知能力。正如贝克所言，“风险社会中的风险具有不可计算性，其后果也无法通过科学理性来加以预测”。[①] 可见，社会的复杂性与不确定性和社会的高风险一并存在，它们都根植于后工业社会进程之中，主要源于产业结构的变化与知识工作者的兴起、消费及信息时代的来临以及社会多元化的影响。

后工业社会来临的典型征兆是高新技术产业和服务行业的兴起，以及知识工作者跃升为劳动力的主流群体。而在一个以知识工作者为主体的社会中，流动性和不确定性的增长则是必然的。在贝尔看来，服务业在经济发展中的比重扩大、科学与技术联姻并成为新型工业化的中心，以及专业技术人员重要性的凸显是后工业社会的主要特征。[②] 后工业社会的兴起使以商品生产为主的社会转变为信息和知识的社会。德鲁克也指出，随着产业工人的地位逐渐被“工程技术人员”所取代，人类社会将真正迈入知识社会。这里的“工程技术人员”指的是那些受过长期的正规教育，具有理论知识和实践能力的知识工作者。

知识社会具有以下几个方面的特征：首先，知识工作者将成为劳动力大军中的主要群体，他们决定着社会的特征，并成为社会的领导者乃至统治者。其次，学校教育将成为知识社会的核心和关键制度，因为教育是获得专门化知识的主要途径。再次，知识社会也是一个组织化的社会，知识工作者和组织是相互构成、相互依存的。知识工作者只有依靠组织才能使其绩效具有连续性，而组织同样也需要知识工作者来维持其生存。最后，知识社会是一个流动的社会。正如德鲁克所说，“知识社会的本质在于居住地的流动性、工作的流动性和社团关系的流动性”。[③] 知识既是一种生产工具，也是一种资本，拥有知识也就获得了独立性，因此，在知识社会，知识工作者具有较大的自主性和独立性，他可以自愿地加入或脱离任何一个组织。尤其对高级知识分子来说更是如此，他们把组织视为一种社会技术或工具，抗拒任何具有共同体性质的组织控制的企图和行动。

---

① 乌尔里希·贝克．风险社会［M］．何博闻，译．南京：译林出版社，2004：20.

② 丹尼尔·贝尔．后工业社会的来临——对社会的 项预测［M］．高铦等，译．北京：商务印书馆，1984：539.

③ 彼得·F. 德鲁克．德鲁克文集（第三卷：社会的管理）［M］．徐大建，译．上海：上海财经大学出版社，2006：47.

知识社会的流动性也被鲍曼所证实，在鲍曼看来，“人类社会正从沉重的现代性转移到轻巧的现代性”。[①] 轻巧的现代性是液态的、流动的，摆脱了福特主义和全景监狱式控制的社会。在流动的现代性中，权力来源于行动的自主性和迅捷性，谁行动得更快，谁就掌握了更大的主动权。如果说沉重的现代性是工具理性支配的时代，那么，流动的现代性就是充满无限可能性和不确定性的时代。

同时，后工业化进程中的社会也是消费社会和虚拟化的社会。消费社会所具有的虚拟性肇始于摆设的普及、大众传媒的兴起与信息技术的发展。在鲍德里亚看来，后工业社会是摆设泛滥的世界，所谓摆设就是指那些粗糙的、仿造的复制品或纪念品，摆设并不是真实的物品，而是对真实物品的模仿和伪造，因而它是一种丧失了客观功能和实用性的符号。摆设根植于流动社会中的大众文化和平民化，可以说，正是摆设的普及使社会虚拟化了。同时，大众传播媒介也助长了社会的虚拟性，“大众传播媒介依凭技术范例和编码规则来对真实的世界进行剪辑和篡改，从而熔断了能指和所指之间的连接”。[②] 在这种虚拟的社会，通过网络、广播和电视等大众传媒编码与传播的信息并不是现实的客观映象，而是一种被技术程序和严密逻辑编排过的幻想世界。

我们知道，大众媒介的传播依凭是脱离现实的符号之间的相互承接，而不需要参照真实的事物，在大众媒介的传播逻辑里，编码规则取代了真实参照物。可见，在消费时代，我们所接触到的信息都是由技术媒介系统生成的，它们游离出真实的世界，嬗变成了一种自我指涉物或者自我实现的复合游戏。同时，信息技术和网络技术的发展也使社会变得虚拟化了，网络传播的匿名性、互动性、开放性和快捷性容易导致信息失真，从而引发公共舆论危机，这一点已经在突发事件爆发的过程中得到了印证。

后工业化进程中的社会是一个失真的、虚拟的世界，也是一个被信息技术、大众文化和大众传播所主宰的世界。趋向后工业社会，我们注定

---

① 齐格蒙特·鲍曼. 流动的现代性［M］. 欧阳景根，译. 上海：上海三联书店，2002：188.

② 让·鲍德里亚. 消费社会［M］. 刘成福，译. 南京：南京大学出版社，2014：115.

被大量同质化的仿造物和媒介信息所覆盖，抑或说，被功能无用性和虚拟的物品所围绕。米勒和福克斯同样把社会的虚拟化归结为从生产社会到消费社会的转型。他们认为，工业社会是生产主导的社会，通过机械化大生产而收获的商品与稳定的人类互动形式为语言符号的指称—意谓提供了客观的物质基础，这些可以触及的客观实物构成了语言的现实指涉物。

然而，消费社会是大众传媒的时代，也是符号的世界。消费社会的来临使现实成为副产品，“现实”坚实性的消解使语言的能指与所指发生了分离，从而使符号成为一种自我指涉物或者“自由任意的能指游戏”。现实的符号化即“超现实”，所谓“超现实”是指现实只是一种幻想，或者是幻想的幻想。超现实的存在使现实虚拟化了，同时也瓦解了相符真理论，因为真理是以命题与客观现实相符来界定的。但是，当符号失去其现实指涉物时，真理也就无处安放了。总之，超现实意味着人们的语言交流失去了现实依据和客观评判标准，那么，交流也就成为符号的能指游戏。有鉴于此，我们就不难理解，为什么哈贝马斯会提出以交往行动来建构共识真理，从而应对后工业社会进程中话语的合法性危机。

后工业化也铸就了一个多元化的社会。人类社会多元化的进程始于“脱域化”，人们离开世代生活的地方，加入产业工人的大军之中，从而也带来了各自的文化习俗。然而，从根本上来说，工业社会的多元化主要凸显为利益的多元化，而不是文化的多元化。因为，在工业社会，人的生存需求与物资匮乏是社会的主要矛盾，生产和物质财富增长是社会的基本主题，同时，人们之间的交往和互动也必然围绕这一中心而展开。况且，无论是文化多元化，还是利益多元化，都是局部的、低度的多元化，可以用普世的价值观或利益协调机制来加以约束和整合。

然而，在后工业化进程中，信息技术、大众传媒和媚俗物品消解了现实的客观性基础，使社会真正成为一个符号和文化的世界，并且文化和价值的多元化渐成主流和常态。这一点也是鲍曼所认同的，在鲍曼看来，后工业社会也是一个多元化的社会，但多元化主要表征为不同的群体或个体之间价值观方面的冲突，并且，多元化是不可逆转的社会发展趋势。因此，在后工业社会，人们之间冲突或斗争的中心不再是经济问题，而是一些具有绝对性的价值观，或者说是一些伦理问题。① 并且，这些多元化的价值观或伦理问题是不可通约的。也就是说，价值观之间的冲突既无法调和或折中，也不可能用统一性的价值准则来加以整合。罗尔斯也曾把后工业社会的文化多元性界定为宗教学说、哲学学说和道德学说之间的深度分歧，并认为这些学说之间是无公度的，任何一种完备性学说都不足以包容他者。甚至，后工业社会的多元化被后现代主义学者们加以宣扬，他们不遗余力地为其正名，并给予合法化，陷入相对主义和虚无主义的泥沼。总之，后工业社会是一个多元化的社会，不仅利益多元化，文化和价值观也更为多元化，多元化使社会的复杂性越来越高，致使技术主义的控制取向已不足以为社会提供秩序。

突发性事件或危机事件的常态化是后工业化进程中社会趋向复杂性和不确定性的典型症候，它们使任何从技术上对社会进行控制的想法和行动都难以奏效。探寻群体性突发事件的成因是一个复杂的工作，因为有时候我们很难追溯到群体性事件发生的原点，只能导致无限地还原。但有一点是肯定的，那就是群体性突发事件的发生具有深刻的经济社会根源。从国内外文献和现实实践来看，群体性突发事件的发生不外乎以下几个原因：要么是因为政策制定民主化程度不高、社会分配有失公允；要么是因为各种利益主体之间的冲突没有得到及时化解；或者是因为特定群体的社会积怨无处伸张等。

总之，群体性突发性事件的发生是多种因素综合作用的结果，也是一个长期的、缓慢的、渐进的过程。学界对我国群体性突发事件的成因有一个基本的共识，那就是普遍认为经济社会转型和政策不合理是主要原因。拿经济社会转型来说，当前我国正处于经济社会转型期，社会转型的急剧性、广泛性和深刻性造成了社会的异质分化，多元化的机制、利益和价值观之间的冲突常常引发群体性突发事件。

---

① 齐格蒙特·鲍曼．立法者与阐释者：论现代性、后现代性与知识分子［M］．上海：上海人民出版社，2000：50-51.

2.2.2　政策问题的构成性与去结构化

政策问题可以被界定为“没有实现的需要、价值，或者是改进的机会”①。政策问题既可能由经济利益或手段之间的分歧所导致，也可能由文化和价值观之间的冲突所形构，当然，行动者的认知差异也会产生政策问题。在商品和财富生产所主导的工业社会，谋取经济利益是人们的基本诉求，因此，利益纠纷是公共政策着力要解决的问题。然而，在后工业化进程中，政策问题更多地源于文化或价值观之间的冲突，抑或说，源于行动者之间的认知差异。正如鲍曼所说，后工业社会中的流动性首先意味着目标的不确定性，而不是手段或工具的不确定性，所以目标或价值选择是需要优先考虑的问题。只有先确立了目标，手段问题才能提上日程。

可见，后工业化进程中的政策问题不是既定目标下的方案或手段选择的问题，而是“在各种流动且能够实现的目标中进行甄别和优先排序的问题”②。当然，对于我们国家来说，由于人民群众的根本利益和价值观是高度一致的，所以政策问题更多地源于公众的认知差异。③ 金登对此也有同感，金登相信，政策问题从来不仅仅是对社会状况或外部事件的客观描述，也涉及行动者主观上的认知因素。政策问题可能产生于行动者观察到的状况与其期望之间的差距，也可能产生于与其他状况的对比，或者产生于对事物的归类。也就是说，建构政策问题离不开行动者的主观解释，“像价值观、对比和分类等这些认知因素都会对问题的界定产生影响”。④

显然，政策问题并不是客观实在的，而是由人类的行动所建构。作为一种社会建构物，政策问题中蕴含着人们的解释和认知成分。如果抛开对

① 威廉·N. 邓恩. 公共政策分析导论 [M]. 谢明等，译. 北京：中国人民大学出版社，2011：50.

② 齐格蒙特·鲍曼. 流动的现代性 [M]. 欧阳景根，译. 上海：上海三联书店，2002：93-94.

③ 王绍光，樊鹏. 中国式共识型决策“开门”与“磨合” [M]. 北京：中国人民大学出版社，2013：291.

④ 约翰·W. 金登. 议程、备选方案与公共政策 [M]. 丁煌等，译. 北京：中国人民大学出版社，2004：138-139.

政策问题中行动要素的省查，问题也就不会成为问题了。鉴于人类认知的局限性，政策问题的形成必然涉及公共决策参与者们的注意力分配问题，而那些与指标、焦点事件和反馈有关的各种机制影响着人们对问题的遴选与关注。也就是说，影响着人们更加专注于解决一些问题，而不是另一些问题。

斯通也相信，政策问题并不是给定的，而是由行动者通过故事、举偶法、隐喻等方式来予以建构的。他把这种政策问题的界定归结为“象征性再现”，而象征的意义是由行动者所赋予并加以解释的。象征所具有的核心特质就是歧义性，一个象征可以被不同的人作出多样化的解读。可见，歧义性是内在地嵌入政策问题之中的。根据斯通的观点，歧义性使公共政策制定更像是艺术而不是科学。并且歧义性并不总是消极的，它也具有积极的作用，“可以充当整合个体行动的黏合剂”。[①] 政策问题所具有的歧义性突出体现在作为其界定方法的数字上。我们知道，政策问题通常是通过数字来加以测度和识别的，而统计数量必须首先要确立标准并划定边界，也就说，要确定把哪些东西纳入计量范围。所以，每一个数字都是关于在什么地方划线的一项政治主张。实质上，数字的歧义性本身是统计分类标准所具有的歧义性，人们往往会在划分标准上持有不同的主张。在公共决策中，数字常常被用于对个体行动者的行为进行测度，然而数字是由人来建构的，必定会受到人们有意或无意的操纵。因此，数字实质上就是一种隐喻、故事和象征。

可见，作为一种人为建构的产物，政策问题具有歧义性和多元性，因为不同的利益相关者针对同样的问题情形和元问题会作出不同的阐释和界定。尤其是，在建构政策问题时，价值观、思想观念和认知方式扮演着关键性角色，它们会选择性地对问题进行构造。同时，政策问题是相互联系的，每一个政策问题都具有系统性，抑或说，就是一个有目的的系统。鉴于政策问题之间及其内部的整体性特征，我们应该以系统思维的方式来对其进行分析和解决。不仅要把单个政策问题视为问题系统，还要把政策问

① 德博拉·斯通．政策悖论：政治决策中的艺术［M］．顾建光，译．北京：中国人民大学出版社，2006：164-165.

题之间的相互依赖关系视为系统，切莫陷入个体主义和原子主义的窠臼。

在后工业化进程中，不仅政策问题的主题会发生嬗变，其结构化程度也会呈现出差别。政策问题的结构化程度取决于环境复杂性和建构的恰当性。如果建构恰当，政策问题结构化的程度就会比较高。高度结构化的政策问题具有几个基本特征。比如：仅仅存在少数几个决策者；备选方案数量有限，其结果也可以准确预测；决策者的目标、偏好或效用比较一致，并且能够清楚地加以排序。但是，在高度复杂和不确定的决策情境下，政策问题牵涉的人较多，利益相关者难以识别，并且他们的偏好也是易于变化的。在这种情况下，即便政策问题建构方式再得当，也难以使政策问题结构化。因此，建构不好的政策问题就成为公共决策关注的焦点。

如果决策情境具有高度复杂性和不确定性，那么，政策问题也必然是去结构化的。马奇发现理想的决策情境是不存在的，不仅行动者之间以及行动者自身的偏好存在着不一致性，清晰的政策方案评估技术也往往是稀缺的，并且决策参与者也具有高度的流动性。总体来说，后工业化进程中的公共决策情境具有以下几个基本特征：首先，知识资本的普及不仅使行动者获取了更大的自主性和自由余地，还使他们具备了参与公共事务的知识和能力，为公共决策民主化提供了行动和智力上的准备；其次，虚拟化和超现实的存在不仅改变了社会关系，也重新界定了“现实”的内涵。在后工业社会进程中，个体行动者所面对的对象主要是人，而不是物。因而，在公共决策中，人与人之间的关系将最终取代人与物之间的关系。再次，社会“现实”更多地具有了建构的特征。现实是通过人与人之间的持续互动而社会地加以建构的，而不是本身就客观存在的。最后，社会的流动性和行动者的自主性使组织边界变得越来越模糊，结构上也更具松散性，很难再像科层制组织那样具有约束力和控制力。显然，在一个趋向流动和复杂的社会，没有什么事情是预先决定的，一切都会发生变化。因而，公共决策需要更多地考虑目标或“做什么”的问题，而不是“怎么做”的问题。只有首先确定了做什么，然后才能有机会谈怎么去做。我们认为，社会的高度复杂性和不确定性对于公共决策而言，既是一种挑战，也是一种机遇。

低度结构化的政策问题往往会凸显为突发性，很难用常规的解决办法来加以处理。其实，突发性事件看似“突发”，也存在着“常态性”和规律性。从群体性突发事件发生的过程来看，它并不是一蹴而就的，其发生往往要经历潜伏—触发—发展—高潮—平息几个阶段。

群体突发性事件的发生是社会发展到特定阶段的产物。尤其是，在社会转型期，新旧体制容易发生碰撞、各种矛盾不断激化，极易酿成事件突发。然而，我们认为，突发性事件的发生不仅仅与环境因素有关，也与人们的思维方式存在着紧密联系。曾几何时，我们已经习惯于对缓慢的变迁保持无意识，就像温水中的青蛙，缓慢加热中，青蛙感知不到水温的变化，但是当水温达到一定的度数，青蛙意识到危机时，已经悔之晚矣！我们在面对突发事件时何尝不是如此，平时我们对一些缓慢的变化熟视无睹，等到危机爆发时，我们才如梦初醒，匆忙中寻求应对之策，但已于事无补。

其实，所谓的突发性事件并不是真的“突发”，大多是因为我们没有在其处于萌芽状态时采取有效措施来加以制止，从而错过了最佳处理时机，最终酿成了突发事件。因此，从根本上来说，突发性事件的发生是由人们不恰当的行动或者说是由人所建构的不合理的机制所造成的。正如吉登斯所说，“大多数影响人类活动的突发事件都是人为造成的，而不是上帝或大自然所造成的”。①

面对低度结构化的政策问题，理性主义和技术主义的决策方式已经不合时宜，必须另觅良方。贝尔指出，随着后工业社会的来临，公共决策必然溢出技术的视野而蜕变为政治问题。政治总是与理性相对立，并优先于理性，“只有在通过政治来确立目标之后，才能谈到手段的合理性问题”。② 在个体行动的整合方式上，政治不同于理性，理性借助于个体行动者的利益计算，而政治则强调个体行动者之间的讨价还价。鲍曼则认为，价值观方面的冲突不能再借助于强制、理性计算或讨价还价的方式来予以解决，需要行动者之间进行对话并相互理解。我们认为，从决策民主化和公共性实现的角度来说，鲍曼的方法更为可取。因为讨价还价是以行动者

---

① 安东尼·吉登斯．现代性的后果［M］．田禾，译．南京：译林出版社，2011：28.

② 丹尼尔·贝尔．后工业社会的来临——对社会的一项预测［M］．高铦等，译．北京：商务印书馆，1984：404.

所拥有的资源优势作为前提，它更侧重于压服而不是说服，体现的是一种不平等的社会关系。而以理解为旨归的对话则不一样，理解必然是以行动者之间的相互承认作为前提的，因而平等主体之间的对话更容易形成实质性的共识。

2.2.3　公共决策民主化与决策主体多元化

在后工业化的进程中，复杂性和不确定性以几何级系数增长，社会事件之间的关系也变得错综复杂。而多元化则是社会复杂性加剧的一种典型征兆。当然，社会多元化的趋势也延伸到了公共决策领域，它不仅使政策主题变得多元化，也使决策主体趋向多元化。在工业社会，政策问题主要凸显为利益之间的冲突。而在后工业化进程中，随着文化、价值观和认知的多元化，它们之间的冲突开始成为政策问题的主流。另外，公民社会的兴起和非营利组织的出现也推动了公共决策民主化，形成了多元决策主体共同参与公共决策的局面。

从组织与社会关系的角度来看，我们发现，工业化进程是一个组织与社会不断分化的过程。公共领域与私人领域的结构性分化造成了社会功能的分殊，公共性的生产与再生产由政府组织来承担，而私人事务则交由社会来打理。在公共性被政府组织垄断的情境下，公共决策主要是在政府组织内作出的，或者由政府组织协同其他社会部门来共同作出的。这就不难理解，在工业社会中，公共决策主要是以一种非民主的形式来做出的。

20世纪后期以来，非政府组织的发展打破了政府组织垄断公共性提供的局面，使公共决策不断溢出政府组织的边界，逐步走出社会化。科层制组织自身的弊端和“管理”取向的公共行政的局限性催生了“经济学”研究视角在公共领域中的扩展，具体来说，就是公共选择理论的生成。缪勒把“公共选择”定义为“对非市场决策的经济研究，或者说是，经济学在政治学中的应用”。[①] 根据尼斯坎南的定义，科层制组织是一种依靠周期性拨款或赠款获得财政资助的非营利组织。[②] 由于科层制组织是靠垄断来提

① 丹尼斯·缪勒．公共选择［M］．张军，译．上海：上海三联书店，1993：1.

② 威廉姆·A．尼斯坎南．官僚制与公共经济学［M］．王浦劬，译．北京：中国青年出版社，2004：15.

供公共服务，疏于对收益和成本进行核算，很容易滋生腐败，并导致政府绩效不彰，因而必须对科层制组织寻求替代。

根据尼斯坎南的观点，科层制组织有三种替代方案：一是在科层制组织内部引入竞争，引发其内部运行机制的转变；二是寻求市场替代，也就是说，一些公共服务可以通过市场化的形式交由私人部门来提供；三是推动政治替代，这种思路主要关注的是立宪层面的制度变革，并希望通过顶层社会治理结构的变革来从根本上扭转公共服务绩效不彰的局面。

实际上，公共选择理论所秉持的是一种个人主义的方法论，这种研究视角在交易成本学派的决策分析中最为显著。从交易成本理论的视角来说，公共决策可以被假定为自利的个人理性地追求利益最大化的过程。霍恩指出，仅仅依靠“良好的天性”不足以保障利他行为的稳定性，当个人利益与他人利益出现冲突时，个人总是倾向于关注自己的利益，因而通过目标设定来激发个人按照计划去行动是完全可能的。显然，在交易成本理论学家看来，“理性意味着工具理性行为”。[①] 如果公共决策中的个人是理性自利的，那么科层制组织就很难称得上是一种高效的公共服务提供方式，因而突破科层制组织也成为理论和实践的必然。公共选择理论是寻求对科层制组织进行替代的一种决策安排，它假定理性自利的个人在面对集体决策或立宪选择时，会寻求个人利益的最大化。

奥斯特罗姆把公共决策的社会化称为多中心治理，他认为，尽管西蒙的理性主义决策理论对“等级制组织等同于效率”这一观点提出了挑战，但是，他的研究仍局限于强调组织内部的有限理性，从而忽略了对公共决策进行多组织安排的可能性。奥斯特罗姆从公共选择理论的视角出发，以个人作为基本分析单位，依据排他性、共同使用性、可量度性和显著性的标准对事物进行了划分。从而把事物区别为纯公共物品、准公共物品和私人物品三种类型，并确立了以不同的决策规则来处理不同属性物品的理论架构。在奥斯特罗姆看来，存在四种不同的决策安排或决策规则：“即个

① 穆雷·霍恩．公共管理的政治经济学——公共部门的制度选择［M］．汤大华等，译．北京：中国青年出版社，2004：8.

人选择、科层制组织、自主治理企业和多组织安排”。[1] 可见，奥斯特罗姆倾向于通过多组织的决策安排来解决不同属性物品的提供问题，从而构建一个多中心治理的框架，也就是所谓“民主行政”。

显然，奥斯特罗姆对公共决策的研究突破了科层制组织的界限，他试图以多种组织之间的协作来解决公共决策中的效率问题，这无疑是理论上的一种进步，但是，他所遵循的依然是基于自利人和效用最大化的理性主义逻辑。实质上，他的理论旨趣和现实诉求依然是追求个人利益或效用最大化，多组织或多中心的安排只不过是一种工具或手段。我们认为，虽然公共选择理论提出了以多中心决策构架来替代科层制组织的构想，对公共决策民主化的进程是一种积极的推动。但是，对效率和理性的过于关注，也遮蔽了科层制组织自身存在的问题。

新公共管理理论进一步促进了公共性的扩散和公共决策民主化。奥斯本和盖布勒强调用企业家精神来改革政府，主张政府应该去掌舵而不是划桨。可以说，新公共管理在一定程度上实现了对传统科层制组织的突破，它建构了一种裹挟政府、市场和社会组织的多中心的公共决策框架，并用契约或合同来规范决策参与者之间的关系。虽然新公共管理理论提出了“社区所有的政府”的主张，但实际上，公共决策仍然还是在政府组织内作出的。其他社会治理主体基本上很少参与到公共决策当中，它们的任务仅仅是执行业已制定好的政策而已，而合同或契约的订立也不过是为了规范政府与社会之间的决策—执行关系。可见，公共决策的多中心架构仍着眼于通过竞争来实现资源的优化配置并达成经济、效率和效能的目标，它并没有实现多元行动者对公共决策的实质性参与，因而只不过是公共决策民主化的装饰物。如果非要说在公共决策的多中心架构中存在民主的话，那么，这种民主也只是一种形式主义的民主。

公共决策民主化和决策主体多元化不仅仅是一种理论建构，更是根植于公共决策的社会实践之中。正是随着非营利组织或第三部门的出现，公共决策主体才开始出现多元化的趋势。公共性的扩散逐渐模糊了公共领域

---

① 文森特·奥斯特罗姆．美国公共行政的思想危机［M］．毛寿龙，译．上海：上海三联书店，1999：63.

与私人领域的边界，从而促进了公共领域与私人领域的融合。领域融合为公共决策的结构重塑提供了条件，从而使瓦解“中心—边缘”的决策结构成为可能。实质上，也正是因为社会治理“中心—边缘”结构的存在，才使得种种关于公共决策民主化的尝试都收效甚微，甚至沦为一种形式化的点缀。因而，如何建构一种去中心化的公共决策结构是理论发展的重点。

我们习惯于把社会结构或组织看作是对行动者的制约，而作为制约的决策结构安排只能限制决策者的自主性，自然难以促进他们平等地参与公共决策。当前出现的网络组织对我们来说是一种启发，这种组织由多个相互连接的节点构成，并且每个节点都同等重要。显然，我们所要构建的公共决策结构也应该具有网络特征，这种组织形式不再局限于政府机构，而是跨领域的、网络式的、多中心的和合作式的。在网络型的决策架构中，“政策过程是由政府部门、私人部门、第三部门和公民个人共同参与的”。[①] 这种网络式的决策结构对所有利益相关者都是开放的，并能够使每一位决策者都拥有足够的自由余地，因而是一种真正平等的决策组织安排。

吉登斯和克罗齐耶关于社会组织的研究为我们重构组织提供了智力支持。他们的理论表明，结构不仅仅具有制约性，还具有使动性，并且结构是与行动融合到一起的。在后工业社会进程中，社会的虚拟化、流动性和知识化为重构组织提供了条件，从而使构建去中心化的公共决策结构安排成为可能。同时，也只有那种结构松散的、去中心化的和网络化的组织形式才能使公众平等参与公共决策成为可能，因而网络式决策结构的生成真正意味着公共决策民主化的到来。

当前，我国正处于社会转型的关键时期，工业化和后工业化同步进行，再加上全球化的影响，使利益诉求、价值观念和决策主体都趋向多元化，群体之间的摩擦和冲突日渐频繁和剧烈，各种新情况和新问题也层出不穷。邻避型群体事件的发生是社会复杂化和多元化的典型征兆，它们的频繁出现严重影响了正常的社会生活秩序，削弱了政府公信力，显然不利

① 孔繁斌．公共性的再生产：多中心治理的合作行动机制建构［M］．南京：江苏人民出版社，2012：31.

于和谐社会的建设。邻避型群体事件的发生固然是城市化进程不可避免的副产品，但其根本原因在于公共决策中公众参与的缺席。

我国的公共决策通常采用“政府主导、专家参与”的模式，这种决策模式把经济增长和“科学性”作为政策选择的主要依据，至于公众是否参与则是无关宏旨的事情，致使可能受邻避项目影响的群众利益得不到及时反馈。公众对邻避项目不知情，也存在认知上的错觉，再加上垃圾焚烧、核发电、化工厂等这些项目自身的特性——即使项目没有任何危险性，他们产生情绪上的激烈反应也是情理之中的事情。然而，如果我们在项目上马前，先推行信息公开，并吸纳利益相关者积极参与，并充分听取他们的意见，必定会大幅度降低群体性事件发生的概率。因此，构建多元决策主体共同参与公共决策的格局，无论是对于规避群体性突发事件的发生，提升公民的社会责任感，还是维护社会的和谐稳定，都是至关重要的。

2.3　公共性再生产中的决策共识困境

随着社会分化的不断扩大和公共决策民主化进程的深入，公共事务趋向于通过包括政府、企业、非营利组织和公民在内的多元决策主体之间的协商对话来解决。实质性决策共识的形成需要在尊重差异的基础上寻求同一性，抑或说，需要在保持行动自主性的前提下来形成决策者之间的意向一致。然而，当前决策情境的复杂化和不适当的理论假设都使决策共识的形成举步维艰。问题集中于，如何通过行动与结构关系的重构来建立起形成实质性决策共识的行动机制。

2.3.1　公共性追求与决策共识形成

从公共决策的角度来说，公共性的生产与再生产是其核心主题，甚至可以说，公共决策就是以公共性为旨归的。而公共性的实现则是与决策共识的形成密切相关，抑或说，公共性的实现是以公共决策中决策者之间是否形成了意向一致为衡量标准。然而，公共性并不是一种先在的客观性存在，而是历史生成的。在农业社会，公私尚未分化，也就无所谓公共性了。只有在工业社会，随着公共部门和私人部分的分化，才出现了公共性，并进而提出如何实现公共性的问题。

自启蒙运动以来，政治文明的一个显著标志就是“人民主权”或“被统治者的同意”。因此，建立在公民同意基础上的共识就成为政治合法性或社会治理合法性的终极基础，正如卡蓝默所说“为了让政治舞台恢复名誉，必须首先肯定政治意味着建设共同体，因而从本质上寻求共识”，① 我国台湾公共行动学者吴琼恩曾在《行政学》一书中指出，“是否存在有一种责任机制或者是否有能够达成公共同意的方法，来决定这些组织的功效与合法性，这才是公共行政的公共性所隐含的意义”。② 可见，公共性本身包含着两个向度，或者说，组织功效和合法性是公共性的应有之义，并且公共性的实现取决于达成公共同意的方法或者责任机制。因此，公共性的两个内在结构性成分是合法性与合理性，只有两者统一才能赋予公共性以完整内涵。

根据韦伯的观点，“合法性”适用于命令—服从关系，它包含两个向度：即统治的正当性和被统治者对统治者的认同。在韦伯看来，合法性可以通过技术性的手段来获取，也就是说，通过合理性可以谋求合法性，因此，合理性和合法性之间是一种手段与目的关系。但是，合法性与合理性之间也并不总是协调一致的，它们之间的间隙与张力始终存在。按照启蒙思想家的意见，统治的合法性来自被统治者的同意。从这种角度来说，合法性必须由公众的意向一致或者共识来予以支持，但是，工具理性的泛滥却使共识的梦破碎了，从而使合法性走向了科学主义建构的道路。如果说按照工具主义的逻辑可以寻求到科学真理或者做事情的唯一正确方法的话，那么，还有什么能够比真理更为合适来充当合法性的基础呢?

对于工具主义理性的弊病，哈贝马斯作了深刻揭露。他指出，工具理性所调节的是一种主体—客体关系，并且从扬“主”抑“客”的角度来固化这种关系，因而具有抽象性和支配性。意识到这一点，我们也就不难理

① 皮埃尔·卡蓝默，安德烈·塔尔芒．破碎的民主——试论治理的革命［M］．高凌瀚，译．北京：三联书店，2005：14.

② 吴琼恩．行政学［M］．台北：三民书局，1996：14.

解，哈贝马斯所说的“工具理性也是一种主观理性”[①] 这种观点了。有鉴于此，他从实用主义语用学的视角提出了“交往理性”这一概念。哈贝马斯相信，合理性不能用手段—目的逻辑来加以设定，而只能通过敞明无弊的交往和沟通来予以阐明。如果说合理性体现在公众的交往行动及其所形成的共识之中，那么，合理性与合法性就实现了统一，因为合法性本身是可以用共识来界定的。

鉴于公共性、合法性与合理性之间的关系，我们认为，只有对合理性与合法性加以科学界定，并找到统一它们的方式，才能真正实现公共性。从公共决策的角度来说，公共性寓于公共决策的公民参与之中。只有公共决策对所有的利益相关者开放，并鼓励他们针对政策问题和备选方案展开自由讨论并形成共识，公共性才能最终得以实现。

戴伊认为，政策合法化是通过最直接的决策者来实现的，[②] 国会、政党、总统和选民等决策主体都在政策合法化过程中扮演着重要角色。陈振明把政策合法化界定为，法定主体为使政策方案具有合法性而依据法定权限和程序所实施的政策过程。据此可以认为，政策合法性来源于法律规则和法定程序，抑或说，只有遵照法定权限和法定程序制定出来的政策才具有合法性。政策合法化的根本目的就是使公共政策具有合法性和约束性，从而推动政策顺利执行，有效解决政策问题。

政策合法化固然是依凭法定程序来实现的，但是，这种法定程序必定是以公众参与作为基础的，换句话说，所谓法定程序就是支持和推动公民积极参与公共政策制定的一套规范体系。因此，“公民参与是确保政策合法化的根本途径”。[③] 如果多数公众没有机会参与公共决策，那么，政策的合法性就得不到任何保障，即使政策被制定出来，它的执行也会面临种种阻力。认识到法定程序和公民参与公共决策是合法性的来源无疑是一种进

---

① 尤尔根·哈贝马斯．哈贝马斯精粹［M］．曹卫东，译．南京：南京大学出版社，2004：369.

② 托马斯·R. 戴伊．理解公共政策［M］．谢明，译．北京：中国人民大学出版社，2011：41.

③ 陈振明．政策科学——公共政策分析导论［M］．北京：中国人民大学出版社，2003：245.

步，但是，公民参与既可能是一种形式上的参与，也可能是一种实质上的参与。如果说公民参与只是为了装点或粉饰政策合法性，那么，这种参与也就没有什么合法性可言了。同样，法定程序也是重要的，但是，程序必须是一种能够促进公民主动参与并达成实质性共识的规则，如果程序压制了人们的自由意志和良性沟通，也不会有政策合法性可言。

公共性的实现受到公共政策理论话语的影响，而不同的政策理论在决策共识建构上持有不同的主张。麦克斯怀特指出，公共性的现实是由我们的理论话语来建构的，而话语分析的焦点从根本上来说就是意识形态问题，“意识是在任何给定的历史时刻的所有人所共享的一个赌注，围绕它的斗争是一种意识模式颠覆另一种意识模式的斗争”。① 在亨利看来，公共行政的理论话语可以分为政治话语和管理话语，这两种话语看似分属于不同的认知论范畴，实则存在着一定的联系。甚至可以说，所谓的范式变迁不过是，“作为政治科学领域的公共行政研究可以转换成一般性管理学院的一个亚领域”。②

当然，我们承认多元话语的存在并不是要赋予多元主义一种合法性，而是为了分析和梳理不同话语的构成要件，以洞悉公共性的真正内涵。我们认为，经济学和政治学是界定公共政策及其公共性的两种基本视角。在经济学家看来，公共性以公共物品这种物化的形态呈现，它具有消费上的非竞争性和非排他性。公共物品理论把物品划分为三种类型：即纯公共物品、准公共物品和私人物品，像法律、国防和国家安全等纯公共物品只能由政府来提供，而准公共物品既可以由政府也可以由市场来提供，私人物品只能由市场来提供。公共性的物化形态的存在说明公共性是可以分割和计算的，这就为理性决策奠定了逻辑前提。但是，建立在“理性”基础上的公共性却不得不面对一个悖论，那就是“个人理性的策略总是导致集体非理性的结局”。③ 奥尔森、坎布尔和奥斯特罗姆等西方公共政策学家都曾

---

① O. C. 麦克斯怀特．公共行政的合法性危机：一种话语分析［M］．吴琼，译．北京：中国人民大学出版社，2002：14.

② 尼古拉斯·亨利．公共行政与公共事务［M］．张昕等，译．北京：中国人民大学出版社，2002：71.

③ 埃莉诺·奥斯特罗姆．公共事物的治理之道——集体行动制度的演进［M］．余逊达，陈旭东，译．上海：上海三联书店，2000：15.

对这种“理性决策的悖论”进行过揭示，并寻求解决之道。

在政治取向的公共政策学家看来，公共决策不仅倡导效率、经济和效能的工具理性的范畴，它还理应包括公平、正义、回应性这些社会价值。① 可见，公共性绝不能仅仅以物化的形态来衡量，还必然涉及价值和道德因素。如果公共性内在地包含着价值的向度，那么，公共性就不能再由少数精英分子来界定，也不会再是个人理性选择的副产品，而只能通过广泛的公民参与和公共对话来确立。用登哈特的话来说，“公共利益最好被视为社区对话和参与的一个过程”。② 我们也知道，政治语境是由各种具有歧义性、象征性的意义和悖论来描绘的，所以政策的话语世界必然是多元主义的。那么，关于政策的制定也势必是“人们为理念而奋斗，支持一些理念，反对一些理念。政治冲突绝不只是为了物质条件和物质选择，而是为了关于什么是合法的问题的斗争”。③ 因此，政治语境中的公共性必然蕴含在政策参与者们的行动之中，是通过他们的讨价还价或协商对话来实现的。

在不同的决策模式中，决策共识被重视的程度及其形成方式是不一样的。在理性主义决策模式下，公共性的实现取决于决策者的理性化程度。而理性决策模式中的理性只是一种工具理性，决策者们依凭对备选方案的预期结果进行计算来做出选择，支配他们做出选择的根本动机是追求利益最大化。也就是说，通过成本—收益核算来甄别哪个方案在实现目标方面最有效率，就选择哪种方案。显然，在理性主义决策模式中，备选方案的选择完全基于对“客观性”因素的理性分析，并且一定存在着一个最佳方案，这与谁参与决策以及多少人参与决策没有任何关系。对决策参与性的漠视必然使共识成为可有可无的东西，即便是存在共识，这种共识也只是理性计算的副产品，纯属于一种形式主义的共识。在渐进主义决策模式下，公共性的实现依赖于决策者的实践经验和调适能力，但是，调适的前

① 罗伯特·B. 登哈特. 公共组织理论（第三版）. 北京：中国人民大学出版社，2003：133-134.

② 珍妮特·V. 登哈特，罗伯特·B. 登哈特. 新公共服务：服务而不是掌舵［M］. 丁煌，译. 北京：中国人民大学出版社，2004：78.

③ 德博拉·斯通. 政策悖论：政治决策中的艺术［M］. 顾建光，译. 北京：中国人民大学出版社，2006：37.

提是一定存在可以借鉴的政策方案，决策者在面对情境变化时只需要对原先的方案进行修补就行了。可以说，渐进主义决策模式更多的是一种决策艺术，政策的制定完全取决于决策者的经验及其对决策情境的判断。但是，具有长期决策经验的人毕竟是少数，因而，渐进主义决策必然是一种精英主义决策。即便存在共识，这种共识也是一种狭隘的、有局限性的共识。

随着公共决策民主化进程的发展，公共性实现的潜力则蕴含在参与公共决策的多元主体的行动当中。包括政府、私人企业、非营利性组织以及普通公众在内的多元行动者参与公共决策已经是大势所趋，因而，公共性需要通过多元行动者之间的合作行动来实现。在多元行动者共同参与的公共决策中，共识的形成是公共性最充分的体现。然而，在高度复杂和不确定的后工业社会，任何想在多元行动者之间轻易达成共识的想法都是不现实的，但是，这并不代表不需要去建构共识了，或者可以疏于去建构共识了。共识对于集体行动的重要性是不言而喻的。认识到这一点，我们也就不难理解，人类在开展集体行动时，往往由于无法形成意向一致而使行动受阻，或者说，一项公共政策由于没有得到利益相关者的一致同意而造成执行困难。既然决策共识是公共性最充分的诠释和体现，那么，构建决策共识就理应成为公共决策中理所当然的主题。

从行动主义的角度来看，公共性是决策者们在追寻公共利益的过程中获取的，它取决于公共利益的实现程度。因此，如果说公共利益是公共决策的目标的话，公共性就是其实质，正是公共性界定了公共决策中“公共”的含义。然而，公共利益只是一个抽象的概念，它必须与现实行动中的人联系起来才具有意义，因此，公共性本身具有“人本主义”的意涵。可见，只有基于行动主义的视角才能对公共性加以完整界定，也只有通过多元行动者对公共决策的共同参与才能充分诠释和实现公共性。进一步来说，公共性必然体现在决策参与者们的共同行动及其所形成的共识当中，没有什么比共识更能诠释政策公共性的要旨了。直言之，在公共决策中寻求共识的过程也就是谋求公共性的过程，而公共性的实现程度最终取决于多元行动者在公共决策中能够形成实质性的共识。

2.3.2　实质性共识的构成要件

关于共识的元话语可以追溯到启蒙运动。在卢梭看来，共识意味着全体成员的意见一致。虽然寻求意见的全体一致几无可能，但在工业社会背景下，这种观点是可以理解的。因为，在工业社会初期，社会的分化才刚刚开始，这意味着，社会的同质化程度还比较高，个体之间几乎不存在什么差异，所以很容易在公共事务上形成统一性的认知。可见，卢梭的共识理论已经包含着差异性与同一性的问题了，也正是由于个体之间不存在差异，"公意"的形成或"社会契机"的缔结才成为可能——两者都是全体社会成员的意见一致。

哈贝马斯和基恩认识到，随着工业化进程的不断推进和工具理性的蔓延，个体变得越来越同质化，最终都成了科层制组织这台机器上的零部件，从而使个体的差异性得以消解。但不同于卢梭的是，他们认为，个体差异性原本是存在的，只不过是工具理性的泛滥抹杀了这种差异。哈贝马斯指出，在自由资本主义阶段，国家和市民社会是分离的，作为私人领域构成部分的公共领域是相对自主的，因而也很少会受到公共权力的干预。那时候，资产阶级的公众可以在茶馆、咖啡馆乃至议会当中自由发言，并进行批判性讨论。但是，随着国家和社会的相互渗透，公共领域出现了再封建化的趋势，也就是说，官僚主义的扩张使公共机构的权力开始渗透到社会生活领域的每一个角落。随着科层制组织和工具理性的扩张，利益集团、政党组织和商业化的新闻机构开始以公共关系的形式操纵公共舆论，从而影响公民投票。这样，公众参与公共对话的独立性和自主性就受到了破坏，只剩下"随时准备欢呼的情绪"。① 显然，在被操控的公共领域中，个体的差异性已被完全消解，由选举所形成的共识沦为了民主的饰物，那么，共识也就只能成为一种形式了。

基恩同样认为，正是官僚主义的扩张导致了个体差异性的丧失。他指出，与现代福利国家相伴而生的一种社会现象是科层制组织的无限扩张，

① 于根·哈贝马斯．公共领域的结构转型［M］．曹卫东等，译．上海：学林出版社，1999：251.

而官僚机构中的政策制定从来不允许对不同的观点进行公开讨论，仅仅由技术专家的精英们在封闭的空间里通过秘密谈判来完成。显然，这种做法与民主公共生活的要求是相背离的。实质上，基恩所谈论的主题就是共识建构中差异性与同一性的问题。在基恩看来，共识异化源于个体差异性的消解。为此，他希望借助于独立自由的公共生活的重建来恢复公共领域中的平等对话和批判讨论，以便在尊重个体差异的基础上形成同一性。用基恩的话说，“独立自主的运动力求说出并使别人能听到自己的主张，力求使日常生活重新政治化，力求建立从性质上来说是新型的社会和政治关系，在这种关系中，互助、讨论和关心具体需要的公共领域占支配地位”。[①] 同时，基恩也认识到，实质性共识的形成还要依托一定的制度或组织形式，在保持行动者非同一性的同时，又自发促成他们的同一性。直言之，就是要处理好同一性和差异性之间的关系。可以认为，正是基恩确认了决策共识的元话语，即同一性与差异性的问题。

从哈贝马斯和基恩的观点来看，在工业社会初期，个体拥有较大的独立性和自主性，只不过，科层制组织或工具理性的扩张最终导致了个体差异性的消解。其实，哈贝马斯和基恩关于个体特性的描述是有失偏颇的，尤其是，他们对工业社会初期个体差异性和自主性的推崇是缺乏依据的。因为，在工业社会初期，资本主义还处于自由主义时代，拥有个人自由并有闲暇来公开谈论国是的仅仅是那些小企业主或小资产所有者，并不是所有公众的个体差异性都可以得到承认。他们的问题在于，把属于少数人的自由粉饰为全体社会成员的自由，以便论证资本主义自由制度的合理性与正当性。

卡默蓝的观点与基恩是一致的，卡默蓝同样认为，官僚主义的社会治理模式机械地强调一致性和命令服从，从而抹杀了特殊性和差异性。构建基于关系管理的社会治理机制关键是要处理好一致性和多样性之间的关系，即在最大限度地弘扬多样性和特殊性的同时保持一致性。但是，我们也应该看到，个体差异性的生成是一个历史问题。在工业社会初期，个体

① 约翰·基恩．公共生活与晚期资本主义［M］．马音等，译．北京：社会科学文献出版社，1999：26.

之间的同质性还是比较高的，这种同质性是农业社会高度同质化的社会状况的自然延伸，因而是一种本真的、朴素的同质性。随着工业化进程的深入，科层制组织所造成的个体的同质性是一种人为的或建构的同质性，这种同质性由外部强制性力量来予以支持。而真正在后工业社会的进程中，随着社会多元化、复杂化和虚拟化的加剧，个体之间的同质性开始真正走向瓦解，从而为个体差异性和自主性的生成提供了基础。

决策共识是当前公共政策研究中出现频率比较高的概念，很多学者长篇累牍地论述如何建构决策共识，但很少有人去探究决策共识的具体含义及其实质。甚至可以说，为公共政策学家们所津津乐道的决策共识根本就不是共识，起码不是一种实质性的共识。我们认为，对决策共识的性质进行鉴别，必须从哲学高度进行追问，这就涉及决策共识的元话语。究其本源，决策共识的实质是差异性与同一性的问题。如果在悬置差异的基础上寻求同一性，那么，这种共识肯定是一种形式主义的共识；如果在尊重差异的基础上来寻求同一性，那么共识就有可能成为一种实质性的共识。也就是说，实质性共识的形成首先要尊重差异，然后在差异的基础上寻求一致，用一句形象的话说就是“求同存异”。然而，尊重差异并寻求同一性只是建构实质性共识的必要条件，而不是充分条件。实质性共识的形成还取决于寻求同一性的方式，抑或说，把差异性整合成同一性的途径或手段。

由于公共决策所针对的具体对象或问题不同，差异性和同一性可能在“形而下”的层面或“实物”形态上有所不同。我们认为，之所以存在政策问题是因为存在差异，如果没有差异就不会有政策问题，而公共决策的目的就在于寻找把差异性整合为统一性的方案或途径。政策问题的形成可能是由利益差异所导致，也可能是由价值对立所导致，或者是由认知分歧所导致，所以差异通常以利益、价值或认知三种形态存在。

不同性质的政策问题通常需要采取不同的解决方式。利益差异问题一般采取理性计算或讨价还价的方式来解决，而理性计算在本质上是一种手段—目的理性或是工具理性，因此，通过理性计算所形成的共识很可能是一种形式主义的共识。价值或认知差异一般只能通过协商对话的方式来解决。讨价还价与协商对话是两种完全不同的互动方式。讨价还价以行动者之间的不平等为前提，占有资源优势的一方在互动中拥有更大的主导权，他们通常会以诱导、压服或欺骗的方式来寻求对方的认同。因此，在讨价还价中即便达成了共识，这种共识也是支配关系下的结果。而协商对话则是平等主体之间以理解为指向的社会互动，它主张让行动者在不受约束的情况下能够自由地表达他们的意见，并经由公开辩论来形成彼此之间的相互理解，抑或说，它是以说服的方式来达成行动者之间的意向一致。

其实，关于差异性的三种表现形式的区分只是从属于分析的需要，在现实的公共决策中，它们是相互嵌套的，因而不可能泾渭分明。这一点曾被斯通明确指出过，斯通相信，在理性计算和数字背后隐含的是理念或范畴，如果不以范畴作为分类的依据，数字就纯粹只是符号，没有任何意义。可见，利益冲突和数字差别的本质是理念和范畴之间的对立。按照斯通的观点，利益分歧的解决不能仅仅依靠理性计算，还需要发挥政治理性的作用，通过讨价还价或协商来形成共识。

同时，关于差异性的具体形态的解读还必须与历史情境联系起来，它更应该被视为一个历史性概念。在农业社会，基本不存在差异问题，社会是高度同质的，统一性的社会规范和文化赋予了个体以同一性。在工业社会，物质财富的增长成为社会的主要关切点，个体之间的差异主要凸显为利益冲突或经济纠纷，因而对利益的追求成为人们共同的旨趣。随着人类社会趋向后工业社会，价值和认知问题开始取代经济问题成为公共决策的核心主题，而政策议题的变换必然导致共识建构方式的转向。

从根本上来说，在后工业化进程中，个体差异性主要指的是个体行动者之间在价值观或认知上的矛盾与冲突。这种差异更多是被行动者所建构的，也就是说，价值或认知差异并不是一种客观存在，而是取决于行动者的主观认定。因此，在后工业化进程中，从差异性中寻求同一性不能仅仅再借助于理性计算或讨价还价，更要依靠平等主体之间的协商对话。总之，在后工业化进程中，面对主要由价值冲突或认知差异所形成的政策问题，实质性决策共识的形成主要取决于以下两点：其一，决策者之间的差异性必须被尊重，也就是说，决策者要有平等的机会进入公共决策过程，并且能够自由发表自己的见解；其二，要把协商对话确立为公共决策的基本方式，并允许决策者之间进行反复的相互质询和论证，以在阐明各自观点的基础上形成共识。

2.3.3　公共决策中的共识困境及其症候

决策共识通常与公共决策模式联系在一起，也就说，并不是所有的公共决策都以追求共识为己任，只有那些特定的决策类型才把共识作为基本目标。哈蒙、托马斯和王绍光等研究公共决策的理论家们根据不同的标准对公共决策进行了界分。哈蒙基于决策规则把公共决策划分为层级决策、市场决策、选举决策、契约决策与共识决策五种类型，并认为，共识决策在规范上优于其他四种决策模式。在哈蒙看来，共识是作为一种决策规则而存在的，它强调的是消除了强制或宰制的全体一致，而且这种一致性是通过面对面的社会互动来实现的。托马斯同样把公共决策划分为五种类型，只不过，他依据的标准是公民介入公共决策的程度，其中公民参与度最高的决策是公众决策。在公众决策中，公共行政人员与公众通力合作，共同针对某一政策问题来商讨解决方案并形成共识。从决策目标或结果来说，"公众决策实质上就是共识决策"。①

然而，不同于哈蒙的是，托马斯好像并不认为公众决策比其他决策模式更具有优越性，也没有进一步阐述如何在公众决策中形成共识的问题。显然，他的理论旨趣并不是形成决策共识，而是如何在不同的决策情境中做到理性决策，并且他把决策理性看作是政策质量要求与政策可接受性要求的函数。根据托马斯的观点，政策质量要求与公民参与决策的需求程度是成反比的；对政策可接受性的期望值则与公民参与决策的需求程度是成正比的。至于在具体情境下选择哪种决策方式，要参照政策质量要求和政策可接受性要求这两个变量来作出决定。王绍光根据决策参与结构的开放性程度和互动机制两个维度，把公共决策模式划分为四种类型，即集体领导模式、科层模式、多元模式和共识模式，共识模式建立于"开门"型的决策参与结构与"磨合"型的参与机制之上。他通过对中国新医改过程的

① 约翰·克莱顿·托马斯. 公共决策中的公民参与［M］. 孙柏英等，译. 北京：中国人民大学出版社，2014：33.

分析，把中国政府的决策模式界定为共识型决策。

基于以上分析，我们发现，公共政策学家们虽然在公共决策模式的分类上存在意见分歧，但是，他们无不认为共识型决策是一种独立的决策模式，并且把决策共识的形成看作是多元决策主体之间进行协商对话的结果。其实，诸种公共决策模式都直接或间接地涉及决策共识问题，只不过，唯有共识型决策明确地把共识作为公共决策的目标或规则，而在其他决策模式那里，共识仅仅是理性计算或利益博弈的副产品。实际上，作为规则的共识与作为目标的共识并不相互矛盾，它们是从不同的角度来言说同一个事物或同一个过程。从决策组织的角度来说，共识是从备选方案中作出选择的规则，当决策者们就某一个备选方案形成共识时，该方案即可认为被采纳，同时整个决策过程也走向终结。从公共决策的目标来说，决策者们就备选方案进行讨价还价或协调对话，不是为了产生分歧，而是为了形成共识，因此，追求共识才是公共决策的根本目的。既然追求共识是共识型决策的核心要旨，那么，如何建构决策共识也就成为公共政策学家们所关注的焦点。

当前，决策共识理论建构面临的一个最大挑战是，如何在高度复杂和不确定的决策情形中，针对低度结构化的政策问题，通过协商对话来寻求解决问题的备选方案，并就某一政策方案形成共识。我们知道，决策共识要经过反复的谈论和协商才能形成，甚至还会因意见分歧过大而导致对话中断。因此，如果不以充足的时间作为保障，决策共识是很难形成的。然而，在一个高度情境化的社会环境中，对突发性问题的应急处理成为当务之急，时间上的紧迫性不足以形成共识。

可见，在后工业化进程中，建构决策共识首先要梳理好常态性问题与突发性问题之间的关系。我们不否认，决策共识的建构主要以常态性问题为对象。而解决突发性问题则根本没有足够的时间去形成共识，然后再在共识的基础上去采取行动。如果非要针对突发性问题去建构共识，即便达成了共识，那也必定会贻误解决问题的时机。但是，这并不表明，突发性问题与决策共识没有任何联系。在前文中我们已经阐明，突发性问题看似突发，实际上大多由常态问题演化而来。如果在突发性问题初露端倪时，或者说，在突发性问题处于常态性阶段时，能够吸纳利益相关者进入政策对话，并就解决政策问题的备选方案形成共识，那么，很多突发性问题是可以提前规避的。然而，并不是所有的突发性问题都可以及早预防，因为人类有意识的行动总会产生意料之外的后果，也就说，人类的理性计划能力是有限度的。因此，可以说，意外后果的存在是社会生活的一部分，我们只能尽量去减少，而不是去杜绝它们的发生。

如果把突发性问题看作是常态性问题的一种特殊形态，那么，决策共识的形成无疑可以把绝大部分突发性事件裹挟。即便突发性问题最终爆发，决策者们依然可以凭借在处理常态性问题时所分享的经验和默契来进行应急处理。问题是，我们习惯于把决策共识的形成看作是一种结果，而不是一种过程。如果把决策共识看作是平等主体之间进行协商对话的结果，那么，必然会忽略决策共识进一步发展的可能性。具体来说，结果导向的决策共识观容易把经由非语言、理所当然的行动所形成的共识排斥在理论视野之外，而那种基于实践意识的行动默契对于突发性问题的解决是大有裨益的。

我们的目标是建构一种过程取向的决策共识理论，以便通过语言行动和非语言行动来形成实质性的共识乃至默契。然而，当前的决策共识理论虽以常态性问题为研究对象，但却倾向于把决策共识视为一种结果，并在一种行动与结构二元对立的架构中来研究问题。这些研究取向不仅不能够建构实质性的决策共识，而且也固化了决策共识。首先，当前的决策共识理论通常把公共决策看作是一种以语言为中介的行动。这种决策行动要么遵循理性计算的逻辑；要么服从于规则的合法性要求；或者是强调规范上的互为主体性。其次，对决策共识的研究通常以行动与结构的二元分立为基本前提，并且把结构看作是独立于行动者的、具有制约性的客观性存在。我们认为，只要坚持社会结构相对于行动的优先性和结构的制约性，实质性决策共识的形成就注定是一种幻想。最后，当前的决策共识理论习惯于以静态的视角来看待公共决策，从而把决策行动看作是一个个相互独立的“点”，决策共识的形成意味着行动的终结，从而排除了共识发展到默契的可能性。

我们认为，在公共决策中建构实质性的决策共识，需要引入“时间”这一维度，并重构公共决策中的行动与结构理论。其实，公共政策学家们已经意识到决策共识形成中行动与组织的共同作用，但是，他们仍把组织视为一种独立于行动的支配型结构，而且大多从共时性角度来分析决策共识的形成机理。当前的决策共识理论基本上都以追求实质性共识作为研究旨趣，并且指出了这种共识形成的核心要件：那就是既要赋予多元决策主体以平等地位，又要通过协商对话的方式来达成理解上的一致。可见，决策共识形成的关键在于构建平等主体之间的协商对话机制。然而，平等主体之间的协商对话不可能在完全悬置社会结构的前提下来进行，它必然是嵌入到具体的社会组织之中的。如果社会组织只能对决策者的自主性构成制约，或者说，使决策者之间的关系凸显为一种不平等的支配性关系，那么，在协商对话中决策者的真正意愿必然不可能得到自由而充分的表达，从而只能使决策共识流于形式化。

实质上，在公共决策中建立平等主体之间的协商对话绝不仅仅是一种伦理倡导，还必然是一种组织理论，也就是说，决策共识理论在逻辑上隐含着组织变革的命题。然而，大多数公共政策学家都把支配型的组织结构视为不可更改的神话，甚至选择以科层制组织来作为公共决策的结构性安排，导致公共决策陷入权力游戏的泥沼而难以自拔。科层制组织是一种支配型的社会结构，在科层制组织中行动者之间的关系是一种权力关系，这种关系受明文的规章制度所调节，具有典型的“中心—边缘”的结构性特征。那么，在这种支配型的社会结构中，怎么会有个人自主性可言？如果行动者丧失了自主性和参与公共对话的平等性，实质性决策共识的形成也注定会成为泡影。

不得不承认，大多数研究决策共识的学者已经把科层制组织视为一种神话，这是工具理性扩张所带来的必然结果。因为，在工业社会的管理行政模式下，公共决策要么是在科层制组织内作出的，要么是在由科层制组织所主导的组织间网络中作出的，都离不开科层制组织。因此，也就不难理解，科层制组织为何总被视为一种决策共识形成的决定性力量了。我们知道，在由科层制组织所主导的决策结构中，决策权被少数官僚和技术精英所垄断，其他组织和普通民众很少有机会参与公共决策。即便是公众参与到了公共决策当中，也会由于缺乏话语权而难以发挥实质性的作用，最终沦为政策合法化的“装饰品”。实质上，在组织理论的演变中，摒弃或重构科层制组织的呼声从来没有停息过，但是，组织再造的种种尝试并没有完全消解组织的支配性结构。在我们看来，尽管 20 世纪后期以来，公共决策中的公民参与开始走向政策理论的前台，但是，公共决策仍受制于支配型的组织结构和形式化的参与方式，实难形成实质性的决策共识。正如福克斯和米勒所言，实质性决策共识的不在场源于缺乏沟通的“伪政治”，而这种“伪政治”根植于“中心—边缘”的决策结构。因此，如果不从根本上对“中心—边缘”的组织结构加以再造，公共决策的民主化和实质性决策共识的形成注定是镜花水月。

从决策结构安排的角度来看，决策共识形成的主要障碍是“中心—边缘”的组织结构，而那些悬置结构性问题来妄论实质性决策共识形成的做法必定是一种空想。在后工业化的进程中，社会形态的变化给组织重构提供了契机。首先，社会的虚拟化和知识化不仅改变了社会关系——从主体与客体的关系转变为主体之间的关系，还提升了行动者的自主性和流动性，从而很难再把他们拘囿在相对固定的区域或组织之内。其次，决策情境的复杂化和政策问题的去结构化使寻找唯一正确答案的想法和行动显得荒唐，因而迫切需要建构一种权变性的行动整合机制，以提高问题解决的针对性和及时性。可见，在后工业社会中，组织重构必然指向问题导向的、权变性的和去支配化。具体来说，就是从少数人参与决策的控制体系转变为人人参与决策的开放性网络结构。因而，那些从功能主义或结构主义视角来研究组织的做法已经不合时宜，因为这些结构取向的组织理论无不是把组织看作独立于行动者的客观存在，从而使行动与组织、组织与组织陷入不可调和的对立之中。

我们认为，公共决策中的共识建构不仅仅是一种行动问题，也不仅仅是一种结构问题，而是一个从某种角度来整合二者并使它们共同发挥作用的问题。既然以“结构”作为逻辑起点来寻求决策共识形成机制已不可取，那么，我们就选择从“行动”的角度来进行理论探讨，并把行动视为一种“流”。如果把公共决策看作是一种“流”，而组织不过是行动的结构化特征，那么决策共识的形成就是一个如何对循环往复的协商对话进行整合的问题。协商对话一旦成为一种惯例化的行动，就很容易在决策者之间形成默契，从而实现从共识到默契的过渡，而那些业已形成的共识以及行动的意外后果又为下一步的协商对话提供了条件。因此，协商对话和决策共识形成是相互建构的，它们统一于循环往复的公共决策过程之中。在本研究中，我们主要从社会学和组织社会学理论中行动与结构关系的角度来对决策共识的形成进行分析，从而逻辑性地导向一种合作行动机制。

第3章 决策共识追寻中的行动与结构

尽管共识的形成不一定是公共决策的直接目的，但是，公共决策从来不否认对共识的青睐。尤其是，当共识型决策提出后，共识更是被确立为公共决策的根本目标或基本规则。然而，在很长一段时间内，对决策共识的研究是在一种行动与结构二元分立的架构中进行的。大多数公共政策学家都是在悬置社会结构的前提下来谈论决策共识的形成问题，殊不知，公共决策从来都是嵌入到具体的社会结构之中的。因而，公共决策不仅是一种行动理论，也是一种结构理论。实质性决策共识的形成需要对行动与结构及其之间的关系进行重理，进而建立起支持平等对话的组织形式。

3.1 公共决策的行动理论

公共决策首先是一种行动，而行动理论中关于行动图式和行动类型的设定影响着公共决策作出的方式以及决策共识的内涵。手段—目的行动图式把公共决策看作是一种理性选择的过程，而决策共识是经由工具性计算而形成的利益妥协或利益均衡；互为主体性行动图式则把公共决策视为一种平等主体之间的协商对话，决策共识的形成表征为行动者在理解上的一致性。行动理论的范式转向使公共决策趋向于通过在场的面对面互动来建构决策共识。

3.1.1 行动图式与行动取向

行动既是社会学的重要概念，也是行动体系的基本单位，关于行动的假定对于理解个体行动的动机和集体行动的整合机制具有十分重要的意义。韦伯在《经济与社会》一书中把社会行动界定为有意涉及他人的行为，并把其划分为四种类型，即工具理性行动、价值理性行动、情感性行动和传统性行动。工具理性行动是对达成目标所选择的手段进行功利计算的行动，因而也是一种“深思熟虑”的行动；价值理性行动仅由行动者所追求的信仰和价值来决定，而不是基于对行动结果的评估；情感性行动由行动者的情感和心理考量所引发，是一种难以控制的行动；而传统性行动则受到传统或惯例的影响，是一种下意识的或者无意识的行动。

根据韦伯的观点，只有以对他人的行动预期为取向的行动才是一种受理性调节的行动，其他三种类型的行动都是未经检验的、非理性的行动。可见，在韦伯看来，“社会行动等同于工具理性行动”。[①] 而工具理性行动具有自足性，可以不参考价值因素而独立存在，其他行动类型都因不具有合理性而显得无关紧要。韦伯关于社会行动的观点根植于工业社会中工具主义理性的扩张，或者说，是工具主义理性泛滥的真实写照。虽然韦伯对工具理性行动的强调着墨过多，但是，他关于行动类型的划分却奠定了行动理论的基本架构，并且他还注意到了行动存在有意识与无意识的区别。可以认为，在韦伯的行动理论中嵌套着两种分类体系：第一种是有意识的行动与无意识的行动之分；第二种是合理性行动与非理性行动之别。无意识的行动一定是非理性的行动，而有意识的行动也有理性与非理性之说。大部分的行动理论都把研究的重心放到了第二种分类体系上，对第一种分类体系则保持习惯性无意识。然而，舒茨、布鲁默、吉登斯和布迪厄的行动理论却把研究的重心放到了行动无意识或行动的未逾期的后果上，从而引发了行动理论的范式转向。

通常，在关于行动的概念体系方面存在着某些相对固定的核心要素。帕森斯用行动图式来表述在社会科学中关于单位行动及行动体系的一套概念体系或理论模式。他认为一个“单位行动”在逻辑上“包括行动者、行

① 马克斯·韦伯．经济与社会（第二卷）［M］．闫克文，译．上海：上海人民出版，2014：1542.

动的目的、行动的‘处境’以及使目的与处境连接起来的选择标准四个方面”①。行动“处境”又包括行动“条件”和行动“手段”两种成分，条件是行动者不能控制的因素，而手段则是可以控制的因素。简单来说，一个单位行动包含四种结构性成分，即目的、手段、条件和规范，手段和条件共同构成了行动的处境，而规范指的是实现目的的手段的选择标准。行动的诸种要素之间存在着某种形式的联系，在一定的处境中，行动者对实现目的的手段的选择既受到条件性成分的影响，也受到规范性成分的影响。另外，行动也是在时间中展开的，目的先于手段而存在，只有透过时间才能理解具体处境中手段与目的之间的关系。

帕森斯假定，在任何层面的所有行动体系中都存在着共同的结构，离开了行动图式所提供的“参照系”，就无法分析行动领域的变迁过程。在帕森斯看来，影响手段选择的条件性成分和规范性成分可以划分为三组：第一组是遗传和环境，它们是行动的终极手段和条件，对这方面知识的理解仅可以依凭客观的科学探究来实现；第二组是行动合理性中的技术成分或经济成分，它们是功利主义思想的精髓，功利主义理论的显著特点是持个人主义的原子论，并假定行动者的利益是一致的；第三组是规范性的价值体系，它源于唯心主义的传统。有鉴于此，帕森斯总结出了三种行动类型，即功利主义行动、实证主义行动和唯意志论行动。在功利主义行动理论中，目的是既定的，行动的合理性取决于行动者对备选方案的预期结果的理性计算；在实证主义行动理论中，手段的选择要交由实证经验来验证，或者说，实证主义的行动理论是以客观的科学知识作为手段的选择标准；而“唯意志论”行动理论认为科学知识并不是行动者进行手段选择的唯一凭据，意义和观念等价值因素也会产生重要影响。

实际上，随着科学主义和技术主义的泛滥，功利主义的理性计算越来越建立在实证主义的基础之上，也就是说，行动者更倾向于利用科学知识来进行计算，从而使个人利益最大化。然而，当功利主义行动理论以经验上可验证的科学知识作为行动合理性的依据时，价值和规范性因素对行动

---

① 塔尔克特·帕森斯．社会行动的结构［M］．张明德等，译．北京：译林出版社，2012：49-50.

的影响就变得微乎其微了。其实，帕森斯的目标并不完全在于对行动的类型进行区分，他还试图进行整合，并且认为行动图式是实现整合的有效途径。我们认为，帕森斯虽然指出了行动的认知、情感和评价三重面向，但他并没有在行动概念上完成对功利主义的超越，仍然是一种理性主义的行动模式。因为帕森斯的行动概念仍然只停留于分析理性自利的行动者对既定目标的有意识追求，而忽略了对行动的理所当然的层面进行分析。

诚然，韦伯和帕森斯在关于行动类型的区分上存在分歧，但是，他们都认可同一种行动图式，即手段—目的行动图式。这种行动理论“把行动看作是一个使手段合理地适应目的的过程”①，也就是说，从手段—目的关系入手来分析行动，并谋求行动合理性。由此来看，不同行动类型之间的区别仅仅在于行动者对手段的选择标准有所不同而已。各种功利主义经济理论，比如马歇尔和帕累托经济学说中的效用、边际效用和替代原则等概念，都基于手段—目的图式来分析人类行动，后来兴起的公共选择理论也是如此。

其实，韦伯的行动理论没有阐明行动图式问题，他只是根据行动取向来对行动进行分类，并偏执地认为，只有那种有目的、有意图的和计划性的行动才具有合理性。因而，对韦伯而言，手段—目的行动是作为一种行动类型而存在的，与情感性行动、价值性行动和传统性行动是同等的，只不过是更具有合理性罢了。然而，在帕森斯的行动理论中，手段—目的行动图式被扩展为一个完整的行动分析框架，用来分析所有类型的行动。且不说这种宏大的分析框架是否具有科学性，单就它对行动的价值因素或规范因素的关注来说就具有积极的理论意义，因为，它把韦伯所忽略的行动维度重新纳入到了行动理论的架构之中。

我们认为，手段—目的行动图式之所以被给予不同的定位，完全与他们的理论旨趣有关。韦伯提倡手段—目的行动图式旨在论证官僚主义组织是现代社会的宿命或必然发展趋势；而帕森斯的目的是阐明普遍性的规范和共享价值为社会提供秩序的可能性。但是，无论手段—目的行动图式是

① 塔尔克特·帕森斯．社会行动的结构［M］．张明德等，译．南京：译林出版社，2012：790.

作为一种行动类型，还是作为一种分析框架，它都不能掩盖以下两点事实：首先，在生产主导的工业社会，目的性行动或功利主义行动是一种主导性的行动模式；其次，这种行动图式反映的是一种主客体关系，也就是说，在行动中行动者完全把他者作为客体来对待了。

行动的“主体—客体”图式把工具理性作为人类行动的基本指针，必然导致人的异化和支配性社会结构的生成。现象学社会学、符号互动论等微观社会学提倡“互为主体性”和“面对面的遭遇”，哈贝马斯也主张“主体间性”和“交往行动”，行动分析从“主体—客体”图式到“主体—主体”图式的转变意味着行动理论范式的转向。

这种行动图式不再基于手段—目的逻辑来分析行动，而是强调意义以及主体间的语言沟通之于意义理解的重要性。首先，交互式行动图式假定，行动者不是单纯地追求利益最大化，他还积极地寻求意义，而意义的世界则是价值观的领地；其次，交互式行动图式强调意义和理解的重要性，并主张通过主体间的协商对话来达成相互理解；再次，交往式行动图式把行动看作是一种流，也就是说，行动和互动不是一个点或者一个结果，而是一个循环往复的不间断的过程。当然，在交互式行动图式中也存在目的和手段，只不过，它们不再是逻辑的重心。并且，目的不再是既定的，而是可以变化的，手段也不再同等于理性计算，而是趋向互依性的平等对话。

行动图式的变化与社会情境是高度相关的。在工业社会，社会相对比较简单，对物质和效率的追求必然导致人们把注意力集中到对手段的选择上，从而凸显了手段—目的行动图式的重要性。而在后工业社会进程中，随着社会复杂性和不确定性的持续增长，目的、手段和条件也不断发生变换，再寄希望于通过对手段进行理性选择来实现目标显然是不现实的。在一个变化成为常态的社会中，基于人的共生共存来进行合作才是理想的选择。社会环境的变化客观上提出了变革行动图式的要求，具体来说，就是从手段—目的行动图式转变到互为主体性行动图式。可见，在后工业社会进程中，行动图式的转向是历史与理论发展的必然。

3.1.2 公共决策中的行动合理性

社会学界关于行动性质的争论主要是围绕着行动的合理性问题展开。所谓合理性指的是行动的合理性，实质上，也是指行动者的合理性。从根本上来说，作为行动实施者的人的理性决定了行动的合理性。韦伯认为合理性的行动就是按照目的、手段和结果逻辑来开展的行动，行动的合理性体现在对实现目的所运用手段的技术考量上，也就是说，对手段的选择和运用是有意识、有计划和深思熟虑的，而不是依赖情感和传统惯例。可见，韦伯的行动合理性是一种“技术”合理性或“可计算”的合理性。在韦伯看来，只有符合手段—目的逻辑的行动才具有合理性，而那些价值、情感或传统惯例取向的行动则是非理性的。

行动的目的合理性或工具合理性的设定有着现实的社会背景，它是现代性的典型症候。图海纳深刻揭示了现代性的内涵，他认为，现代性从属于一种“利润法则”，具体来说，“就是强调手段—目的之间关系的可计算性——抑或说是工具理性，这种‘理性法则’也是现代文化的核心特征”。[①] 同样，贝尔也认识到，在工业社会中，理性是一个核心概念。理性不仅是经济学的主题，也是社会学理论基础，理性的概念构成了韦伯和帕森斯社会学研究的中心。在贝尔看来，工业社会的社会学概念主要与圣西门、涂尔干、韦伯和克兰克四位思想家有关，他们共同把工业社会认定为是以大机器生产为特征的经济化的社会，在这种社会中，技术和效率导向成为“合理”行动的基本逻辑。

技术成为工业社会的基础，必然意味着经济化生活方式的兴起，并逐渐蔓延至整个社会，进而成为社会文化的主流。“经济化”方式把“利润率”和“生产率”作为行动的基本指标，“它假定生活目标是既定的”。[②] 即便具有可选择性，也不会超出从物质上进行量化的范畴，只需寻求实现目的的最佳手段即可。社会生活的“经济化”滋生了一种功利主义的行动观，其依凭成本——收益核算或理性计算来衡量个人偏好被满足的

---

① 阿兰·图海纳．行动者归来［M］．舒诗伟等，译．北京：商务印书馆，2008：39.

② 丹尼尔·贝尔．后工业社会的来临——对社会的一项预测［M］．高铦等，译．北京：商务印书馆，1984：310.

程度，而且社会偏好可以通过对个人偏好的简单加总来加以获取，那么集体行动也无非就是个体自利行动的自然聚合了。可见，在社会学界长期以来存在一个基本的共识：行动是否具有合理性要依据手段—目的逻辑来判定，如果实现目的的手段选择符合最大功效，那么这种行动就具有合理性。然而，“工具理性的生活方式不仅消解了社会和意义，同时还使内在的价值和目的边缘化了”。①

理性主义决策模式是工具理性行动图式的自然延伸。所谓“理性”指的是一组特定而非常近似的进行选择的程序，这种程序基于对手段—目的关系的考量。理性主义决策模式具有几个基本假定：首先，决策者是理性自利的，有着相对稳定的偏好，并且可以通过决策来实现自己的期望和目标；其次，决策者所面对的世界是客观、明确而有序的，而且客观世界存在着因果关系；再次，决策者所欲解决的问题是既定的，解决方案也是有限的；最后，决策者有足够的知识和能力对各种备选方案的预期结果进行估算，并从中做出最佳选择。理性主义决策模型凸显了人类行动的意图性和计划性。个体行动者总是基于对利益的理性计算来采取行动，所以，决策不过是对人类一致性的有序练习。

然而，西蒙和马奇却揭露了理性主义决策模式的理想化色彩。根据西蒙的分析，决策者所面对的环境具有不确定性和复杂性，并且受制于认知能力和不完全的信息。所以，他很难对行动的未来结果以及这些结果是否符合其期望或偏好进行精确计算，而只能做到有限理性。理性的有限性迫使行动者在决策中合理分配自己稀缺的注意力，努力搜寻与决策有关的信息，并根据目标和绩效之间的关系来对决策的诸环节进行调整，选择满意的行动方案即可。在马奇看来，有限理性决策既是注意力分配的理论，又是搜寻理论或宽裕理论。在这里，“宽裕指的是未利用的机会和未实现的收益和浪费等”。②

组织决策的无序和混乱得到了马奇的确认。他认为，真正的决策从来不是秩序井然、条理分明的，而是充满着困惑、复杂性和模糊性的。不仅

① 查尔斯·泰勒．自我的根源：现代认同的形成［M］．韩震等，译．南京：译林出版社，2012：730.

② 詹姆斯·G. 马奇．马奇论管理［M］．丁丹，译．北京：东方出版社，2012：27.

身份和偏好是变动不居、难以捉摸的，问题、解决方案、参与者和机会也都交互混杂在一起，甚至在不同时空中决策之间的联系也是松散耦合的。他用“垃圾桶”隐喻来形容这种决策情形——“垃圾桶”指的是决策机会。在某个决策情境中，当行动者、选择机会、问题和解决办法之间的关联高度复杂和无序时，只能用“时间分类法”来处理各种决策问题了。在时间上相距越近的事件彼此之间的相关度越高，正是时间的同一性把各种决策因素聚集到一起，从而促成了决策的作出。

可见，在马奇的垃圾桶决策模型中，决策的做出取决于选择机会、问题和决策者能力在时间上的契合程度。有时候，选择机会出现了，问题没有出现，则无法做出决策；有时候，出现了大量与选择机会相关的问题，但是问题的数量超过了决策者能力的承载负荷，决策同样也无法作出；只有出现了与选择机会相关的问题，而决策者又有能力来解决这些问题时，决策选择才能最终得以完成。所以，在“有组织的无序”的决策情境中，决策的作出是“决策者、问题和解决方法在这个体系中互相追踪”的过程。[①] 只有三者高度契合，选择才能完成。而这一切取决于时间顺序，而不是因果逻辑。

“有组织的无序”存在和垃圾桶决策模型的提出，反映了手段—目的行动图式或工具理性的行动图式在面对复杂和不确定的决策情形时解释力不足的问题。尤其是，在存在多重行动者而决策情境又高度模糊和不确定时，决策者们的偏好聚合更难以实现。“阿罗不可能定律”揭示了通过个人偏好的简单加总来获取社会偏好的不可能性。这说明，基于个人主义的理性主义行动图式在解释集体决策时遇到了难以克服的瓶颈。可见，结果和选择导向的行动逻辑或决策理论是有缺陷的，它无法提供有效的集体决策理论。因而，在决策情境高度复杂和不确定时，也只能任凭时间来摆布了。

行动的工具理性逻辑必然使行动导向技术主义和科学主义的取向，因而，行动的工具合理性也是一种技术合理性。如果理性计算不以事实和科

① 詹姆斯·G. 马奇 . 决策是如何产生的［M］. 王元歌，译 . 北京：机械工业出版社，2014：157.

学知识作为基础，那么理性计算也就谈不上有什么合理性可言了。亚历山大指出，“基于工具性计算的行动理论把目标化约为物质性的手段”，[①] 以便于通过对外部条件的技术评估和效率计算来加以确认。这种技术主义化的理性与实证主义的科学观是一致的。在实证主义者看来，科学知识是完全客观的、技术性的，与人的价值和内在规范无关，因而也必然是工具主义的。所以，由手段—目的所设定的行动合理性只关涉“事实”问题，而与价值因素无关。

行动中的道德因素之所以被排斥主要在于道德的稳定性问题，因为“道德真理和道德意识更适合被作为教条来传授，经不起问题化的拷问”。[②] 也就是说，道德范畴通常是以稳定的形式而存在的，无须重新评估就可用于规范人们的行为。但只要人们对道德世界中的信念和戒律产生疑虑，这种稳定性就极易流失。于是，组织社会学家和公共政策学家开始把注意力转向行动的情感取向或价值取向。其实，行动的情感和价值取向早已在韦伯、涂尔干和帕森斯的行动理论中被提及，只不过，韦伯把其作为“魅惑”加以祛除了，而涂尔干和帕森斯则把其非人格化为共享的社会规范。

不可否认，情感和价值是行动的重要驱动因素，甚至有一些社会学家认为行动的情感取向比理性逻辑更为重要。因此，如何把情感和价值这些“非理性”的因素纳入行动理论的框架就成了一个极具挑战性的课题。马奇在《重新发现制度》和《企业行为理论》两部著作中对结果导向的理性行动逻辑进行了补充，提出了另外三种行动逻辑：即行动的恰适性逻辑、生态互动逻辑和行动的符号意义逻辑。所谓“行动的恰适性逻辑”指的是，行动的目的不在于满足偏好和期望，而在于通过使规则与情境相符合来满足社会期待，获取社会认可和尊重，所以也被视为一种合法性逻辑。恰适性逻辑关注的是“特定情境的特征，以及如何进行选择才能将一种情

① J. C. 亚历山大．社会科学的理论逻辑（第一卷）［M］．于晓等，译．北京：商务印书馆，2008：92-93.

② 保罗·利科．历史与真理［M］．姜志辉，译．上海：上海译文出版社，2015：158.

境及其相适的行为对应起来”。① 所谓“行动的生态互动逻辑”② 指的是，组织决策受到决策制定的生态互动特征的影响，这个生态系统的运转取决于行动者、诉求、时间和事件的组合方式；“行动的符号意义逻辑”指的是，意义和符号是决策行动得以引发的核心编码，因而，决策过程必然伴随着理解和解释。

其实，马奇所说的行动的恰适性逻辑就是韦伯的规则取向的行动；行动的符号和意义逻辑与行动的情感取向或价值取向有关；而行动的生态互动逻辑是对“有组织的无序”这种决策情形的回应。严格说来，行动的生态互动逻辑不是针对个体行动者而言的，与集体行动的逻辑有关，它可以被看作是对个人主义和工具理性行动图式的替代。我们认为，马奇的行动理论根本没有超出韦伯所设定的行动框架。尽管马奇构建了一个多维的决策行动解释框架，但也陷入了困惑和悖论之中，因为很少有决策过程是由单一行动逻辑所构成的。那么，在一个裹挟了多种行动图式的公共决策中，是依凭制度和规则来作出决策，还是依靠理性计算来作出决策呢？或者是通过政治联盟间的讨价还价来作出决策呢？他无法给出明确的答案，最后不得不寄希望于决策工程和智慧，而智慧更多地从属于“艺术”的范畴。

在新制度主义看来，决策不仅是选择，还是一种解释。过程取向的决策理论关注意义的重要性，正是过程赋予生活以意义，而意义则是生活的主要内容。在公共决策中，象征符号、神话和仪式之所以得到重视，是因为它们是决策合法性的信号和装点。斯通对行动的情感或价值取向有着不同的理解和处理方式。他认为，公共政策的制定是隐喻、意义与悖论的世界。信息是不完全的，偏好也不是固定不变的，目标、问题和方案是可以解释的，而且可能存在着矛盾甚至是对立的主张。比如，关于“平等”就存在着好几种不同的观点。平等总是与分配联系在一起，有一种理念认为平等意味着资源在个人之间进行均等的分配。但也存在其他意义上的平

---

① 詹姆斯·G. 马奇，约翰·P. 奥尔森. 重新发现制度：政治的组织基础［M］. 张伟，译. 北京：三联书店，2011：22.

② 理查德·M. 西尔特，詹姆斯·G. 马奇. 企业行为理论［M］. 李强，译. 北京：中国人民大学出版社，2008：197-198.

等，平等可能意味着不平等，这就出现了悖论。斯通坚信，那些客观的数字和“事实”是由理念和范畴所设定的，而理念是多元化的，并需要加以解释。没有解释，数字就没有任何意义。因此，在行动的“事实”和“规范”之间，他选择用“规范”来统合“事实”，并主张通过政治理性来解决理念之间的冲突。这一点与贝尔的认识是一致的。贝尔同样认为，在后工业社会进程中，公共决策必须处理好理性计算与讨价还价之间的关系，但理性要从属于政治。可见，贝尔在处理理性和政治的关系时，把天平倾向于政治一端，也就是说，在后工业社会进程中，公共决策必然是以政治形式来体现的。

综上可见，由手段—目的逻辑所界定的行动合理性是一种有缺陷的合理性，那么自然就提出了重构行动合理性的任务。我们认为，行动合理性与行动图式有关，如果不从根本上改变行动图式，谋求合理性只是一厢情愿。而重构行动合理性不得不面对的一个核心问题，就是事实和规范之间的关系问题。马奇以混合和艺术的方式来处理决策行动中的事实和规范问题，而斯通和贝尔则强调用规范去整合事实。尽管他们也认识到决策中意义和解释的存在，以及决策者之间互动或讨价还价的重要性，但都没有触及问题的本源。

从根本上来说，只有探寻到工具主义的行动合理性的根源，才能对其进行突破。哈贝马斯把理性揭发为主体性，这种主体性体现为工具性的支配意识。理性意味着自足的主体，从笛卡尔的“我思故我在”到康德的“绝对自我意识”，人便被确立为万物的尺度，人的意识便成了万物的最后审判法庭。自足的主体通过“思辨”和“对象化”客体来进行自我捍卫，表征为对可以感知和可以操控的对象的计算，“理性正是以这种由计算而进行控制和估计的主体为特征”。[①] 主体正是通过理性计算实现了对自然的技术控制，从而摆脱了自然的束缚，获得了自由。卢卡奇用“物化”来描述理性化渗透到现代社会各个领域的过程，而物化或理性化所遵循的就是一种“根据计算或即可计算性来加以调节的合理化的原则”。[②] 可见，在卢

① 于尔根·哈贝马斯．现代性的哲学话语［M］．曹卫东等，译．南京：译林出版社，2011：119.

② 卢卡奇．历史与阶级意识［M］．杜章智等，译．北京：商务印书馆，1999：115.

卡奇看来，“理性化”是一种强调交换价值的“算计过程”。因此，建立在主体性基础上的理性必然走向科学主义和技术主义，或者说，凸显为精打细算的工具理性和个人主义认识论。这也是近代以来，在社会治理中寻求共识构建，总是落入“契约论”窠臼的缘由之所在。因此，重构行动合理性必须突破以“主体性”为中心的社会行动图式，通过“主体间”互动来融通行动中的“事实”和“规范”问题。

3.1.3 决策行动理论的范式转向

我们知道，在理性主义的决策模式中，意义不过是理性计算的附属物。而意义真正进入人们的视界则由心理学领域的认知革命所引发，后来逐渐成为阐释社会学的核心概念。韦伯认识到行动是主观意义的世界，并且意义服从于自然世界的规律，通过“诠释性”理解可以对行动的因果关系进行说明。尽管韦伯认识到了行动的主观性特征，相对于涂尔干和斯宾塞来说是一种进步，但是，他仍把行动纳入到自然主义的框架中进行物化处理。也难怪，在韦伯看来，行动由动机所驱动，只要辨识出行动者的动机，就可以对其行动进行准确预测。因此，社会学必然是阐释性的，只有设身处地去理解对方，最终才能形成彼此之间的相互理解。

从方法论上来说，韦伯强调，理解的确定性具有两个维度：即“理性的证据”和“移情的精确性”。当社会行动具有典型性或者规律性，只要观察者与被观察对象在动机上保持一致，通过对行动进行直接观察就可以理解其意义。而当行动具有偶发性时，我们就只能用“移情”的方式来对行动进行“说明性的理解”了。虽然韦伯开启了诠释社会学的先河，也认识到行动中主观意义的重要性，但是，他主张对意义进行客观性理解，显然没有走出自然主义和工具主义的窠臼，并且他也没有指出意义的来源问题。

舒茨认为，韦伯以“意欲性”或“意识的”来界定行动与行为之间的区别有点牵强，因为行为也是有意义的。“预先构想的已然行动才是二者本质上的区别——已然行动是行动实施过程的结果。”[①] 换句话说，行动的实施过程是以被构想的已然行动为向导的，这才是行动的意义之所在。可见，行动的核心特征是由行动者的计划或意图所赋予的，而计划就是一种对未来的预期，这种关于未完成的“已然行动”的构想是理解行动意义的重要依据。根据舒茨的观点，意义是一个互为主体的现象，因为意义指向的是你我同在的世界。也就是说，我所赋予世界的任何意义，所指向的也是你所经验到的世界。而布鲁纳则认为，意义根植于文化和语言之中，只有依托解释性的共享符号系统才能公开存在，因而文化是理解人类行动的决定性因素。如果不从文化角度出发，对行动意义的因果解释再充分也无法令人信服。[②]

可见，虽然社会学家们都认可意义之于行动的重要性，但是关于意义的来源以及如何理解行动的意义则存在分歧。韦伯关于行动意义的论述完全基于手段—目的逻辑。但舒茨和布鲁纳却分别指出了意义所具有的互为主体性的特征以及对意义进行非因果解释的必要性，为突破工具主义行动图式奠定了基础。符号互动论同样肯定了意义在社会活动中的重要性，及其对人类行为的影响。这种理论认为，行动的意义不是客观事物所固有的属性，也不是来自于行动者的知觉、情感和认知等特殊心理成分，甚至也不是来自文化和语言，而是来自社会互动。社会互动既包括行动者与自我的互动，也包括行动者之间的互动。互为主体的行动要求包容他者，而“他在性并不是从外面被添加到自身性之上的，而是属于自身性的意义内涵和本体论构成”[③]。行动者正是通过自我互动和与他者互动来对有意义的事物进行界定，并通过一个解释过程来对意义加以使用，从而对意义作出选择、修正或搁置。

符号互动论所界定的社会互动不同于传统行动理论：首先，社会互动是影响行为的直接因素，而不是一种辅助性的力量——不是作为动机、价

---

① 阿尔弗雷德·舒茨．社会世界的意义构成［M］．游宗祺，译．北京：商务印书馆，2012：78.

② 杰罗姆·布鲁纳．有意义的行为［M］．魏志敏，译．长春：吉林人民出版社，2011：127.

③ 保罗·利科．作为一个他者的自身［M］．佘碧平，译．北京：商务印书馆，2013：461.

值和心理欲求等这些行为决定因素的中介物或场所；其次，社会互动是行动者之间的互动，而不是行为影响因素之间的互动；最后，社会互动是行动者之间相互界定和解释对方的适应性过程，在互动过程中，行动者是依据对他者的当前行为和预期行为的考量来采取行动的，因而，必然伴随着对各自意向或意图的搁置或调整。[①] 米德曾对社会互动进行过深入分析，他把社会互动划分为两种层次，即“姿态对话”和“符号互动”。前者是一种条件反射式的非符号互动，而后者是一个反思式的、解释性的互动。米德指出，符号互动建立在对彼此行动的意义进行理解的基础之上，当行动者之间就事物所具有的意义达成理解上的一致时，或者说，就彼此行动的意向达成相互理解时，也就达成了共识。从米德的观点可以看出，社会互动具有形式或层次上的多样性，那种以语言为中介的符号互动最有利于行动者之间形成共识。

米德对社会互动中语言的重视得到了哈贝马斯的高度认同。哈贝马斯借鉴波普尔的三个世界的理论——即客观世界、主观世界和社会世界，并从行动者世界关系这一角度出发对目的论行动、规范调节行动和戏剧行动进行了分析，进而提出了交往行动理论。哈贝马斯指出，目的论行动以客观世界为本体论前提，它假定行动者可以通过有目的的干预来改变事态，而干预所取得的效果是否符合行动者的预期可以参照效用性和真实性来加以测度。规范调节行动以行动者与社会世界和客观世界之间的关系为前提，它既涉及客观世界的事实性，也与主观世界的规范性有关，所以，对规范性行动进行评价必须兼顾真实性与合法性。戏剧行动出现在戈夫曼的《日常生活的自我呈现》一书中，它指的是行动者之间在第三者面前所展示的一种表演，从行动者世界关系来看，戏剧行动纯粹是一种主观性的社会互动。

在哈贝马斯看来，只有交往行动是“以语言为媒介并以达成直接理解为目的的行动”[②]。虽然其他三种行动模式也以语言为媒介，但语言只是诸

---

① Herbert Blumer. Symbolic Interactionism [M]. London: University of California Press, 1969: (1-60).

② 哈贝马斯．交往行动理论（第一卷）——行动的合理性与社会合理化［M］．洪佩郁等，译．重庆：重庆出版社，1994：135.

多媒介之一，且不是以达成直接理解为目的。目的论行动以获取利益或谋求成就作为目的，理解只是行动的副产品。当涉及多个行动者时，目的论行动就嬗变成了策略行动。行动者在社会互动中根据对方的行动取向来采取相应的行动，只有在于己有利的情况下，才会选择与其他行动者进行合作。因此，策略行动更多的是行动者之间的利益博弈，而不是以达成直接理解为目的。规范调节行动把社会交往看作是通过规则遵循来寻求行动一致的过程，虽以语言为媒介，但也不是为了寻求直接理解。而戏剧行动只是行动者之间的拟态表演，目的是吸引观众，更不是为了达成直接理解。

实质上，在目的论行动和规范调节行动中，行动者之间所形成的意向一致都是基于对独立于行动者的、“客观性”的事实或规范的遵从。也就是说，形成共识的驱动力量完全是外在的，而不是行动者主观意愿的真实表达。而交往行动理论所强调的直接理解则来源于互为主体的行动者之间的平等对话，在这一过程中，行动者在“言谈有效性条件”的约束下自由表达自己的观点，“相互为自己的有效主张进行辩护”。[①]

哈贝马斯的研究根植于意识哲学和社会科学的语言学转向，舒茨、布鲁默、加芬克尔、维特根斯坦和奥斯丁等学者的思想为其交往行动理论提供了灵感。他的交往行动理论有三个基本构成要件：一是行动者之间是一种互为主体的关系，而不主体与客体的关系；二是这种社会互动是以语言为媒介，或是说，就是语言沟通行动；三是社会互动的目的是行动者之间的直接理解。可见，交往行动理论所围绕的是主体与主体之间的关系，而不是主体与客体的关系，因为只有在主体与主体之间语言和理解的作用才会凸显出来。同时，交往行动理论所遵循的也不再是基于手段—目的之间的结果逻辑，而是基于目的—目的之间的共识形成，它强调的是行动者之间的相互理解。因此，交往行动理论是一种根本不用于手段—目的行动图式的行动理论，并且这种行动图式实现了对行动合理性的重构。

现象学社会学、符号互动论和诠释社会学关于意义和社会互动的理论被哈蒙运用到组织决策当中。哈蒙的行动理论有三个重要的组成部分：以

① 哈贝马斯．在事实与规范之间：关于法律和民主法治国的商谈理论［M］．童世骏，译．北京：三联书店，2003：397.

面对面的遭遇为分析单位、主动—社会的自我本质与主观主义的知识论。首先，哈蒙根据主动与被动、原子论的与社会的这两个维度，把自我分为四种类型[①]：即主动—社会的、主动—原子论的、被动—社会的和被动—原子论的。被动的自我假定人类行为是由外部客观力量或刺激物所驱动，服从于因果关系逻辑。如果发现了行为的影响机制或规律，就可以准确地对其加以预测并进行控制，显然，这是自然科学逻辑的延伸。主动的自我意味着行动者绝不是被动地对外部的刺激和信息做出条件性反射，而是能够借助于语言和象征性符号来赋予对象以意义，并通过反省能力对这些外部刺激加以选择和应对。主动的自我强调行动者的意向性和自主性，以及行动者建构社会现实的能力。原子化的自我，假定自我是独立于社会关系之外的，这种个人主义的自我观是社会契约论、功利主义行动理论和理性选择理论的基础。而社会化的自我则认为，个体是社会互动的产物，个体只有在社会关系中才能维持其存在。哈蒙坚信，行动者是主动—社会的自我，这种具有自主性的自我假定强调人类行动的意向性和互为主体性，并为主观主义的知识论提供了前提。

哈蒙的行动理论为共识型决策奠定了行动基础。作为一种决策规则，共识是公共决策中做出方案选择的标准和凭据。哈蒙认为，决策共识是互为主体的行动者通过以语言为媒介的社会互动而形成的意向一致。决策共识的形成是一个意义共享和相互理解的过程，而不是一个理性计算和讨价还价的过程。因而，共识型决策是一种从根本上突破手段—目的决策逻辑的公共决策模式。

然而，哈贝马斯和哈蒙的行动理论真的能为实质性决策共识的形成提供保障吗？我们认为，他们的行动理论不足以完成这个任务。首先，虽然决策共识主要是通过以语言为媒介的沟通对话来形成的，但是，非语言性的行动也会对共识形成产生影响。然而，那些把行动等同于对话的行动理论却把那种理所当然的行动排斥在理论思考之外。其次，以语言为媒介的社会互动把分析单位锁定在微观的面对面遭遇，但是，这种微观情境是嵌

① 米歇尔·哈蒙．公共行政的行动理论［M］．吴琼恩，译．台北：五南图书出版公司，1982：57.

入到一个更大范围的社会结构之中的，因而也必定受到社会结构的影响。然而，在哈贝马斯和哈蒙的行动理论中，对共识的研究基本上是在悬置社会结构或组织的前提下进行的。最后，实质性决策共识的形成以自主性行动者和彼此之间的平等为前提，但是平等和自主性绝不可能仅仅来自哲学思辨或伦理畅想。总体来说，哈贝马斯和哈蒙的行动理论突破了手段—目的行动图式，它们的提出标志着行动理论的范式转型，从而也确立了互依性协商对话在决策共识形成中的重要地位。但是，这种行动理论绝不是实质性决策共识形成的标准答案。

3.2　公共决策的结构理论

公共决策不仅仅是一种行动，还与社会结构联系在一起。通常来说，公共决策要么是在科层制组织内作出的，要么是在组织场域或组织之间的网络结构中作出的。组织的结构和规则不仅限定着决策权力的分配、决策方式的选择，还影响决策共识的形成质量。公共决策民主化为重构公共决策的组织安排提供了可能性，但是，政策理论家们仍然把中心—边缘的组织结构视为不可更改的前提和神话，从而给决策共识形成设置了结构性障碍。因此，建构实质性的决策共识必须以组织变革作为切入点。

3.2.1　公共决策的组织内安排：理性组织及其反功能

虽然从行动理论的角度来看，公共决策从属于不同的行动逻辑，但是，不可否认，在很长一段时间里，公共决策主要还是在组织内作出的。因为，现代社会是一个组织化的社会，离开了组织，人类就无法组织其有效的集体行动。自工业社会以来，组织在社会生活中发挥了越来越重要的作用。组织的重要性不仅体现在它是有效实现各种目标的理性工具，还体现在它是可以以自己的名义来进行行动的集体行动者。另外，组织本身也是诸如社会化、决策、团队学习以及权力运作等复杂社会过程的基础。从经济学的角度来说，组织的存在是为了应对外部环境的不确定性和个体理性的有限性。

在这里，我们以科层制组织作为分析起点。在韦伯看来，“科层制组织是一种专业分工和层级节制的非人格体系”。[①] 与其他形式的组织相比，它具有技术上的优越性，可以像一台机械装置那样精确、持续和高效运转，并有效减少摩擦，从而降低组织的运行成本。实际上，科层制组织的出现是以特定的经济和社会条件为前提的。公共财政和税收体系的形成为科层制组织的长期存在提供了必不可少的物质条件；行政任务数量和强度的质变产生了对更具效率和连续性的行政手段的需求；而现代交通技术的发展也为科层制组织的产生做了准备。

可以说，作为一种在技术上具有优势的、理性的组织形式，科层制的出现迎合了资本主义市场经济对精确、持续和高效的公共行政的需求，以及现代文化对“可计算性”的青睐。正如韦伯所说，现代文化的高度复杂性和专业化需要一种“非人化”的组织形式，也需要“非感情用事”的专家。无疑，这种“理性主义”的社会文化是孕育科层制组织的丰厚土壤。科层制组织的理性奠基于行动理性的假设之上，一切社会行动都可以基于可计算的规则而得以预测和控制，而无须看人下菜碟。在科层制这台精密仪器里，个体只不过是机器上的一个个小齿轮，每一个行进路线都是被预先设定好的。正是科层制组织这种支配性的社会结构才使得组织中的理性行动成为可能。

在工业社会，大多数公共决策都是在科层制组织中作出的，并受到组织结构和规则的约束和影响。首先，组织结构和规则限定了组织成员参与决策的权力和机会。在科层制组织中，决策权主要集中在上层官僚和技术专家手里，层级较低的官员很少有机会参与决策。因为，在层级节制的控制体系中，下级官员的主要职责是执行决策，而不是去制定决策，并且他们也常常被认为不具有参与公共决策所需的知识和能力。其次，组织结构和规则也限定了决策者的注意力分配。决策者的注意力本身就是有限的，组织中的规则和程序规定了决策者启动搜寻的时机、搜寻的范围和搜寻的方式，进而影响政策问题的建构、政策议程的设立和备选方案的拟定。最

① 马克斯·韦伯. 经济与社会（第二卷）[M]. 闫克文，译. 上海：上海人民出版，2014：1113.

后，组织结构和规则也限定了信息流通的渠道。在科层制组织中，信息是按照线性的单一渠道来进行传输的，很容易被歪曲和操控，造成信息完全性和准确性的破坏，进而影响对备选方案预期结果的计算。

在哈蒙看来，“决策理论既是知识论也是组织理论”。[①] 因为组织理论关涉到谁有权参与决策、以什么结构来进行决策，以及如何实现决策的质量与合法性问题。哈蒙所说“知识论”指的是在具体的社会领域中实现决策合法化的过程，他把知识论划分为客观主义知识论和主观主义知识论。客观主义知识论认为，真理是客观存在的，并可以被发现，为了维护真理就必须通过层级节制的方式来强制推行。而主观主义知识论建立在互为主体性的行动之上，要求组织设计上的非层级化，因为主观性的知识为社会互动中的所有行动者共同建构。可见，层级节制体系与客观主义知识论是一致的，在发现和传输真理方面，层级节制的体系是最为高效的工具。真理通常只能为少数人所掌握，多数人只需服从就行了，所以，科层制组织中的公共决策必然是精英主义者的游戏。实质上，科层制组织正是建立在科学的、客观的知识之上的。因而，在科层制组织中进行决策，只需要遵照现成的规则和程序即可，而不必在每一次决策时都重新考虑如何作决策的问题。显然，规则的同一性可以促使人们在行动上协调一致，进而在公共决策中形成共识。因此，组织理性构成了组织中公共决策的理想边界。

然而，科层制组织的理性并不是一个真理。对理性科层制组织的质疑和反思是从默顿、古尔德纳、塞尔兹尼克和布劳开始的，他们发现了科层制的“反功能”和“意外后果”。默顿指出，科层组织是以技术资格作为基础的，通过非人格的正轨规则程序来实现对组织成员行为的准确预测和控制，其最大的优点就是技术效率，但是，也彻底摒弃了对人际关系和情感等非理性因素的考量。尽管科层制在技术问题上具有不可比拟的优势，可以实现韦伯所谓的“精确性”“可靠性”和“高效率”，但是，也会产生“负功能”或“训练有素的无能”等负面效应。

科层制组织负功能的一个典型症候是“本末倒置”，即把作为手段的

① 米歇尔·哈蒙．公共行政的行动理论［M］．吴琼恩，译．台北：五南图书出版公司，1982：60.

规则转化为最终目的，从而陷入顽固坚守规则制度的技术主义和工具主义窠臼，繁文缛节、烦琐拖拉和形式主义自然也就成了组织气象。在默顿看来，科层组织的负功能既有结构方面的原因，也有个体行为方面的影响。从结构方面来说，科层组织中的非人格化规则在应对特殊情况时会失去效力，也就是说科层组织的规则制度有时仅仅具有象征意义，而不具有实际用处。然而，科层组织的等级管理体系却鼓励机械的循规蹈矩行为。因此，可以说，正是科层组织中规章的象征意义导致了其“负功能”。从个体行为方面来说，尽管科层组织中正式规则的存在会最大限度地减少组织内部的各种摩擦和冲突，但是，仍规避不了非正式组织以及自卫性组织行为的出现。这些抵制活动既源于对自我利益的维护，也包含着对官僚化集体精神的高度认同。默顿的论述充分说明，科层组织的世界绝不仅仅是整体统一的和理性化的，也包含着对抗、冲突和个人情感。可以说，“科层组织是理性和非理性的统一体”。①

古尔德纳、塞尔兹尼克和布劳也把理论研究的关注点放到了科层制组织的“功能失调”上，但是，他们对“功能失调”原因的诊断有所不同。② 古尔德纳也认识到，正式的规章制度所确立的权威不足以维持组织的秩序和规范，组织成员会存在溢出规则之外的自主行为，抵触或逃避对上级命令的服从。他通过对美国一个石膏矿厂的案例研究总结出科层制组织的三种行为方式或权威模式。在古尔德纳看来，这三种类型的官僚权威模式可能存在于所有的组织当中，然而“‘虚幻式’和‘惩罚式’最容易引起组织内的矛盾”。③ 因为，“虚幻式”的规则是由外部机构强制施加的，因而很容易造成组织成员的抵触；而“惩罚式”规则虽是组织内部所有，但仍具有强制性。依靠惩罚来压制不同“政见者”，也容易造成组织内部人际关系的紧张，从而造成规则和个体之间紧张关系的恶性循环。

---

① 罗伯特·K. 默顿. 社会理论和社会结构［M］. 唐少杰等，译. 南京：译林出版社，2015：249-354.

② 克罗戴特·拉法耶. 组织社会学［M］. 安延，译. 北京：社会科学文献出版社，2000：23.

③ D. S. 皮尤. 组织管理学名家思想荟萃［M］. 唐亮等，译. 北京：中国社会科学出版社，1986：18-23.

科层制组织的功能失调不仅由强制性的组织结构和规则所引发，还与组织成员的自主性行为有一定的联系。克罗齐耶的研究深刻揭示了这一道理。根据克罗齐耶的分析，科层制的恶性循环是由两种相互对立的力量来推动的：[①] 一是理性化的力量，也就是寻求对不确定性进行规避和掌控的结构化的力量；另一种是个体寻求自主性和能动性的力量，也就是个体行动者不断扩展自己的自有余地或自主权的力量。这两种力量之间的对立最终凸显为行动与结构之间的二元分立，结构是独立于行动之前的制约性存在，而行动总是溢出结构所能控制的范围。

科层制组织的控制导向始终受到行动自主性的挑战。塞尔兹尼克、布劳和马尔库塞对科层制组织中个体行动者的能动性进行了深入分析。根据塞尔兹尼克的观点，组织中的自由裁量权或相互调适行为也会导致非预期的后果，从而使组织陷入各种困境之中。[②] 也就是说，组织中的抽象原则不足以完全控制人们的行为，恶性循环、冲突和困境的出现是一种正常的组织现象。布劳也强调了科层制组织中个体成员的能动性问题，他认为，组织成员绝不会对规则制度进行机械的依从，而是知道如何规避或利用规则来达到自己的目的。而科层制组织又是建立在强制性权力之上的，“权力的支配性极易在组织内部或组织之间引发冲突和对抗”。[③] 可以说，布劳对“功能失调”的处理是相当低调的。组织成员的自主性导致了马尔库塞所说的科层制组织中的“政治”。在马尔库塞看来，在技术构建的组织世界中，不存在纯粹的科学性和客观性，作为物化工具的技术只是掩盖那些特殊利益集团的帷幔，因而“技术合理性的进程就是政治的进程”[④]。他们的研究表明，科层制组织绝不是冷冰冰的铁板一块，而是蕴藏着骚动不安的自主的行动者，个体行动者的能动性和自主性的存在是对科层制组织理

---

① 米歇尔·克罗齐耶．科层制现象［M］．刘汉全，译．上海：上海人民出版社，2002：361-363.

② 菲利普·塞尔兹尼克．田纳西河流域管理局域与草根组织——一个正式组织的社会学研究［M］．李学，译．重庆：重庆大学出版社，2014：44.

③ 彼得·M. 布劳．社会生活中的交换与权力［M］．李国武，译．北京：商务印书馆，2012：328.

④ 赫伯特·马尔库塞．单向度的人——发达工业社会意识形态研究［M］．刘继，译．上海：上海译文出版社，2008：134.

论最大的挑战。

综上所述，我们发现，建立在劳动分工基础上的科层制组织并不是理性的化身。科层制组织理论把组织中的行动者化约为对刺激物作出机械反应的“工具”，过于相信可以通过组织结构和规则来克服个人决策的非理性和局限性。但实际上，科层制组织不仅仅是由“经济人”所组成的，也是由“社会人”或“情感人”所组成的，组织理性不足以规避组织成员的非理性，反而助长了科层制组织的功能紊乱。即便在规则的驱使下组织成员就某一事项达成了意见一致，但这种一致性也是外部力量所强制的结果，与个体行动者的主观意愿和真实诉求关系不大。科层制组织的“反功能”或“恶性循环”的存在必然使试图用理性结构来控制个体行为的想法和行动成为泡影，从而导致控制和集权的放松，尤其是在面对社会对高效率和民众参与的需求时更是如此。科层制组织反功能的存在表明，它是建立在对个体行动者不恰当的假设之上的。如果个体行动者具有充分的自主性和独立性，那么，科层制组织的设计就是值得怀疑的。因此，面对公共决策民主化的趋势和决策共识建构的诉求，科层制组织势必被突破，而新的组织形式也有待于去建立。

3.2.2 公共决策的组织间安排：组织场域与政策网络

据哈贝马斯和基恩的考证，在工业社会初期，公共决策并不局限于政府组织，而是在一个开放性的公共领域内作出的，并且允许公众针对公共议题进行公开讨论。然而，随着工业化进程的推进，科层制组织开始扩展到社会生活的各个领域，渐成社会治理的主要组织形式，从而也使公共决策嬗变为组织决策。严格说来，在工业社会，公共决策主要是在科层制组织内作出的，而组织理论家们也普遍认为组织理性可以弥补个体理性的不足。然而，实践证明，科层制组织并不是理性的化身，它不仅存在着不可避免的混乱和反功能，而且还是一种非民主的决策结构。

米歇尔斯揭示了组织的寡头统治铁律。在他看来，任何大规模的组织都会导致结构和功能的分化，从而使少数领导者得以垄断组织决策的权力。正如米歇尔斯所说，“正是组织使当选者获得了对于选民、受托者对于委托者、代表对于被代表者的统治地位。组织处处意味着寡头统治”。[1] 米歇尔斯指出，组织中的权力寡头化有其必然性，这不仅有组织心理学上的依据，还有心智和技术上的原因。从组织心理学角度来说，组织中的少数领导者具有自利的动机，他们会不遗余力地扩大自己的权势；而普通民众由于缺乏行动能力，需要由领导来代为表达他们的利益诉求，并引导他们去行动。自然，大众就会对领导产生感激和盲从。总之，领导者相对于公众的优势地位的确立，主要来源于个人特质的先天差别所导致的心理结构。从心智和技术上来说，领导者普遍受过正规教育，并经受过政治或管理技能上的专业训练。因而，在处理公共事务上，他们具有不可或缺性，而公众大多不具备参与公共生活的知识和能力，只有依赖领导者来实现自己的欲求。可见，正是公众在公共生活中的无能才凸显了权力寡头化在实践和道德上的合理性。

组织的寡头统治铁律与作为民主的公共决策是相背离的，因为科层制组织的权力垄断会排斥公众对公共决策的参与。奥斯特罗姆曾提出公共决策的多中心治理模式——自主治理组织。在奥斯特罗姆看来，西蒙的决策理论虽然对科层制组织等同于效率这一观点提出了挑战，但是挑战之后，他又回到了科层制组织之中。因而，推行民主行政必须突破科层制组织。但是，无论是奥斯特罗姆、弗雷德里克森还是哈贝马斯等西方学者，都是在悬置科层制组织的前提下来谈论如何突破科层制组织这一问题的。也就是说，他们都是以一种围攻的方式来化解科层制组织的种种弊端。如果说他们与科层制组织的妥协是一种无奈之举——科层制组织是工业化时代的产物，那么，随着后工业社会进程的深入，人们将真正迎来彻底摒弃科层制组织的机会。

随着公共决策民主化的兴起和科层制组织反功能的凸显，公共决策势必突破组织的拘囿，进而寻求一种跨组织的决策结构安排。这些新的决策组织形式主要体现为两种类型，即组织场域与社会网络。制度分析或网络分析提供了分析组织间关系的两种视角。制度分析侧重于解释组织趋同现

① 罗伯特·米歇尔斯．寡头统治铁律［M］．任军锋等，译．天津：天津人民出版社，2003：351.

象，这种理论认为，组织生存不仅仅取决于组织绩效，还有赖于对规则和制度的遵从。因为，“制度是一种行为规则，它可以给人类相互关系带来秩序和稳定性”。[①] 随着公共决策中公民参与的兴起，多中心的公共决策格局渐成常态，那么，公共决策中多种组织或多元行动者之间的合作就成为理论和实践的主要关切点。分析组织之间或行动者之间的关系网络是如何形成的，它们又会对公共决策造成什么影响，需要一个规范性的概念。“社会部门”或“组织场域”的出现很好地解决了这个问题。作为组织新制度主义的核心概念，它们指的都是跨部门的“组织间网络”。社会部门指的是在同一领域中具有产品、服务或功能相似性的组织集合体，显然，社会部门是基于功能来界定的，而不是根据地域。“组织场域”指的是那些“由组织建构的、在总体上获得认可的一种制度生活领域”。[②] 作为分析单位的组织场域把研究的重心搁置在组织间网络或相关决策参与者发生交互关系的整体性层面上。“组织场域”这个概念的优势在于，它抓住了结构相似性和组织间融通性这两个方面，因而可以被用来分析公共决策中组织间的网络关系。

组织场域是与合法性机制联系在一起的，而组织之所以能够形成场域来源于制度所提供的文化同一性。新制度主义中的“制度”是一个较为宽泛的概念，它不仅包括法律制度，还包括文化观念和社会期待等制度。“合法性”机制会迫使组织接受那些被社会普遍认可的文化观念，这些观念主要以“理性神话”的形式存在——被人们视为社会事实，从而使组织产生相互模仿或趋同的现象。道格拉斯指出了制度合法性的来源。他认为，制度作为约定俗成的惯例和规则具有不稳定性，这要求它必须把合法性建立在超越个人理性计算和实用主义考量的基础之上，那么，人们普遍认可的理念规范和文化象征就成为理想的选择。一旦制度与广为接受的文化观念嫁接，并根植于自然或超自然的基础之上，便可以获得持续的稳定性。道格拉斯相信，制度是通过划分事物的范畴、塑造群体记忆和结构化

① 丹尼尔·W. 布罗姆. 经济利益与经济制度——公共政策的理论基础 [M]. 陈郁等，译. 上海：上海三联书店，1996：50.

② 沃尔特·W. 鲍威尔，保罗·J. 迪马吉奥. 组织分析的新制度主义 [M]. 姚伟，译. 上海：上海人民出版社，2008：70.

人们的思维习惯来影响组织和人们的行为的。制度正是通过文化和意义的同一性来为组织间的互动提供规范，从而使相关行动者采取一致性的行动。但是，我们也应该看到制度中存在的理性主义因素，毕竟“制度安排不能忽略交换和互惠这两个过程”。①

“组织场域”对于推动公共决策民主化具有重要的意义。随着社会多元化和公共决策中多中心参与的兴起，公共决策必然突破科层制组织的限制，从而在一个更为开放的社会结构中进行。组织场域这一概念为分析跨组织的公共决策提供了分析工具。但是，组织场域也有局限性，它的解释力仅仅适用于组织同形化或同质化方面，而疏于分析不同类型组织之间的连接。在后工业社会进程中，科层制组织不可能是唯一的组织形式，新的组织形式注定也会生成，而如何分析不同类型组织之间的网络关系就成为理论发展的重点。

社会网络也是组织间的一种连接机制，它不仅存在于组织内部，还存在于个体行动者之间或组织之间。社会网络的形成可能源于同一制度规则下受教育的共同经历，也可能源于共同的爱好、亲朋好友或邻里关系等多种因素。我们知道，社会复杂性提高使科层制组织的控制体系逐渐失去了合理性，正是信息技术的发展和组织边界的模糊化催生了网络型组织。戈德史密斯和埃格斯指出，网络化治理是“第三方政府、协同政府、数字化革命和公民选择四种治理发展趋势合流的结果”。② 它是一种优于官僚体制的治理模式，不仅具有专业化优势，还能够提高政府的创新性和灵活性。

网络化组织其实是政府组织、企业、非营利性组织和公民个人之间的合作性网络，通过这种开放式的网络结构，相关行动者有机会共同参与社会治理或公共决策。可见，网络化组织的出现为公民参与公共决策提供了平台，从而使公共决策的民主化真正成为可能。然而，网络化组织的构建并不是一蹴而就的，需要采用一定的技术并遵从相应的程序。首先，要识别公共价值和尚待解决的公共问题，进而确立政策目标和各个组织的使命

① V. 奥斯特罗姆，D. 菲尼，H. 皮尔特．制度分析与发展的反思［M］．王诚，译．北京：商务印书馆，1992：121.

② 斯蒂芬·戈德史密斯，威廉·D. 埃格斯．网络化治理：公共部门的新形态［M］．孙迎春，译．北京：北京大学出版社，2008：26-28.

与角色；其次，要采用资金、个人能力、技术或权威等手段来激活潜在的网络资源，并选择那些在文化兼容性、运行能力和顾客亲近性方面比较合适的合作伙伴；最后，要选择正确的网络，并对这些网络进行有效管理。虽说网络的集成者既可以是政府、主要承包商，也可以是第三方机构，但是，政府还是要在网络设置和管理中承担起主要责任。具体来说，政府要充当掌舵者和督导者，引导并监督网络组织的正常运转，进而实现公共目标。

其实，关于社会网络的观点早已在格兰诺维特和伯特的著作中出现。林南假定行动者为生存需求所驱动，行动选择取决于对资源进行收益成本计算，以使资源损失最小化或资源收益最大化。同时，林南对行动生成结构的机理也进行了分析，在他看来，“以两种动机为行动原则的社会互动需要保持稳定和可持续，而这种互惠性交换一旦例行化，社会结构或关系网络也就随之产生了”。[①] 周雪光认为，社会网络理论对于组织现象的解释逻辑不同于经济社会学和组织的新制度主义，它从人与人之间的关系网络出发来解释组织现象，这种逻辑被称为社会关系机制。在社会网络理论看来，“人不是群体范畴中的一个点，而是关系网络中的一个结，关系网络的结构以及个人在网络中的位置影响人们的行为”。[②]

其实，相当一部分公共政策是在组织间网络中制定的，公共政策学家们也提出了政策网络的概念。在罗茨看来，“政策网络指的是行动者之间的资源交换关系”,[③] 只不过不同的网络类型其结构化程度不同而已。根据罗茨的观点，政策网络基于结构化程度不同可以划分为五种类型，即政策共同体、专业网络、府际网络、制造者网络和议题网络，它们是一个连续系统。其中，政策共同体的结构化程度最高，结构比较稳定，成员也相对固定；议题网络的结构比较松散，整合度也较低，人员流动性比较大。公共政策网络由政府参与者和社会参与者组成，“它是一种不需借助于单一

---

① 林南．社会资本——关于社会结构与行动的理论［M］．张磊，译．上海：上海人民出版社，2005：38.

② 周雪光．组织社会学十讲［M］．北京：社会科学文献出版社，2003：122.

③ 竺乾威．公共行政理论［M］．上海：复旦大学出版社，2015：360.

权力中心就可以运行的决策机制”。①

可以说，政策网络的出现是对科层制组织反功能的回应，顺应了政府民营化和国家空心化的趋势，同时也弥补了多元主义决策理论和合作主义决策理论的不足。多元主义决策理论主张通过利益集团之间的竞争来制定政策，而合作主义则强调在政府主导下多元利益集体之间基于合作而形成决策共识。但是，它们都忽视了制度在各方政策建议聚合中的重要作用，也没有阐明行动者参与公共决策的方式以及政策制定的复杂性。其实，在不同的决策模式或决策行动体系中，政府的角色和功能是不一样的。在多元主义决策理论中，政府被虚拟化了，公共决策的作出是利益集团之间竞争的结果，政府只是作为彼此互动的场所而存在；在社团主义、合作主义或政策网络中，政府具有主导性，它协调多元行动主体来共同制定公共政策。对于政策网络来说，政府是支配者，它创造并掌控着网络中各利益团体之间的资源交换。

3.2.3　作为矛盾体的组织：组织意象与功能主义批判

我们知道，公共决策是在组织或组织间的网络中作出的，但是，我们对组织的意象仅仅停留在科层制组织的概念上，即便对科层制组织有质疑和提出挑战，也很少能拿得出切实可行的方案。管理学家、社会学家和公共行政学家们都曾呼吁要摈弃科层制组织，但最后都不得不选择与其共舞。而那些所谓的政策网络或组织场域也只是科层制组织之间的连接，都不过是采取“围攻”的方式来规避科层制组织的不足。我们认为，无论是科层制组织，还是组织间网络，都是一种“中心—边缘”的社会结构，这种支配型的结构只会对行动者及其行动构成制约，从而阻碍行动自主性的生成，难以适应公共决策民主化的趋势。

从决策共识形成的角度来说，组织重构是一个必选项，而再造组织须破解组织结构背后的基因编码。其实，组织社会学关于组织的意象并不是一成不变的。组织的理性主义理论认为组织是一个机械体，独立于个体行

---

① 让·皮埃尔·戈丹．何谓治理［M］．钟震宇，译．北京：中国社会科学文献出版社，2010：26.

动者之外，可以通过规则和制度来控制人的行动，从而提高效率。科层制组织就是一种理性组织，在这种组织中，人与物的关系构成了一种主导性的关系，个体只不过是组织这台机器上的一个零件，丝毫没有自主性可言。组织的人际关系学派认为，个体绝不仅仅是经济性的存在，还是情感性和社会性的存在，其有着自己的需求、动机和爱好。因而，组织中的人际关系会对个体行为和组织效率产生影响。可以说，组织的人际关系学派认识到了非正式组织的重要性，但是，也没有否认正式组织结构存在的必要性，从而引出了如何维护二者之间的平衡这一主题。然而，组织的人际关系学派并没有把情感和动机的存在视为个体自由的前提，而是把它们当作控制和操纵组织成员的手段，个体行动者还是那个刺激—反应式被动服从者。可见，无论是组织的理性主义理论还是人际关系学派，都把组织视为封闭系统。而组织的开放系统理论则认为，组织并不完全是封闭的，它与外部环境之间存在着资源与信息的交换，从而把组织研究的重心转移到了组织与环境的关系上。

显然，组织理论家们关于组织意象的认知并不是一致的，而是存在着矛盾与对立。其实，组织本身就是一个矛盾体。组织中不仅存在着经济因素，还渗透着政治、文化、心理和法律因素，因而，组织是一个复杂的系统。作为矛盾体组织首先体现在其结构方面，换句话说，组织内部存在着结构性矛盾。在社会学理论中，一直存在着行动和结构两种组织分析视角。尽管它们关于组织意象的观点不同，但都揭示出组织是一个矛盾性的存在。

在结构导向的组织理论家看来，组织中的矛盾主要体现在两种对立的结构性因素上：一种是组织规则和制度因素，另一种是人际关系因素，这两种因素之间的冲突表征为正式组织与非正式组织之间的紧张关系。但是，在行动导向的组织理论家看来，组织中矛盾主要体现在行动逻辑的对立上。从行动图式的角度来说，组织中的决策行为可以被区分为结果逻辑、合法性逻辑和生态逻辑。迈耶也把组织中的结构性矛盾归结为行动逻辑之间的冲突，具体来说，是绩效逻辑和规则逻辑之间的对立。① 这些相异行动逻辑之间的对立可以归结为组织中技术系统与权威系统之间的矛盾。组织中的技术专家主要从结果和效率方面来考虑问题，强调理性计算的重要性；而组织中的政治家更关注规则与合法性机制，倚重讨价还价和妥协来达成目的。就科层制组织来说，其内部矛盾不仅体现为正式组织和非正式组织之间的矛盾，还体现在专家权威系统与等级权威之间的对立上——专家权威系统的基础是专业知识和技能，而等级权威的来源则是职位。另外，在组织内部，不同机构和部门之间也存在着对立，甚至不同价值观或意识形态之间的冲突也是难以避免的。

组织中的矛盾不仅体现在结构上，还体现在组织与环境的关系上。关于组织与环境之间关系的意见分歧体现在组织是开放系统还是封闭系统的争论上。组织的封闭系统理论把组织视为一个客观性实体，可以离开环境而独立存在；而组织的开放系统理论则把组织视为外部环境的组成部分，并且只有通过与外部环境进行资源与环境交换才能生存。组织的权变理论是开放系统组织理论的一个重要分支，这种理论认为组织结构应该是多样化的，可以依据环境不同而作出权变性的设计。组织的新制度主义是开放系统组织理论的另一个重要分支，它把研究的重心转向环境如何影响组织生存这个问题上。在组织新制度主义的概念系统中，环境主要包括技术环境和制度环境。由外部资源和组织间关系所构成的技术环境为组织提供了合理性的支持，而由法律、文化和社会规范所构成的制度环境则为组织提供了合法性的支持。

组织理论家总是试图去消解组织中的各种矛盾。马奇提出用制度和规则去规范由理性计算所导致的“有组织的无序”。迈耶认为，解决组织中的结构性矛盾要借助于脱耦和信心逻辑。所谓“脱耦”就是弱化组织结构的作用，并使之与技术活动适当分离，从而提高技术活动对实践情况变化作出回应的及时性，同时又不至于因控制过度而引发矛盾和冲突。所谓“信心逻辑”则是组织成员的信心和忠诚可以有效弥补因技术不在场而引

① 沃尔特·W. 鲍威尔，保罗·J. 迪马吉奥. 组织分析的新制度主义［M］. 姚伟，译. 上海：上海人民出版社，2008：61.

发的合理性问题，从而维持组织的正常运转。

汤普森依据帕森斯的结构—功能主义理论提出了一个综合封闭系统模型和开放系统模型的理论框架。他认为，组织最大的使命是协调与环境的关系，以应对不确定性的挑战，因而生存的需求超过了对结果和绩效的关注。并且，在复杂组织中，开放和封闭的现象并不是随机分布的，而是“倾向于在不同位置上专门化”。[①] 具体来说，组织的封闭系统或开放系统特征与组织的技术层、管理层和制度层是相对应的。在技术层面上组织更多地体现为封闭的特征，在制度层面上组织的开放系统特征则更为明显，管理层主要是在于沟通和协调这两种不同的组织取向。为了应对不确定性，组织的三个层次必须扮演不同的角色、发挥不同的功能。技术层旨在谋求确定性以满足组织的理性标准；制度层的作用在于提升权变性以应对环境需要；而管理层则发挥协调作用，既要规避和消除外部环境的不确定性，又要及时修正组织的技术核心以适应外部条件的变化。

虽然这些组织理论在一定程度上缓解了组织中的矛盾，但基本上都忽略了对组织中“人”的关注。无论是正式组织中的“经济人”，还是非正式组织中的“社会人”，都是被某种独立于个体的内在因素或外在因素所驱动的人，基本上没有什么自主性可言。即便是组织新制度主义视野中的组织，也没有给个体行动者的自由余地和自主选择留下多少空间，更不用说社会网络理论了。社会网络理论家仍然把个体行动者看作是社会结构的依附者，那么个体自然也就没有什么能动性了。

我们认为，组织中个体自主性的消解完全可以归因于一种结构至上的组织观念，这种观念把组织视为一种独立于个体行动者的客观性存在，只会对个体产生限制和约束。从帕森斯的结构—功能主义理论来看，所有社会系统都是一种行动体系，它有四个基本功能，即适应、目标实现、整合与结构维持。但是，这种社会结构不能化约为社会行动、沟通和互动等基本社会单元，而只能作为一个相互联系的有机整体而存在。社会结构的整体性需要不同的功能来维系，而功能是系统或社会结构得以存续的基本动

① 詹姆斯·汤普森．行动中的组织——行政理论的社会科学基础［M］．敬乂嘉，译．上海：上海人民出版社，2007：14.

力，并且基于功能分析可以识别出行动之于结构的功能性质——有功能性的或者反功能性的。显然，帕森斯的结构—功能主义强调社会结构的整体性和独立性，忽视了冲突和变迁，更是消解了个体性的存在。尽管卢曼的社会系统理论把沟通和互动作为社会系统的基本单位，弥补了结构—功能主义理论中行动缺席的问题。但卢曼却认为，沟通只能与沟通互动，而与行动者无关。其实，无论是韦伯的科层制组织理论，还是帕森斯的结构—功能主义理论，都是以关于行动的某种假设作为前提的。只不过，他们对行动作了物化处理，所以行动也就可以忽略不计了。

3.3　行动与结构关系重理下的决策共识考量

实质上，作为一种行动，公共决策与社会结构是相互嵌套、相互生成的。因而，对决策共识的分析必定涉及行动与结构两个维度，具体来说，决策共识形成是行动与结构共同作用的结果。从行动主义的角度来寻求融合行动与结构，并以此来构建决策共识的形成机制，已经成为公共决策理论的发展趋向。但是，这些理论仍倾向于把行动视为一种权力关系，把组织视为一种中心—边缘的社会结构，从而阻碍了平等对话的生成，那么，实质性决策共识的形成也就注定是一种幻想了。

3.3.1　公共决策及其嵌入性：行动的结构与结构中的行动

通过对公共决策的行动理论与结构理论的梳理，我们发现，对公共决策的研究是在一个行动与结构二元分立的框架中进行的。要么是在悬置结构的前提下来探究公共决策如何作出的问题，要么就是侧重于研究组织结构或者组织间的网络结构如何影响决策行动的问题。其实，行动与结构的二元分立也是长期困扰社会学家的一个重要论题。因为，在社会学的理论谱系中，“结构”问题一直处于主导性地位，先有韦伯的理想型科层制组织和帕森斯的结构—功能主义，后有列维斯特劳斯的结构主义和亚历山大的文化结构主义等。但是，行动问题则常常被忽略。不难理解，从社会结构的视角来看，行动仅仅属于次级的、被动的地位，社会学家们相信，通过合理的结构设置完全可以实现对行动的有效预测和控制。

在组织社会学理论中，“结构”通常指的是科层制组织、市场、社会网络或者是组织间网络。科层制组织和市场是组织的两种基本形式，社会网络是介于二者之间的第三种组织形式，而组织场域、社会部门或组织社区等概念则是对跨组织社会结构的称谓。这些组织形式可以从组织层面与社会化程度两个维度来进行分类。市场是一种最低层面的组织形式，也是一种低度社会化的组织形式；社会网络是一种次级层面的组织形式，同样也是一种低度社会化的组织形式；科层制组织是一种较高层面的组织形式，也是高度社会化的组织形式；而组织间网络则是最高层面的、生态层面的组织形式，同时也是一种低度社会化的组织形式。社会网络与组织间网络的区别是网络的节点不同，在社会网络中节点是个体行动者，而在组织间网络中节点是组织这种集体行动者。

其实，组织本身不会行动，具有能动性的只能是个体行动者。因而，在组织间网络中，组织最终是通过代理人来开展行动的。然而，市场之外的其他三种组织形式都是一种高度社会化的组织形式，虽然它们在组织的定义方面存在差别，但无不强调结构与规则之于行动和秩序的优先性和决定性。“结构至上”的组织理论容易给人造成假象，那就是行动者与行动的隐匿，也就是说，在各种类型的组织中行动者及其行动是不在场的。实质上，这完全是一种误读，因为任何组织都不可能离开个体及其行动而独立存在。试想一下，在任何一个组织中，如果人去楼空，即使办公空间再宽敞，办公设施再奢华，科技和信息化程度再发达，最终也不过是一堆废墟而已。

所以，任何类型的组织都是由行动者所构成的，也必定建立在关于行动的假设之上。科层制组织建立在工具理性行动的假定之上，正因为行动遵循着手段—目的图式，才可以进行理性计算，从而使通过规章制度对其约束成为可能。如果人类行动是非理性的，没有任何踪迹和规律可言，也就谈不上用规则去加以控制了。同样，社会网络理论对于个体行动的假定也是功利主义的。在格兰诺维特看来，霍布斯的秩序问题是经济学思考的原点，自亚当·斯密以来，无论是功利主义者，还是新古典经济学家，都以理性自利人为基本假设，采取个人主义方法论来分析社会秩序何以可能的问题。另外，关系网络还具有双面性，它既有可能孵化出行动者之间的信任，也有可能产生欺骗或者尔虞我诈。关系网络的局限性被格兰诺维特所揭露，格兰诺维特坚信，“关系网络不足以替代普遍道德和制度安排，它只是影响行为和社会秩序的一种途径”。①

伯特把“结构洞”界定为：“两个关系人之间的非重复性关系，或者说是，两个人之间没有直接联系。”② 实质上，结构洞理论也从属于一种工具理性的视角，它完全把网络结构视为一种实现个人利益的工具，尤其那种能使行动者利益最大化的网络结构。而由“结构洞”所连接的关系网络就是最具效用的结构，因为“结构洞”可以使关系丛之间的连接祛除多余性和重叠性。可见，结构决定论的一个重要基础是行动的可计算性，或者说是行动的手段—目的图式。理性计算的、结果导向的行动逻辑造成了行动的物化，而物化的行动必然是一个恒量或者是一个可以控制的变量，这就为设计高度社会化的组织结构提供了逻辑支点，同时也为行动的消解埋下了伏笔。

新制度主义视角下的组织并不是建立在手段—目的行动图式之上，而是基于合法性逻辑或规则遵循的行动逻辑，但是，这种行动图式仍然假定行动者的动机或行动的驱动力量是恒定的、不易变化的。具体来说，制度化的组织不是通过理性计算来进行推理，而是依凭相似性或类比来进行推理。正如道格拉斯所说，制度建立在类比之上③——比如，关于男女之间的劳动分工就是建立在左右手的类比之上，它通常经过自然化而渡过习俗阶段，进而获得合法性。尽管类比这种相似性思维并不是一种可信性很高的推理方式，但是，作为一种思维和推论方式，类比可以为行为的惯例化和稳定化提供合法性支持，以此为社会谋取秩序。显然，制度并不是独立于行动者的、自我生成的客观事实，而是通过相似性思维这种认知方式来加以建构的。可见，制度只有植入自然化的秩序才会具有不证自明的合法性。

---

① 马克·格兰诺维特．镶嵌：社会网与经济行动［M］．罗家德，译，北京：社会科学文献出版社，2007：13.

② 罗伯特·伯特．结构洞：竞争的社会结构［M］．任敏，译，上海：上海人民出版社，2008：19.

③ 玛丽·道格拉斯．制度如何思考［M］．张晨曲，译，北京：经济管理出版社，2013：67.

这种关于结构与行动的辩证关系也蕴含在帕森斯的社会理论中。帕森斯关于社会体系与行动的研究是围绕“霍布斯问题”——社会秩序何以可能这个问题而展开的。他把霍布斯问题界定为对目的合理性行动如何加以整合的问题。帕森斯认为，如果行动者都是功利主义者，他们以个人利益为中心，相互算计，不择手段，那么，社会注定是不稳定的。按照这个逻辑，霍布斯只能把维持社会秩序的希望寄托在利维坦之上，不得不说，这是令人遗憾的。然而，在帕森斯看来，行动者的行动方向只有依据统一性的价值与规范才能确立，这种由规范所维系的意见一致才是合理的行动机制。

帕森斯对行动概念的狭隘理解导致他无法从行动单位过渡到行动联盟，进而引出体系概念，因此，也只能抛开行动理论来赋予体系概念一种优先地位了。在帕森斯看来，一个行动体系是独立于行动者而存在的，它具有自足性和自我运行的功能。正像哈贝马斯所说，“帕森斯的行动体系观一旦确立，作为行动主体的行动者也就消失了”。[①] 我们认为，行动与结构从来不是截然分立的，无论是在理论还是在实践中都是不可能的。行动中必然存在着结构，而结构中也隐藏着行动。组织社会学家之所以单纯强调结构或行动，完全是由于对它们的不当假定所致。通常，组织社会学家把组织视为独立于行动者的客观实体，即便认为组织是由行动者所构成的，但也不能化约为个体行动者之和。同时，组织社会家关于行动者及其行动的假定也完全是教条化的，行动者往往被抽象成某种类型的人，为利益、情感或规则所驱动，但也总是缺乏自主性。这种关于结构与行动的假设必然使结构置于行动之上，从而导致它们的二元分立。

基于以上分析，我们认为，所有的结构理论都是行动理论，而所有的行动理论也必然涉及结构问题，不存在无行动的结构，也不存在无结构的行动。然而，关于行动与结构的处理方式通常会陷入两种极端之中：一种是悬置结构来研究行动，另一种是悬置行动来探究结构。同样，公共决策也是在行动与结构二元分立的架构中进行的。行动视角下的决策研究关注

① 哈贝马斯．交往行动理论（第二卷）——论功能主义理性批判［M］．洪佩郁等，译．重庆：重庆出版社，1994：310.

的问题是人们如何做出决策，而结构视角中的决策研究聚焦于结构如何影响人们的决策行为。

其实，公共决策是嵌入到结构之中的，每一种决策模式都与具体的组织形式联系在一起。理性决策模式和有限理性决策模式是与理性组织模型相对应的，更具体地说，理性决策是嵌入到科层制组织之中的。按照西蒙的本意，他提出决策理论是为了取代科层制组织理论。在西蒙看来，科层制组织理论中的行政原则只不过是谚语，根本无助于效率的提高。而基于事实—价值二分的决策理论更具有科学性，从而更有利于提高效率。但是，西蒙没有认识到，他所说的决策仍然是在某个“组织”中进行的，这个“组织”仍摆脱不了科层制组织的范畴。这也是公共选择理论、新公共管理理论和组织的新制度主义理论从科层制组织之外寻求公共决策组织安排的原因之所在。但是，这些理论都把科层制组织作为一种不可更改的前提而加以接受了，所以，也就不可能彻底与科层制组织划清界限，进而建构起新的组织形式了。

在高度稳定的决策情境下，目标和问题是既定的，信息也是完备的，备选方案有限且可以对它们的预期结果进行比较，决策者完全可以基于理性计算来作出决策。信奉理性主义的公共政策学家们相信，决策者的理性足以支持他们做出最佳或满意的决策，而无须组织加以辅助。这就是在理性决策模式下组织被忘却的原因。然而，当决策情境高度复杂和不确定时，人的理性便产生了局限性，为此，西蒙提出了有限理性这一概念。西蒙认为，在有限理性决策模式下，人们寻求问题的解决方案达到满意即可，而不是追求最佳，从而把作为决策的选择理论转变成了搜寻理论。

渐进主义决策模式认为，公共决策的作出是一个渐进调适的过程。在渐进主义决策模式下，人们不再执着于对政策结果进行计算和预测，而是采取保守性的策略对已有的政策进行循序渐进的修补。然而，这种决策模式也无法避免公共决策陷入混乱与无序之中。根据马奇和金登的分析，理想的决策情境是不存在的。不仅行动者自身及行动者之间的偏好常常不一致，成熟的方案评估技术也是稀缺的，并且决策参与者也是变动不居的。也就是说，偏好、技术和决策参与者都存在着不确定性，并且“政策过程中的各个阶段也是相互独立的，不存在逻辑上的先后顺序”。[①] 显然，当决策情境趋向复杂与不确定性时，基于手段—目的行动图式来进行决策完全是不现实的。

马奇把这种混乱的决策情形称为“有组织的无序”，并提出了“垃圾桶决策模型”。在这种“无序”的决策模式中，政策过程的各个阶段，比如议程建立、方案拟定、决策和执行等——是交错分布的，并且每一个环节都具有自主性，公共决策的作出是它们在特定的时机耦合的结果。可以说，在有组织的无序中，“时间”是决策得以作出的关键因素。马奇和金登的研究集中于阐明在非理想的决策情形下决策如何得以作出的问题，他们揭示了公共决策的耦合性和时间的整合功能。可见，在混乱的决策情形下，当组织理性和个人理性都难以发挥作用时，维持决策秩序只能任凭时间来摆布了。实质上，马奇和金登的“垃圾桶决策模型”与一个功能失常的科层制组织是对应的，它意在对复杂情形下的政策制定作出解释。当科层制组织无法为公共决策提供秩序，而决策者的理性又不足以应对复杂的决策情形时，决策过程只能走向混乱了。马奇和金登的研究表明，在后工业社会进程中，无论是行动取向的公共决策理论，还是结构取向的公共决策理论，都遇到了自身难以克服的困境。

然而，在行动与结构二元分立的理论架构中，解决公共决策的秩序问题必然陷入行动与结构二者无法兼顾的局面。组织的新制度主义寄希望于用结构来为公共决策提供秩序和确定性。这种理论认为，公共决策中的无序需要用制度来提供规范，因为制度中的规则、角色和义务可以为行动提供合法性与稳定性。但是，制度也不是万能的，再严格的制度也不可能消解个体的非理性，同时，作为理念和范畴的制度自身也存在着矛盾和冲突。所以，用制度来规范公共决策注定不会收到理想的效果，这种理论上的难以自洽性使马奇始终在制度与行动之间摇摆不定。

同样，斯通也认识到公共决策的混乱性。在斯通看来，不一致的信息存在着意义上的模糊性，即便是一致性的信息也会由于决策者的身份、利

① 约翰·W. 金登. 议程、备选方案与公共政策［M］. 丁煌等，译. 北京：中国人民大学出版社，2004：99.

益、角色和经历的不同而导致理解上的偏差。这就意味着，公共决策的过程必然是一个充满矛盾、对立和冲突的过程，或者说，是一个政治过程。公共决策的政治性意味着组织决策不仅是基于理性计算的选择过程，还是一个围绕理念和价值冲突而进行讨价还价与妥协的过程。具有政治属性的公共决策表明了意义和解释之于组织决策的重要性，这里的意义主要来源于决策者的主观赋予，而不是来源于客观事物自身的属性。在斯通看来，政治性的公共决策是在"城邦"或"共同体"中进行的，城邦或共同体是与市场相对应的组织形式。在城邦中，决策者之间可以相互合作，并做出责任分担与利益共享，从而形成超越个体利益的集体意志。公共决策的城邦模式假定公共利益是人类有意识、有计划地追求的结果，而不是个人自利行动的副产品，也就是说，"公共利益是共同体本身所具有的诸种好处"。①

其实，城邦只是一种隐喻，它被用来指称那种不同于市场的、松散的组织形式。至于这种组织形式的具体结构和运作机制是什么，则超出了斯通研究的范围。然而，斯通关于公共决策城邦模型及其组织形式的研究却具有积极的意义。斯通的研究表明，为了应对复杂和不确定性的决策情境，以及公共决策中相互冲突的意义和解释，组织形式的重构或再造是非常必要的。通过对公共决策模式及其组织形式的梳理，我们认识到，每一种决策模式都是与一定的组织形式相对应的，也就是说，公共决策是嵌入到具体的组织结构之中的。然而，我们对公共决策的研究总是忽略行动与结构的关联。

在低度复杂和不确定性的决策情形下，单纯从行动或结构的角度来对公共决策及其共识形成进行研究尚未遇到真正的挑战。然而，在决策情境趋向复杂性和不确定性的情况下，当行动取向的决策模式和结构取向的决策模式都不足以解决公共决策中的混合和无序时，我们必须另觅良方。公共决策的嵌入性表明，我们在研究决策共识形成时必须突破行动与结构二元分立的理论架构，寻求行动与结构的连接，并以此为基础来建构一个更具包容性的决策共识形成机制。

① 德博拉·斯通．政策悖论：政治决策中的艺术［M］．顾建光，译．北京：中国人民大学出版社，2006：23.

3.3.2 决策共识形成的两个维度：行动自主性与结构二重性

公共决策是行动与结构共同作用下的产物，所以，决策共识的形成也必然受到行动与结构这两个因素的影响。正如豪利特和拉米什所说，“政策制定是行动主体和结构性制约条件相互作用的结果”。[①] 行动者虽具有一定的自主性和选择权，但也要受到经济、政治和意识形态等制度环境的制约。具体来说，公共决策中决策共识的形成受制于行动自主性和结构二重性。

在这里，我们把行动自主性界定为一个比较宽泛的概念，它不仅指行动者参与公共决策的自主性，也包括行动者在与他者互动时表达其真实意愿的自主性。可见，“自主性”是本真自我的体现，它折射的是一个自由的、真实的自我，一个不被压制、不被扭曲的自我。从这种层面来说，“自主性”等同于行动者的自由意志。实质上，并不是在任何决策情境下，行动者都具有自主性。在理性决策、渐进主义决策和垃圾桶决策等决策模式中，多数行动者是被排斥在公共决策之外的，即便是允许参与决策，也不一定有机会来表达自己的真实意愿。“自主性”是个体特征、组织结构和社会环境等综合要素的一个因变量，决策者的自主性越高，通过多元主体广泛参与所制定的公共政策就越能凸显公共性。可以说，行动自主性是测度决策共识形成质量的一个重要指标。如果决策共识是行动者之间在完全自主的情况下所达成的意向一致，那么这种共识就是一种实质性的共识。反之，如果决策共识是在行动者被强制或被诱导的情况下所形成的意向一致，那么这种共识就是一种虚假的共识。

结构二重性是吉登斯社会学理论中的一个核心概念，它指的是，社会结构不仅具有制约性，还具有使动性。然而，组织社会学家们习惯于把组织看作是一种制约性的社会结构。我们把结构制约性界定为组织结构对决策参与者的约束程度。结构制约性与组织的结构化程度是正相关的，组织的结构化程度越高，决策者所受到的约束就会越多。在传统的组织形式

---

① 迈克尔·豪特利，M. 拉米什．公共政策研究：政策循环与政策子系统［M］．庞诗等，译．北京：三联书店，2006：20.

中，科层制组织的结构制约性较高，而市场结构的制约性较低。同时，结构制约性也会受到外部环境的影响，不过，外部环境最终是通过组织结构这一中介来影响结构制约性的。行动自主性与社会结构的特征是联系在一起的，显然，在一个具有制约性的社会组织中，行动者的自主性必然会得到一定程度的削弱。

实际上，决策共识的形成终究要通过行动者之间的互动来实现，也就是说，行动者及其互动是形成决策共识的关键。因此，无论是组织结构，还是技术，或者是经济、法律和政治等外部环境，都要通过社会互动这一中介来发挥作用。从行动者及其行动的角度来看，组织是行动的结构化特征，或者说，是社会关系的虚拟化特征。组织作为一种结构由规则和资源构成，它既是行动的产物，又是行动的条件。鉴于组织所具有的行动主义特征，我们在分析决策共识形成时，需要把行动确立为逻辑起点。具体来说，就是要分析在某种决策情境中，有哪些行动者？以何种互动形式来进行决策？又该如何规范行动者之间的交互关系？

王绍光意识到，决策共识的形成是行动和结构共同作用的结果，二者相互协作，缺一不可。首先，从参与结构上来说，决策共识的形成需要开放公共决策的门槛，广泛吸纳社会组织、专家学者、精英群体和普通公众等多元决策主体来共同参与决策，开放性的决策结构安排有利于公共决策的民主化。其次，从互动机制上来说，决策共识的形成是以“磨合”的互动方式来实现的。所谓“磨合”就是平等主体之间的“协商”，这种“协商”不是基于利益的讨价还价，也不是简单沟通之后的投票，而是“协商民主”式的“协商”。王绍光所说的“磨合”式互动机制隐含着几个基本假设：一是决策参与者之间存在着差异。二是决策参与者之间的矛盾主要体现在认知差异而不是利益或价值观方面的冲突上。在王绍光看来，尽管决策主体之间也会有物质利益和价值观方面的差异，但这不是中国政府决策中的主流。三是协商是以承认差异为前提，而不是以强制的方式达成一致，“通过这种平等协商所形成的共识绝不是虚假的共识”,[①] 而是真实的共识。

---

① 王绍光，樊鹏．中国式共识型决策“开门”与“磨合”［M］．北京：中国人民大学出版社，2013：291-292.

同时，王绍光也认识到，决策共识的形成要经过一个过程，具体来说，是多主体、多层次、多阶段和多轮互动的结果。诚然，王绍光已经意识到行动与结构之于决策共识形成的重要性。但是，他没有关注到行动自主性的问题，也没有进一步分析现有的决策组织安排能不能支撑行动自主性这一问题。之所以如此，我们认为，是王绍光忽略了对行动与结构关系的追问，尤其是，他疏于深入探究行动自主性的结构性支持问题。

我们知道，行动自主性既是个体性问题也是结构性问题。一方面，行动自主性会受到行动者的主观意愿、受教育水平和实践经验等个体性因素的影响；另一方面，行动自主性也与组织结构及其外部环境因素有关。不可否认，个体行动者本身就有寻求和扩大自主性和能动性的主观意愿和基本动力，即使是在高度结构化的组织中也是如此。科层制组织之所以出现反功能就与对个体自主性的不当假定有关，科层制组织理论习惯于把个体行动者视为受工具理性支配的被动服从者，从而可以用非人格的规章制度来加以控制。所以，当组织中的行动者表现出一定的自主性和选择能力时，科层制组织自然难以应对，出现功能失调也就不足为奇了。实质上，自主性的行动根本就不在科层制组织理论的图谱之中。

唐斯注意到了科层制组织中行动自主性的存在，他把组织视为联盟而不是团队。联盟成员的目标并不是完全相同的，而是存在着差异，并且偏好结构也不一样。唐斯指出，科层制组织中的行动者不仅在目标和偏好方面存在差异，还会产生个人偏见，并且“偏见恰恰就来源于他们之间的目标分歧和偏好差异”。[①] 可以说，唐斯在科层制组织研究中的最大贡献就是，发现了科层制组织中“个人”的存在。在唐斯看来，虽然组织成员受到规章制度的严格约束，但是，他们也不是没有自己的目标和个人需求，并且这种目标和追求可以与组织的目标不相一致。也就是说，唐斯眼中的科层制组织不像韦伯所描述的那样只是一台非人格化的、冷冰冰的机器，它还没有僵化到能彻底扼杀个体自主性的地步。

实际上，科层制组织中的个人根本不可能是机器上的一个齿轮或零

---

① 安东尼·唐斯．科层制内幕［M］．郭小聪等，译．北京：中国人民大学出版社，2006：81.

件，而是有自己的目标和追求，或者说，有着一定的自由余地和自主性。可见，组织并不是组织结构图上所呈现的架构和线条，而是一个由多个相互依赖和彼此互动的行动者所组成的系统。因此，“官僚组织中的行动不可能完全由组织结构来决定”，[①] 还会受到组织外部环境、同事的期望以及个人经验等综合因素的影响。实践证明，组织成员的自主性可以游离出科层制组织的限制。他们不仅能够对不确定性进行主观性的界定，还能够对上级的指令和政策方案进行选择性的处理，从而对不利于自己的信息进行歪曲，对不符合自己利益的政策方案进行回避等。

在威尔逊看来，尽管行动者具有一定的自主性，他们的目标也更趋多元化，但他们依然遵循手段—目的行动逻辑来进行决策，并且在很大程度上受到个人先天素质差异的影响，同时也受制于组织结构的限制。威尔逊认为，组织成员的多重目的和动机最终是由其个人的先天心理素质所决定的，所以只要对人的心理进行科学分析，识别出他属于哪一种类型的官员，就可以对其行为进行准确预测并有效地加以控制。显然，威尔逊在看待行动自主性这个问题上是矛盾的。一方面，他承认组织中的行动者具有一定的自主性；另一方面，他又认为行动自主性受制于某些因素并且可以加以控制。

与威尔逊相比，克罗齐耶对行动自主性的认识更为深刻。在克罗齐耶看来，组织从来不是机械式的、物化的社会结构，理性和强大到足以从根本上来控制组织成员的行为。而行动者也从来不是木制的玩偶，只会被动、机械式地服从于外在的制约性力量。他拥有一定限度的自有余地和自主权，“能够在相关条件的约束下对环境的变化做出回应，并根据其他行动者的策略行为作出有针对性的抉择”。[②] 即便是在高度封闭的组织中，行动者也具有最低限度的行动自由。

诚然，在科层制组织中行动者也具有一定的自主性，但是对于决策共识构建来说，仅仅具有一定的自主性是远远不够的，只要决策者的个人意

---

① 詹姆斯·Q. 威尔逊. 官僚机构：政府机构的作为及其原因［M］. 孙艳等，译. 北京：三联书店，2006：33.

② 米歇尔·克罗齐耶，埃哈尔·费埃德伯格. 行动者与系统［M］. 张月，译. 上海：上海人民出版社，2007：30-31.

愿和真实想法被压制，就不可能形成实质性的决策共识。当然，我们不会不顾具体情况来强求建构实质性的决策共识，而是说，只要有可能我们就不会放弃对决策共识的追求。

不得不承认，科层制组织中的行动自主性只是一种低度的自主性，这种自主性与关于理性和自由的设定有关。理性在人类社会中具有巨大的作用，理性意味着个人自由，这是启蒙运动所确立的主题。但是，随着大型科层制的理性组织的扩张，个体作为自由人进行理性思考和行动的能力却被削弱了。也就是说，理性的组织并没有成就人的理性和自由，反而使人产生了异化，被异化的人不断地通过与组织规则保持高度一致来实现自我的合理化。

其实，理性和自由从来都与公共决策有关。自由意味着对各种行动方案进行辩论并作出选择的能力，理性的作用在于阐明人类决策的各种可能性。因此，关于未来事物的可能性绝不能仅仅通过所谓“科学”的方法或变量之间的因果关系来进行预测，未来不是被预先决定的，而是具有不确定性和不可预测性。实质上，自由的问题就是由谁来决策，以及怎么来决策的问题。从组织的角度来说，就是决策机制是否公平的问题。然而，在米尔斯看来，“自由问题的终极是快乐的机器人的问题”，[①] 并不是所有的人都祈求理性和自由，自由是以一定的责任为代价的，并自愿接受这些责任。所以，从公共决策角度来看，自由和自主性就是决策权力分配和决策机制的设置问题，并且，自由和自主性是有限度和代价的。

即便是在开放性的社会网络结构中，行动者的自主性也不可能不受到约束和限制。在格兰诺维特看来，行动者的自主性是有限的，它是个体的自由意志与互动网络交互影响的产物。一方面，个体行动者具有一定的自主性，也有自己的偏好，并且能够对个人偏好进行理性计算；另一方面，他相信个体理性和偏好的权变性，也就是说，个体行动者可以在一个动态的互动过程中对自己的理性和偏好进行调整。格兰诺维特的社会网络理论为分析个体的经济行为提供了一个独特的视角，但是，他没有赋予行动自主性以积极意义，这与他的理论构造有关。首先，格兰诺维特关于行动图

---

① C. 赖特·米尔斯. 社会学的想象力［M］. 陈强等，译. 北京：三联书店，2005：189.

式的假定是目的论的，他主要关注的是人们的经济行为，这种行为是利益取向的、有意识的和有计划的理性行动。其次，社会网络虽由人际关系中的节点所构成，但作为一种社会实在却具有客观性，并且相对于个体来说具有独立性和决定性，能够对个体行动者的行动构成限制和约束。

综上可见，无论是科层制组织，还是经济社会学中的社会网络，都无法赋予行动者以更大的自主性。可见，建构实质性的决策共识不仅要提高行动者的自主性，还需要建立起能够支持这种自主性的社会结构或组织。然而，公共政策学家和组织理论家们普遍把支配型的社会结构视为理所当然的存在，从而放弃了重构组织的尝试。实质上，在一种中心—边缘的社会组织中，行动自主性是难以生成的，即便行动者具有追求自主性的主观愿望，也是无法获得结构性支持的。所以，在一个支配型的组织或组织间网络中，实质性决策共识的形成是难以得到保证的。我们认为，通过对组织社会学理论的梳理可以探赜到社会结构与行动之间的相互关系，从而建立起去中心化的组织形式，为行动自主性的产生和决策共识的形成提供结构性支持。

3.3.3　决策行动及其结构化：重构行动与结构的三种路径

实质上，公共决策既是一种行动理论，也是一种结构理论。然而，在传统的公共决策研究中，行动与结构是相互分立的，并且总是片面地强调一个方面而忽视另一个方面。决策共识的形成不仅仅是决策者之间持续性互动的结果，也与社会结构密不可分，因为公共决策从来都是在某一个具体的社会结构中进行的。具体来说，实质性决策共识的形成既需要平等主体之间的协商对话，也需要为这种平等对话建立起支持性的社会组织。所以，在公共决策中寻求共识必须重构行动与结构。

关于行动与结构的分析主要涉及以下三个方面：一是关于行动图式的假定。行动图式内在地包含着对行动者及其行动逻辑的假定，因为行动者是行动的施为者，而行动又具有不同的取向。并且，行动本身就是社会行动，行动与社会结构是联系在一起的。韦伯曾界定了“社会行动”的含义，他认为，行动是以对他人的行为取向为前提的——不与他人发生关系的行动没有任何意义，因为每一个人都是置身于具体的社会关系之中的。

可见，行动概念本身就包含着“关系”的内涵，甚至，行动更多指的是社会互动，也就是人与人之间的交互关系。因此，行动分析是结构分析的前提和基础。二是关于结构的假定。我们这里谈论的“结构”主要指的是组织。关于结构的假定涉及两个方面：首先是组织的本体论问题，即组织是一种独立于个体行动者的客体实体，还是一种由行动者所建构的产物；其次是组织的边界问题，即社会组织是封闭的还是开放的，它与环境之间是一种什么样的关系。结构分析也离不开行动分析，因为组织的意象是建立在关于行动图式的假定之上的。三是集体行动的整合机制问题，抑或说是社会秩序何以可能的问题。

社会学或组织社会学主要研究的是秩序问题。帕森斯的社会理论就是从霍布斯问题开始的。社会秩序既可能来自于理性自利人的自然选择，也可能来自规则和制度的规范，当然也可能来自自主性行动者之间所建构的共识。传统的结构—功能主义的组织理论或新制度主义的组织理论都把组织视为一种独立于行动的社会结构，这些理论悬置了对行动的思考，或者说，对行动采取了简化的处理方式。正因为行动具有某种恒定的图式和惯常性的取向，结构的决定性才有可能生成。但是，我们也应该看到，结构的优先性是以牺牲行动的自主性为前提的，如果行动者的自由意志被压制，公共决策的民主化必定会流于形式。所以，重构行动与结构必须转换视角，从行动者及其行动着手，采取一种行动主义的取向来探究行动与结构融合的可能性及其机制。

其实，自巴纳德开始，人们已经关注到了组织中的行动者，并把组织视为由行动者所构成的系统。从行动角度来研究组织的确改变了人们关于组织的意象。西蒙和马奇认识到，组织并不像纸面上所描绘的那样秩序井然，而是一种松散耦合的社会结构，甚至，他们把组织等同于混乱。严格来说，西蒙和马奇并没有从行动角度来实现对行动与结构的重构，但是，他们却提出了一个有价值的组织研究途径或研究视角。

当然，从行动角度来界定组织不仅仅局限于西蒙和马奇所确立的路线，还有其他途径可循。我们认为，起码可以梳理出三种探究行动与结构整合的行动主义理论路向：第一种路向由西蒙和马奇所开启，后被法国组织社会学家所创立的组织决策学派所采用。这种理论假定，行动者是理性自利的，行动为理性计算所驱动，人与人之间的关系是一种权力关系或协商性交换关系——虽有语言介入，但不是以直接理解为目的。组织决策学派走过了一条从个人主义分析到社会关系分析、从单纯强调行动到重视行动与结构融合的理论历程。它以经济学为主要知识来源，理论旨趣是解释决策是如何作出的。第二种研究路向发端于现象学与符号互动论，其理论成果主要体现为吉登斯的结构化理论。这种研究路向以实践行动理论为逻辑起点，重视行动的非计划性的、非语言性和理所当然的层面。结构化理论把社会结构看作是行动的结构化特征，提出了“结构二重性”的概念。这种理论以诠释社会学为基础，强调对意义的理解。第三种研究路向是哈贝马斯的交往行动理论，它更倾向于语言意义上的行动，并强调理想交谈情境和共识建构的重要性。这种理论以语用学为基础，其旨趣是诠释与批判。哈贝马斯虽说认识到科层制组织的扩张之于公共领域和自由交谈的侵害，但是，他没有直面社会结构的问题，从而在行动与结构关系的重构上建树不多。

以克罗齐耶为代表的法国组织社会学家从行动者以及行动这一角度入手来研究组织中的决策行为，并对长期以来困扰组织研究的结构和行动的二分问题进行了积极探索，进而提出了“权力关系”“具体行动体系”和“游戏”等核心概念。具体来说，他们是从行动者之间的协商性交换关系出发来分析权力关系的结构化问题，或者说，分析相互分离或冲突的行动是如何被整合起来并保持秩序的。

克罗齐耶的分析建立在对巴黎会计事务所、法国联合工业垄断企业等多个组织进行深入调查的基础之上。他采取的是一种扎根式的经验研究方法，这种方法被他形象地称为“临床诊断式”研究。克罗齐耶认识到规则和制度并不能准确预测和掌控组织的所有行动，在组织中必定存在不确定性的领域，组织成员会想方设法利用不确定性来扩大自己的权力，进而寻求自己的利益最大化。组织中的行动者也会建立起新的规则和制度来控制或规避不确定性，然而，新旧规则和制度之间可能会发生冲突，从而引发新的不确定性。实质上，组织就是围绕不确定性而展开的行动的结构化过程。

克罗齐耶的主要理论贡献在于发现了组织中的权力关系或交换关系，

并提出了分析这种关系的理论框架，即有组织行动的决策分析方法。正像拉法耶所说，克罗齐耶的主要意愿在于“超越个人自由和社会结构决定论的循环对立”。[①] 他确立了一种行动者哲学，这种哲学认为，行动者都有最低限度的自由，或是说，拥有一定的自有余地，尽管有时候这种自由是偶然性的、有局限的。拥有一定自由的行动者会利用自己掌控的资源和机遇来控制不确定性，试图扩大自己的自主权，减少对其他行动者的依赖，从而最大化自己的利益。实质上，行动者之间的关系就是由这种控制与反控制、自由与约束、讨价还价式的权力关系所构成的。

我们认为，在克罗齐耶的理论中，行动合理性依然是西蒙和马奇所说的有限理性，策略分析的目的在于发现维系权力关系的具体机制，也就是说，那些限制并决定行动者之间协商性交换关系的结构性因素和诸种限制条件。在自主性行动者之间的协商性交换关系中，规则和制度的黏合作用是非常有限的。对集体行动进行整合就不能再依赖一套共享的价值观或者统一性的规则制度，而只能是行动者之间的策略性行为或游戏——行动者之间围绕对不确定性的掌控而进行的协商性交换活动。克罗齐耶和费埃尔伯格把这种由策略性行为或游戏所构成的“组织”称为“具体行动系统”。这种组织不是先在的、固定的，而是问题导向的、具体的，对其进行识别和分析要结合具体的情境和条件。

行动和结构的关系也是吉登斯重点研究的问题。吉登斯认为，传统的结构分析和行动分析都是通过“置括号”来实现的，结构分析通常以悬置行动分析为前提，而行动分析也是以在方法论上对结构加上括号来进行的。为了改变结构分析与行动分析相互对立的局面，吉登斯提出了“结构化”理论。在吉登斯看来，结构与行动并非对立的两极，而是相互建构的，结构既是行动的媒介，又是行动的结果。换句话说，结构寓于行动之中，是社会行动跨时空的、相对稳定的制度化特征，它使社会系统的生产和再生产成为可能。只不过，吉登斯所着力强调的“行动”并不是那种意向性的、话语意义上的行动，而是实践意义上、以默会知识为基础的行

① 克罗戴特·拉法耶．组织社会学［M］．安延，译．北京：社会科学文献出版社，2000：38.

动。这种行动虽有目的，但不是有意为之，也无须借助于语言来表达，它遵循的是社会实践中的规则和技巧。也就是说，行动者的行动知识来源于对社会规则的自觉意识，这种知识更多的是实践的而不是理论的。因为，行动者在社会实践中一般是不言而喻地遵循约定俗成的“典型框架”来行事，只有遇到异常情况时，才会付诸语言或推理性阐释来对自己的行动作出解释。

吉登斯所说的结构指的是规则和资源，社会系统的结构只是一种跨越时空的“虚拟”形式，或者说，是一种社会行动的结构性特征和制度形式。结构性特征是等级化的，它包括三个层次：即作为社会整体的结构原则、作为社会系统制度性联系中的结构集和社会系统的制度化特征。这些结构性特征反映了不同行动者之间或组织之间进行互动的整合机制。社会整合是对行动者在场的情况下面对面互动的整合；而系统整合则与那些跨越时空的不在场的社会互动有关，它是社会整合的前提。

实质上，要使社会维持一定的秩序，就必须对集体行动进行整合，从而使集体行动呈现为不同程度的结构性特征。作为一种社会系统的组织其实也是行动的结构性特征。在吉登斯看来，“组织就是一种通过对系统再生产的反思性监控以及零散历史的连接而得以包容时空的社会系统”。① 社会互动与结构是通过意义沟通、奖惩的应用与权力的使用这三种中介途径而连接在一起的。吉登斯和布迪厄过于强调实践意识和默会知识在社会再生产中的重要性，从而忽视了话语意义和推论知识在维系和推动社会结构变迁中的作用。② 其实，在吉登斯的社会学理论中，个体也可能成为习惯性知识和非预期的社会再生产的玩偶。我们认为，个体的反思能力和自主性的消解与工业社会对主体性的颂扬是相悖的。因此，吉登斯的观点充其量只能说是对工具理性社会理论的补充，而构不成替代。

哈贝马斯的交往行动理论也旨在超越行动与结构的二元论。在哈贝马斯看来，“结构”指的是由货币和权力所支配的社会系统或日常生活世界，而“行动”则指的是交往行动，或者说是，以语言为中介的协商对话。根

① 苏国勋，刘小枫．社会理论的诸理论（Ⅱ）［M］．上海：上海三联书店，2005：409.

② 帕特里克·贝尔特，菲利佩·卡雷拉达·席尔瓦．二十世纪以来的社会理论［M］．瞿铁鹏，译．北京：商务印书馆，2014：211.

据哈贝马斯的观点，社会系统是与不在场的社会互动相对应的，而交往行动则常常发生在公共领域。工具理性的泛滥和真诚对话的扭曲就是因为系统侵入日常生活所致。为了分析上的方便，他把知识划分为三种类型：即经验性知识、诠释性知识和批判性知识。经验性知识与劳动或工具性行动相对应，以因果关系的形式呈现，需要通过实证主义研究方法来获取，对这种知识进行检验采取的是相符真理论；诠释性知识与主体间的互动相对应，根植于传统与文化之中，是一种理所当然的和不证自明的知识，它强调意义和理解；而批判性知识与权力和不平等相对应，它关注个体的解放。

哈贝马斯认为，随着工业化进程的不断深入，社会系统中工具性知识的扩张消解了诠释学知识和批判性知识的合法性，导致了公共领域和自由谈话的萎缩。为此，需要重建日常生活领域，恢复平等主体之间的公开辩论和自由对话。哈贝马斯把希望寄托在“理想言谈情境”的构建上，谋求“非扭曲的沟通”，即自由而平等的主体之间在不受强制的条件下通过公开辩论来形成理解上的一致。可见，哈贝马斯寄希望于通过“沟通合理性”来实现公开对话与辩护的制度化，从而破除工具理性的垄断，以实现结构与行动的融合。然而，“理想言谈情境”只是语用学意义上的“沟通有效性要求”，而不涉及社会组织或制度的实质性改造。

从对克罗齐耶、吉登斯和哈贝马斯对行动与结构关系的重构路线中我们可以发现，从行动主义的角度来看，行动与结构并不是截然分立的，而是相互嵌套的。所谓的结构并不是一种客观实体，而只是一种结构性特征，结构是由行动所建构的，同时也是行动的条件。只不过，与克罗齐耶和吉登斯相比，哈贝马斯更多地关注于语用学意义上的理想交谈情境，而疏于论述社会组织与制度问题。

如果说组织是一种行动的结构化特征，那么所有的组织都没有什么不同，只是结构化程度不同而已。这一点为伯格与卢克曼所认同，他们指出，日常生活中的社会现实就是一个裹挟了各种互动模式的连续统，“面对面的伙伴式的亲密互动与匿名性的间接互动位于这一连续统的两端”,[①] 这些不同互动模式的集合体就是所谓的社会结构。在他们看来，社会互动的模式逐渐远离面对面的情境，变得更具有匿名性，这种论断与吉登斯和哈贝马斯的观点是一致的。吉登斯也指出，现代化进程中伴随着脱域化，脱域化使远距离、间接的社会互动成为常态。哈贝马斯也认识到，随着工具理性的泛滥和科层制组织的扩张，社会系统逐渐侵入日常生活世界，从而使面对面的社会互动不断得以消解。显然，组织的高度结构化和社会互动匿名性的增加是工业社会的典型症候。

从行动主义的组织观来看，科层制组织、市场、社会网络或组织场域都不过是社会互动的结构化特征而已，它们之间并不是不可通约的。拿科层制组织和市场来说，它们之间并不像想象的那样泾渭分明。新古典经济学认为，市场是实现资源配置的最优方式，因而，正式组织并不是不可或缺的。这一结论建立在关于信息和个人的理想化的假设之上。然而，在现实经济活动中，由于存在着不确定性和复杂性，人的理性又是有限的，并具有投机性倾向。所以，市场在解决问题时并不一定是最有效的，正式组织的存在也是必要的。正像交易成本学家威廉姆斯所言，市场和组织都是一种经济组织形式，没有优劣之分和好坏之别，并且在一定的条件下可以相互转化。至于“是采用层级制组织的形式，还是采用市场的形式，取决于对收益和成本的核算”。[②] 当市场交易成本过高时，人们会倾向于把经济活动转化为组织内部的问题；反之，则会选择用市场形式来安排交易活动。

随着后工业社会的来临和社会流动性的增加，行动者越来越难以被拘囿在某一个固定的区域，组织的边界势必变得越来越模糊，从而使组织形式趋向网络化。如果说作为行动体系的组织越来越开放和具有网络化特征，那么，各种组织之间的壁垒也势必变得更加松动，我们所看到的只会是一个个具体的行动者网络。然而，组织形式的同形并不能掩盖三种路向

---

① 彼得·伯格，托马斯·卢克曼．现实的社会建构［M］．汪涌，译．北京：北京大学出版社，2009：27.

② 奥利弗·E. 威廉姆森．市场与层级制：分析与反托拉斯含义［M］．蔡晓月等，译．上海：上海财经大学出版社，2011：31.

之间的差别。首先，它们对行动图式的假定是不同的。克罗齐耶所强调的行动或社会互动具有计划性和可计算性，本质上从属于手段—目的行动图式或工具理性的逻辑。虽然这种工具性行动有语言的介入，但是语言是从属于理性交换的，也就是说，语言的作用只是辅助性的；吉登斯所说的行动则是建立在实践意识和常识性知识基础之上的，它是一种实践行动图式，无须借助于语言；而哈贝马斯的交往行动则是一种以直接理解为目的的语言性行动模式，这种行动图式建立在沟通理性的基础之上。其次，它们关于行动的整合机制也是不同的。克罗齐耶强调游戏在行动整合中的关键作用；吉登斯把语言、支配和权力作为行动与结构衔接的中间环节；而哈贝马斯则寄托于通过伦理规范来促进平等主体之间的公开辩论，从而形成共识。

可见，在行动与结构的整合方式上，各种理论路向之间争论的焦点主要围绕着行动的意向性与非意向性、行动中语言介入的程度以及行动的整合机制这三个方面来展开。我们认为，在高度复杂和不确定性的决策情境中，尤其是在突发事件常态化的当下，通过平等主体之间的协商对话来寻求决策共识是非常必要的，而以非语言性行动来达成默契也是必不可少的。同时，对现实的组织形式也要进行改造，使之祛除中心—边缘结构，从而建立起支持平等互动的社会结构。并且，决策共识的形成绝不仅仅是解释的问题，也不单纯是理解的问题，而是需要在批判的基础上进行重构的问题。因此，在后工业社会进程中，实质性决策共识的形成需要在重构行动与结构理论的基础上，建立起行动主义取向的决策共识形成机制。我们的理论旨趣是，希冀于通过合作行动来建构起实质性的决策共识。

第4章 基于合作行动理论的决策共识构图

行动取向的组织社会学理论强调行动之于结构的优先性，并把组织看作是行动的结构化特征，这样，不同组织之间的差异也仅仅是结构化程度不同而已。合作行动理论承接了这一理论取向，并有所突破。它承认行动者自主性，把行动看作是合作关系而不是权力关系，并提出了合作制组织的构想，从而消解了存在于传统行动与组织中的支配性和宰制。因此，在公共决策中，依托合作制组织，通过合作行动来建构决策共识，不仅能够形成实质性的决策共识，还能够实现从话语共识到行动默契的自然过渡与升华。

4.1 行动者自主性的生成

合作行动以行动者自主性为基本前提，正是因为行动者具有自主性，合作行动才得以与协作行动区别开来，同时也使实质性决策共识的形成成为可能。行动者自主性具有自我、组织和社会三重维度，它不仅根植于人的道德存在，还需要获得组织和社会的支持。行动者自主性的生成是一个历史问题，在农业社会和工业社会，行动者自主性是受到抑制的，只有在后工业社会进程中，行动者自主性的生成才真正迎来了契机。

4.1.1 行动者自主性生成的自我根源

任何行动理论都以关于行动者的假定为基本前提，合作行动理论也是如此。在合作行动理论看来，个人不像韦伯所说的那样是科层制组织这台机器上的零件，也不是人际交往学派眼中的刺激—反应者，而是具有能动性和自主性的行动者。不同的社会学家对行动者的假定是不一样的，这些不同假定反映了人所具有的复杂性和多面性。帕森斯理论中的“行动者”只是一个分析性的概念，而不是活跃在时间和空间中的具体、鲜活的实践者，他意在为其宏观社会学理论提供微观基础，却忽略了行动者的独立性和自主性，以及由行动者之间的互动来构建社会秩序的可能性。而像布鲁默、戈夫曼和加芬克尔等这些现象学社会学家和符号互动论者则在行动理论上取得了突破，他们把行动者视为能动者——即具有自主性和能动性，并且能够按照自己的意志所行动的人。吉登斯进一步指出，行动者的能动作用不仅仅指行动者的行动意图，还包括行动者的行动能力。能动作用是行动的基础，正是因为个体具有改变事态的能力，他才能称得上是行动者。① 可见，在吉登斯的理论中，能动性成为自由意志的代名词。

亚历山大则反对把行动者与能动性画等号，他认为，把能动性等同于行动者并使其和结构并置，并没有破除行动与结构之间的二元对立，而仅仅是一种折中或混合。

在亚历山大看来，布迪厄和吉登斯关于行动与结构相互建构的观点都是这种妥协的产物，他们都没有创立一种能够解谜的、具有替代性的社会理论。亚历山大把行动者界定为在时间和空间中活动的个体，他们既是独立自主的，也是服从者和依赖者。也就是说，行动者的自由意志和能动性不仅仅体现在他对制度的抵制上，也体现在他对制度的遵从上。亚历山大的观点是，行动者并不是独立于社会的抽象“实体”，而是置身于文化、人格和社会系统这三种结构化环境中的活动着的人。因此，个体行动必然受到内外结构化环境的影响，尤其是受到作为内在结构的文化的影响。亚历山大坚信，能动性既有积极的一面，也有消极的一面，并且只能在文化环境中展开，“理解了行动所处的文化环境，就可以对人类的行为进行准确的预测和控制”。②

然而，文化作为一种内在结构常常被社会学家所忽略，甚至是像阿切

① 安东尼·吉登斯．社会的构成［M］．李康等，译．北京：三联书店，1998：76.

② J.C. 亚历山大．社会科学的理论逻辑（第三卷）［M］．何蓉，译．北京：商务印书馆，2012：48-51.

尔和斯维德勒这些文化社会学家在看待行动时也采用了一种经验主义的方式，把行动视为独立于文化因素的反思的或反叛的能动性。这种关于行动者的英雄形象尽管在交换理论、常人方法论和符号互动论那里有不同的含义，但无不代表一种自由意志和改变事态的行动能力。亚历山大对行动者的内涵进行了重新阐释，行动者不仅具有能动性还具有依赖性，而且，个体的行动能力源于一种内在的文化结构。亚历山大旨在纠正结构化理论关于行动的模棱两可的界定，为行动者的行动能力找到终极根源，但是，他难以摆脱决定论的困扰。如果行动者的行动能力是被决定的，那么，他的自主性也必定是有限的，这就从根本上排除了建立行动者之间平等关系的可能性。

其实，任何关于行动者的设定都必然把其类型化，或者说，都必然把行动者假定为某种类型的人，而不是另一种类型的人。工具理性行动或策略行动以"经济人"为假设，这种行动图式认为，行动者是理性自利的，完全被利益法则所驱使。在行动者之间的交往过程中，"经济人"会基于手段—目的逻辑来进行计算，进而采取能够使自己利益最大化的行动策略。可见，"经济人"之间的关系主要是一种理性的利益交换关系，当然，在这种关系中也存在着协商与对话，只不过，它们是以从属者的角色出现的。所以，"经济人"之间寻求共识必然摆脱不了工具理性或功利主义的羁绊，从而使公共决策中的共识建构成为一个纯粹的技术性问题。如果是这样的话，公共政策合法性只能意味着通过技术手段来"赢得社会公众的同意和忠诚，至于其他价值判断和理性标准则不在考虑之列"。[①] 行动者遵循的行动图式以"社会人"为假设，这种行动理论认为，行动者是情感取向的。行动者采取行动并不是基于手段—目的逻辑，而是为了使其身份与规则相符合，或者说，是为了获得合法性。

哈贝马斯的交往行动理论没有对行动者作出明确的假定，但从他的交往行动理论来看，行动者与他者进行协商对话显然不在于谋求个人利益，而是为了取得理解上的一致或形成共识，进而为集体行动或法律规范提供合法性。也许，用"公共人"来对交往行动中的行动者进行假定比较合适。

① 张康之．寻找公共行政的伦理视角［M］．北京：中国人民大学出版社，2002：114.

其实，无论是“经济人”“社会人”“公共人”还是“行政人”，甚至还有什么“宪法人”，无不是对行动者进行了“化约”，或者说，对人进行了简单化的设定。从理论建构上来说，对行动者做类型化的处理有利于形成分析框架，以便于对社会现象作出解释，但也容易造成以偏概全，从而遗漏行动者的其他特性。实际上，人类作为一种复杂的生命体，很难说完全受某种单一因素影响，并且，从来也没有确凿的事实来证明行动者是自利或利他的。

毋庸置疑，个体是嵌入到具体的社会关系或社会结构之中的，因而，也必然受到社会因素的影响，从而在某一种社会情形下表现得更加自利，在其他社会情形下则会做出利他的举动。然而，不管个人表现得多么自利，或者是利他，向往更为自主与平等的生活是一定的。尤其是，在多元化和复杂的环境中，个体所面对的不是一个组织，而是要同时应对多种组织所带来的机遇和挑战。如果仍假定人具有价值观和行为上的一致性，那么，个人应对异质性环境的多样化行为就无法得到合理的解释。显然，“那些认同人格一致性，试图通过理性计算来整合个体行为的做法是注定行不通的”。①

合作行动理论假定人是复杂的，不仅不同个体行动者之间的动机、需求或偏好是不同的，即便是同一个人在不同的时空中，其动机或偏好也是变幻不定的。也就是说，合作行动理论不是以个体及其利益作为出发点，而是以人的共生共在这一基本事实作为逻辑起点。② 人的多样性与复杂性既源于个体的特性，也源于文化和社会背景的多元性，同时还与个体的能动性和自主性有关。因为，个体之间本身就存在差异，而且人毕竟不是物，人是具有反思和能动性的行动者，他们既会受到环境的影响，也能对不同的情境加以反思并作出积极应对，从而调整自己的需求和偏好。

合作行动理论不再纠缠于人性善恶之争，而是以人的“共生共在”为逻辑起点来寻求复杂人之间的合作。在合作行动中，人与人之间不再是主客体关系，而是互为主体的关系，因而也是一种平等的关系。在由主客体

---

① 乔尔·S. 米格代尔. 社会中的国家：国家与社会如何相互改变与相互构成［M］. 李杨，郭一聪，译. 南京：江苏人民出版社，2013：195.

② 张康之. 合作的社会及其治理［M］. 上海：上海人民出版社，2014：109.

关系所构成的客观空间或社会空间中，行动者把他人视为实现自己目的的手段和工具，从而把他者加以物化或客观化，所以，行动者之间不可能有什么平等可言。而在主观空间中，行动者之间的互为主体性消解了“我”与“他者”之间的主客体关系，实现人与人之间的内化，从而容易生成平等的合作关系。[①] 因此，只有在合作关系中行动者的自主性才能获得真正的成长空间，然而，如果行动者自身不具有自主性的因子，自主性也就无从生成。

实质上，行动者自主性与合作关系的生成绝不仅仅是一种形而上学的空想，而是扎根于人的本性之中的。人的本质属性不是“经济人”“行政人”或“社会人”，而是复杂人。作为复杂的综合体，“人的存在是‘三位一体’的，即人的物理存在、精神存在和道德存在”。[②] 道德存在是人最深层的存在，正是对良知的期许以及对道德生活的追寻才凸显了人的本质。行动者自主性正是源于人的道德存在，或者说，行动者的自主性是一种道德自主性。因为，道德存在关系到伦理价值，而只有那些真正崇尚伦理精神和公平正义的行动者才能生成自主性。

在传统的社会治理体系中，“人们总是不相信人的道德自主性，总是对人的道德能力表示怀疑，并习惯于客观规范的可操作性”。[③] 这一点非常明显地体现在理性决策理论和科层制组织理论中，如果把人视为理性自利的，仅仅遵循手段—目的行动逻辑，那么，人的情感和道德存在都会被消解掉，行动者只能是一个可以从技术上加以操纵的人。可见，道德存在是行动者自主性的根源，或者说，行动者的自主性源于人的自我存在。我们只有认识到人的道德存在，并从制度的角度加以确认，才能最大限度地激发行动者的自主性，从而使平等主体之间的对话和共识形成得以实现。

4.1.2　行动者自主性生成的组织根源

行动者自主性的生成不仅与自我有关，同时也与组织联系在一起，因为，在一个组织化的社会中，行动者无不是作为某个组织中的一员而存在

① 张康之. 公共行政的行动主义［M］. 南京：江苏人民出版社，2014：232.
② 张康之. 论伦理精神［M］. 南京：江苏人民出版社，2010：201.
③ 张康之. 寻找公共行动的伦理视角［M］. 北京：中国人民大学出版社，2002：262.

的，组织的结构和规则对行动者自主性具有重要影响。然而，并不是所有形式的组织都可以促进或支持行动者自主性的生成，在很长一段时间里，我们的社会治理体系与组织模式是以抑制行动者自主性的面目出现的。不得不承认，人们关于组织的意象一直停留在科层制组织所描绘的图像里，好像所有的组织都是一种有着清晰边界和非人格化规则的“机器”或“全景式监狱”。尽管巴纳德把组织视为一个由行动者构成的系统，但在结构—功能主义的理论视域中，组织仍然被视为一台有着独立运行机制的庞大机器，组织中的各个部分相互依赖，共存于这个有机整体当中。

诚然，在各种功能主义和后功能主义的组织理论看来，组织虽由行动者所构成，但却具有独立于个体行动者的整体性特征。并且，作为一个行动系统，组织是自足的和自我再制的，它的生产与再生产完全由系统整体所驱动，与组织中的个体行动者关系不大。可见，在功能主义的组织理论中，组织是独立于行动者的客观实体，并对个体具有决定性，或者说，个体行动总是被组织结构及其规则所限制，那么，组织中的行动者就没有多少自主性可言了。

现象学社会学、符号互动论和常人方法论都比较重视行动者自主性问题，并把社会现实看作是由行动者之间的互动所建构的。可以说，社会学研究视角的转向导致了组织本体论的变化。布鲁默、吉登斯和克罗齐耶无不把组织看作是由行动所建构的产物，组织是寓于行动之中的，或者说，组织是行动理性化过程所凸显的“结构化”特征。符号互动论把组织与行动及其意义联系在一起。在布鲁默看来，组织是由行动者的各种行动所构成的，由行动所建构的组织并不是自足的，离开了行动者所赋予其行动的意义，组织就不能独立地生存和发展。布鲁默相信，组织无非是以结构化形式而呈现的集体行动，它是由行动者之间的社会互动过程所形构的，在这一过程中，行动者通过一个包含指示和解释的双向过程来规划各自的行动路线，并使它们之间相互适应。对于结构化的集体行动而言，指导行动者进行互动的“参照框架”来自日常生活领域中的传统和惯例，这些常识性知识为行动者所共享并具有稳定性。循环往复的社会互动所具有的结构由规则和资源来构成，但这些规则和资源也不是自发运作的，而只能通过行动者之间的交互活动来发挥作用，离开了行动这些规则也就不复存在了。

吉登斯和克罗齐耶采用一种虚拟化的方法来看待和分析组织。吉登斯指出，组织是一种跨越时空的社会系统，而社会系统的结构指的是社会实践在时空延展中所呈现出来的循环往复的结构性特征，这种结构性特征并不是独立于行动者之外的客观实在，而是寓于行动之中的“虚拟秩序”。从这种角度来看，无论是等级制组织体系、市场、社会网络或组织场域都是一种行动的结构性特征。而制度也是如此，只不过，制度是一种时空延伸程度更大的结构性特征。克罗齐耶同样反对在组织研究中采取自然主义的态度。根据克罗齐耶的观点，组织并不是一种客观的自然现象或自然秩序的产物，而是一种人为的构造，或者说是人类持续性社会互动的结果。作为一种社会建构物，组织是为了解决某一特定问题而设计的行动方案或人工装置，因而，组织可以被看作是一种具体行动体系。在克罗齐耶看来，作为具体行动系统的组织是一种集体行动的结构化现象，只不过，这种结构是不确定的、权变的和任意的。①

可见，吉登斯和克罗齐耶都是采用一种行动主义的视角来认识组织，也就是说，以行动者及其行动为分析起点来对集体行动的结构化特征进行分析并作出解释。如果把组织看作是社会互动的结构化特征，那么，分析组织结构的问题就转变为探求如何对集体行动进行整合的问题，或者说如何使集体行动呈现出秩序的问题。显然，从行动者和行动的角度来看，无论是科层制组织、市场，还是社会网络都是由行动者所构成的，它们是一个社会互动的连续统，只不过是结构化程度不同而已。

然而，无论是吉登斯的结构化理论，还是克罗齐耶的组织决策理论，都把组织中的权力关系和支配现象视为不可更改的社会事实，从而放弃了对“中心—边缘”的组织模式进行重构的尝试。这也不难理解，因为，吉登斯和克罗齐耶的研究旨趣在于对组织现象作出解释或进行理解，而不是为了批判和建构。但是，组织分析的行动主义却也有着积极的理论意义，它为人们研究组织提供了不同于功能主义的视角，把行动者自主性纳入了组织分析的视野，从而为探求合作行动的规范机制提供了理论启发。所

① 米歇尔·克罗齐耶，埃哈尔·费埃德伯格．行动者与系统［M］．张月，译．上海：上海人民出版社，2007：274.

以，行动者自主性不仅仅是一个自我问题，也是一个组织问题。如果不对中心—边缘的组织结构进行改造，行动者自主性的生成只能是一种不切实际的幻想。

控制导向的“中心—边缘”的社会结构与工业社会是相伴而生的，它能满足工业社会对效率和效能的追求。换句话说，具体的组织形式是根植于一定的社会背景之中的，因而，也肩负着特定的时代使命。从组织的具体形态来说，“中心—边缘”的社会结构主要表征为科层制组织的形式，它以组织和社会的分离为前提，本质上是一种封闭的控制体系。

在工业社会，正是公共领域与私人领域的分离导致社会治理被以政府为主体的科层制组织所垄断。然而，随着人类社会进入后工业社会，网络和信息技术得到快速发展，远距离、跨层级和多组织之间的瞬间沟通成为可能，从而推动了信息的传播和共享。同时，协同定位技术也使面对面对话的恢复得以实现，因为，系统定位能使网络组织中的各方在同一个时间点集中到某一个场域，从而发挥出像团队一样的功能。所以，数字化和协同定位可以为合作关系和沟通网络的建立提供技术上的支持。此外，社会领域融合趋势的出现使公共领域和私人领域的界限变得越来越模糊，从而改变了科层制组织得以生成和运行的社会条件。尤其是，科层制组织的反功能和恶性循环的加剧更使人们认识到，科层制组织已难以适应不断复杂化的社会情境，也无法有效应对公民社会兴起所带来的、高涨的公民参与热情，因此，重构组织已是势在必行。

20 世纪 80 年代以来，公民社会的兴起和非政府组织的发展促进了多中心治理架构的形成，社会治理或公共政策的制定开始跨越组织的界限，在组织间的网络结构中进行。在由多元治理主体所构成的组织间网络中，政府组织的角色从管理者转变为服务者，不断孕育和孵化出合作关系。如果这种合作关系嫁接到组织内部，也必定会促进组织结构的变化，进而使合作制组织的产生成为可能。正如昂格尔所指出，“理想的秩序应该从不同群体内部的互动过程中生成，而不是源于外部的强制性力量”。[1]

---

① 罗曼托·曼戈贝拉·昂格尔. 知识与政治［M］. 支振锋，译. 北京：中国政法大学出版社，2009：257.

行动者自主性的生成只有在合作制组织中才能得以实现，因为，合作制组织是由合作行动所建构的组织，并为合作行动的开展提供了前提和条件，而合作行动的构成要件中本身包含着行动者自主性的因子。我们知道，传统控制导向的组织是不支持行动者自主性的，反而把行动者自主性视为一种恶，总是想方设法加以抑制和消除。而合作制组织则不然，它是以行动者自主性为前提而加以建构的，所以，也会支持和促进行动者自主性。合作制组织是一种非控制导向的、开放的社会结构，呈现为网络结构的形式。组织结构的松散性为合作行动的开展提供了结构性支持，也极大地释放了行动者的自主性和能动性。作为一种开放的网络结构，合作组织是问题导向的，或者说，是为解决具体问题而形成的相关行动者的联合体，这种行动者体系会因问题不同而呈现出结构上的差异。所以，合作制组织不存在稳定的结构形式，它是无边界的和反结构化的。合作组织的开放性必定会打破组织与环境、组织与组织之间的壁垒，使多元行动者之间实现无缝对接。

显然，合作制组织是一种能够生成和促进行动者自主性的组织形式，那么，对组织成员的规范就不能借助于外部的强制性力量，而是要付诸弹性化的规则。行动者自主性与合作行动需要信任，尤其是能够内化为行动者的个人价值和自觉行动意识的信任，但是，这些信任的培养必定是一个长期的过程，尤其是需要通过制度来加以支持。从根本上来说，信任是一个伦理问题，保持信任的稳定性就需要使信任制度化，这些制度化的信任就是伦理规则。伦理规则具有足够的张力或弹性，并能够内化为组织成员的个人价值，所以，它既能对行动者进行规范，又不至于消解行动者的自主性。

合作制组织的产生使长期以来社会学界关于行动和结构之间的争论走向终结，因为，在合作制组织中，行动者获得了道德上的自主性和行动上的反思性，可以自觉地去应对自主性行动及其结构化问题，从而把由伦理规则约束的行动转化为自发性行动，自然也就不存在行动与结构对立的问题了。我们知道，行动与结构的分化肇始于科层制组织，因为，科层制组织是一种非人格化的、价值祛除的科学构造，这种被隐喻为“机械体”的社会结构过于迷信规章制度的效力，从而忽视了对组织中行动者的关注，致使行动者自主性得以消解。一些组织社会学家试图去融合行动与结构，提出了组织虚拟化和网络化的构想，但仍以支配型的行动图式作为既定前提，从而把行动者自主性的缺失合法化了。比如，吉登斯、克罗齐耶和费埃德伯格都曾从行动主义的角度来分析组织，化解了行动与结构的二元对立，但他们仍坚持认为，组织中的人际关系是一种权力关系，而权力常与支配联系在一起，支配意味着行动者地位的不平等，那么，行动者的自主性必定会受到压制。

合作制组织作为一种网络型的社会结构，契合了后工业社会的时代背景和社会治理模式变革的要求，它是不同群体的利益结合点，可以为平等行动者之间的协商对话提供有效平台。合作组织的网络化结构凸显了行动的价值，有利于消除妨碍组织成员互动的壁垒，使他们能够实现零距离的、面对面的沟通。作为一种非控制体系，合作制组织可以替代科层制组织成为社会治理和公共决策的主要组织形式，并且，合作式组织的建构满足了人们对行动者自主性的欲求。从社会变迁的角度来说，社会结构的“去中心化”是一种历史趋势，因为与文明的进程相伴随的是社会结构中支配现象的削弱乃至消解。农业社会是人身依附的社会，它通过人来对人进行直接控制；工业社会是组织的社会，它依凭规则和制度来对人进行控制；而后工业社会是一个“反控制化”的社会，它以合作行动来替代基于主体—客体关系的诸种行动图式。

在合作制组织中，行动者自主性彻底得以释放，人与人之间也真正实现了平等，并且，这种平等是由制度来予以保障的。行动者自主性是协商对话的前提和基础，如果行动者是不自主的，那么，他的意志必定会在对话中被扭曲，也就不可能在公共决策中形成实质性共识了。从公共决策的角度来说，合作制组织有利于弥合多元决策主体之间的间隙，并把他们纳入同一个结构框架，有利于彼此之间平等对话与达成共识。在合作制组织中，政府、企业、非营利性组织和公民都获得了行动自主性，所以，合作制组织的产生将意味着“中心—边缘”结构的终结。

我们知道，在支配型的组织结构中，根本不可能通过协商对话来形成相互理解并达成实质性共识，因为知识、地位和权力的差异往往会造成弱势行动者的自主性被削弱，进而丧失话语权。“中心—边缘”式社会结构的瓦解将铸就一个真正的网络性组织，不仅会在行动者之间铸就一种平等的合作关系，还使行动者自主性获得了结构性支持。显然，“在合作的意义上，对话和商谈才有可能发生，才会取得有价值的成果”。① 在由政府、企业、非营利性组织和公民所构成的合作制组织中，政府的角色必然发生转变，具体来说，政府的角色将从管理者和控制者嬗变为引导者和服务者。也就是说，在合作行动中，政府的主要职能不是直接对社会进行管理和控制，而是扮演一个裁决者、调停者和疏导者的角色。衡量政府是否称职的标准不是看政府到底在多大程度上提高了绩效，而是看政府在多大程度上提高了其他行动者的自主性，并在此基础上促进多元决策者之间的平等对话及共识形成。

4.1.3　行动者自主性生成的社会根源

合作行动的一个基本特征是行动者自主性的生成，只有行动者具有自主性，他才能在社会互动中拥有平等的话语权，并有机会表达自己的真实意愿，从而建立起实质性共识。马克思曾指出，人是一种社会性存在，离开了社会，人也就无法称其为人了。因而，行动者自主性是一个社会概念，它根植于社会之中，并且是社会发展到一定阶段的产物。在农业社会，土地几乎是维系人类生存的唯一经济命脉，谁掌握了土地谁也就拥有了权力。绝大多数没有土地的农户被拘囿于一片狭小的区域之中，靠租种地主的土地来勉强度日，经济和人身都受到严格的限制，自然也就不存在什么自主性可言了。在工业社会，虽然社会化大生产使物质世界更为丰裕，人们在经济上的独立性也更为增强，但是，作为工厂和机器的附庸，行动者的自主性也是非常有限的。而只有在后工业社会的进程中，才能迎来行动自主性生成的契机。

我们知道，“工业社会是一个原子化的社会，它的构成要素就是一个个孤立的原子”。② 换句话说，在工业社会中，自我被分裂为“主我”和

① 张康之．合作的社会及其治理［M］．南京：江苏人民出版社，2014：74.

② 张康之．论伦理精神［M］．南京：江苏人民出版社，2010：75.

“宾我”,[1] 只能被动地服从于一个被设定的目的，而社会关系的不平等正是根源于这种自我意象。这种社会形态对行动理论产生了决定性的影响，也难怪，行动理论长期徘徊在原子化的个人主义的窠臼之中，抑或说，这种把行动者视为原子化个人的设定是行动理论的逻辑起点。工业社会是由经济与市场所主导的社会，对效率和利益的迷恋导致了人们对人性的抽象和片面的理解。在洛克、边沁和霍布斯的功利主义行动理论中，个体被假定为是理性自利的，致力于追求个人利益的最大化，且不受社会关系的制约。可以说，功利主义的行动理论从属于“利润法则”，它强调手段—目的之间关系的可计算性——抑或说是工具理性，这种“理性法则”也是现代性的核心。功利主义行动理论通常把不变的个体视为理论的原点，由于个体服从于利益法则，所以，个体的行为很容易被预测和控制。因此，只要为个体理性提供足够宽松的行动环境，他们就可以实现自然的聚合。

物化的、原子化的个人假定是马奇的聚合制度的理论起点。所谓“聚合式制度”就是假定个体的偏好是一致的、稳定的和外生的，通过自愿交换可以把个体利益或群体利益聚合到一起，从而形成集体选择。聚合式制度根植于微观经济学的交易或市场理论，其追求的最佳结果是达到帕累托最优，也就是说，聚合式制度的有效性取决于分配效率问题、偏好问题和原始禀赋问题。如果决策参与者的偏好适合于聚集，且权利、资源和权威等原始禀赋又分配得比较合理，同时也能够找到实现帕累托最优的自愿交换方案，我们就说这种聚合制度是合理的。实质上，聚合式制度本身是一套公共决策的程序，政策输出是决策者在一定的宪政结构下通过讨价还价、威胁、承诺或构建政治联盟来进行资源交换，从而促进政策产生的过程。聚合式制度的行动逻辑是一以贯之的，它可以追溯到亚里士多德、卢梭和密尔，林德布洛姆的渐进决策理论也是这种行动图式的体现。不可否认，个人主义的设定是对社会行动进行经济学分析的逻辑起点，这种功利主义的行动图式把个体简化为“经济人”，而社会秩序则是理性的行动者追求个人利益的结果，或者说，是个体行为的简单加总，而市场只不过是

---

① 理查德·桑内特．公共人的衰落［M］．李继宏，译．上海：上海译文出版社，2014：452.

行动者进行资源交换或利益博弈的场所。

其实，在工业社会背景下的社会理论谱系中，与个人主义研究视角相对应的是整体主义，但是，它们都忽略了行动者自主性问题。个人主义与整体主义的论争肇始于工业化进程市民社会和国家的分离，[①] 社会的异化使个体与社会相分离，甚至成为相互对立的两个部分。当个人主义社会理论遇到难以解释的问题时就会转而求助于整体主义方法论，然而个体主义和整体主义之间却存在着结构上难以调和的矛盾。

依据个人主义社会理论的逻辑，秩序是行动者追求个人利益的结果，它不关注组织问题，或者仅仅把社会结构或组织视为无关紧要的存在。所以，在个人主义社会理论看来，秩序只不过是个体行动的副产品，或者说，是个体行动的剩余范畴，这是一种典型的社会结构的“唯名论”。而对于整体主义的社会理论来说，系统具有独立于行动者的优先性，而个人只是社会系统和社会规范的被动依附者，或者说，只是被社会化了的社会组织这台机器上的零件，很少有行动自由可言，那么行动者自主性也就无从生成了。整体主义的社会理论强调社会结构之于个人的先在性和决定性，但是，这种理论是以悬置行动，或者是以对行动的简化设定作为前提的，一旦涉及行动者的自主性问题，就会陷入“二难推理”的困境——行动的规范性与工具性以及秩序形成的内在方式与外在方式，从而使社会学陷入唯物主义或唯心主义的对立之中。可见，无论是个人主义社会理论，还是整体主义社会理论，都没有给行动者自主性留有一席之地。

我们认为，这种关于行动者自主性的认知与工业社会的具体形态有关，也与理论家们关于行动图式的假定有关。因为，在工业社会，社会是低度复杂和不确定的，只需对人作出某种机械化的假设就可以依据外部力量来对其进行操纵，进而达到维护社会秩序的目的。其实，社会理论中的个人主义和整体主义都是工业社会工具理性的征兆，它们看似相悖，实则同构。正是因为人是理性自利的，受手段—目的逻辑所支配，那么按照统一的模式来对人们进行控制才是可能的。不得不承认，在工业社会对效率和利益的追逐消解了行动者自主性，即便个人具有自主性，那也是一种狭

---

① 张康之，张乾友 . 公共生活的发生［M］. 北京：高等教育出版社，2010：53.

隘的自主性，一种可以被预测、控制和引导的自主性。因而，在工业社会，行动者自主性根本没有生成的可能性，个体行动者只需要做一个自利、被动服从的玩偶就行了。

然而，在后工业化的进程中，社会流动性、复杂性和不确定性的增长给行动者自主性的生成提供了背景和条件。贝尔、鲍德里亚、鲍曼和德鲁克等都曾对后工业社会进行过描述。虽然他们对后工业社会进行分析的视角和侧重点有所不同，但是，他们在关于后工业社会特征的认定上是高度一致的。后工业社会是一个从商品生产到消费盛行的时代，它摆脱了物资匮乏的困扰，却也陷入一个失真的、虚拟的世界。因为，与后工业社会相伴而生的是大众文化和大众传播的快速发展，尤其是随着现代信息技术和网络媒介的普及，人们几乎被大量同质化的仿造物和媒介信息所覆盖，抑或说，被功能无用性和虚拟性的物品所围绕。在一个虚拟和模仿的世界中，人们所谈论的对象很难在现实中找到对应物，自然也就无法再基于“客观性”对事物进行界定了，因而，需要从互为主观性上对其作出解释。

可见，在后工业化的进程中，社会关系将从人与物的关系转变为人与人之间的关系，或者说，从主体—客体关系转变为主体—主体关系。社会关系的“主观化”必定使后工业社会成为意义和价值的世界，而意义并不是客观事物所固有的，也不是主体所赋予的，而是产生于主体间的持续互动过程，尤其是以语言为媒介的沟通过程。社会关系的转型更加凸显了语言在人类交往中的重要性，促进了社会研究中的语言学转向，同时也为各种主观主义知识论和互为主体性行动理论的产生提供了基础。从公共决策的角度来说，后工业社会也必然使政策问题发生转向，具体来说，“客观”的利益纠纷不再是问题的核心，价值观和理念的冲突将成为决策者关注的焦点。

后工业化进程中的社会也是一个知识资本主导的社会，知识资本作用的凸显与服务业和新型工业的兴起是高度相关的，它使专业技术人员作为一个新的阶层开始跃居到政治舞台的中心。可以说，后工业社会就是信息和知识社会，它在人类历史上第一次实现了劳动力和资本的统一，这赋予行动者以极大的自主性和自由余地。同时，随着交通方式的革新和通信技术的发展，“空间和时间标志已不再起作用”，[①] 行动者可以自由穿梭于不同的空间之中。因而，自由的行动者难以再被拘囿在某一固定的组织或区域，他们是高度流动的，可以轻松地从一个组织跨越到另一个组织，甚至可以同时成为多个组织的成员。

可见，只有在后工业化进程中，人类关于自由和平等的追求才真正迎来了完全实现的契机。我们知道，自启蒙运动以来，自由和平等是人类孜孜以求的梦想，但是，在工具理性所统摄的工业社会，对利益和效率的无限推崇造成了人的物化或异化，而人的自由和平等也只能成为利益计算和支配型社会结构的牺牲品。在后工业社会进程中，行动者自主性的获取不再是一种哲学或伦理畅想，而是有了充分的现实基础。现实“客观性”的消解和个体流动性的增加最大限度地释放了个体的活动空间，从而使行动者可以自主地安排自己的行动。当然，行动者自主性的生成也势必提出组织结构再造的命题，因为作为支配型结构的科层制组织无法为自主性提供支撑，那么，组织变革的议题就会被提上日程。

在后工业化的进程中，随着社会的中心——边缘结构的瓦解、知识价值的凸显和行动者自主性的提高，科层制组织必定难以为继，将会被一种网络性的组织结构所取代。[②] 总体上来说，后工业化进程中的社会是一个高度流动的和虚拟的复杂社会，突发性事件的频繁发生是这种社会的典型症候，然而，突发性事件并不是自然形成的或者客观形成的，而是由人所造成的，具体来说，是由于人们对复杂性的不当处理所造成的。后工业社会的来临是行动理论需要面对的历史起点，而只有认识到后工业社会的高度复杂性和高度不确定性，才能建构起与现实诉求相契合的行动理论，从而合理地对后工业状况作出积极应对。

在多元化、虚拟化和流动性的社会，以个人主义和整体主义为起点的行动理论已经不足以应对具有自主性的行动者，而需要从人与人的关系入手来分析社会现象。正如科尔曼所指出的，除了个体主义和整体主义两种

① 齐格蒙特·鲍曼．全球化——人类的后果［M］．郭国良，徐建华，译．北京：商务印书馆，2013：12.

② 张康之．行政伦理的观念与视野［M］．北京：中国人民大学出版社，2008：262-263.

分析方法之外，还可以从个体行动者之间互动的角度去破解社会现象的奥秘。[①] 这种理论视角侧重于分析独立而又相互依存的个体行动系统与社会行动系统如何共处。科尔曼的观点表明，个体行动与社会结构从来不是相互孤立的，而是以某种方式相互联系在一起的。但是，以人与人的关系或社会互动作为出发点的行动理论也不一定都是可取的。有些行动理论把社会互动化约为理性交换关系或者是协商性交换关系，这种行动理论虽然肯定了个体行动者的自主性，但是，仍把社会关系的支配性视为不可更改的前提。源于现象学、符号互动论和语言哲学的行动理论强调互为主体性，可以说，已经关注到行动者的自主性和彼此之间的平等问题，但是，它没有指出自主性和平等的来源，因为这种行动理论悬置了对结构问题的思考。

合作行动理论则克服以往行动理论中存在的问题。合作行动图式以行动者的自主性和彼此之间的差异为前提，也就是说需要行动者去“承认他者”。实质上，尊重差异和自主性意味着行动者之间是平等的，但“自主性”和“平等”不能仅仅是一种哲学思辨或伦理畅想，需要一定的社会条件，也需要构建一定的社会结构和制度来予以支持。首先，合作以行动者的自主性为其前提，行动的自主性是行动者的能动性所使然，行动者不仅具有独立的行动意识，还具有自主的行动能力。具有高度自主性的行动者不需要依赖外部的规则和制度就可自愿开展合作。行动意识能够使行动者产生合作的动机和愿望，而行动能力则可以使合作愿望转化为现实的合作行动，仅仅具有行动意识而没有行动能力不会产生合作。同样，仅仅具有行动能力而没有行动意识也不会产生行动，在合作行动的生成中行动意识和行动能力缺一不可。行动者自主性的提高使行动产生了建构性，也就是说，行动者的行动不再是被决定的，而是可以主动去改造或建构社会现实。其次，随着知识社会的来临，知识开始成为资本的一种主要形态，信息技术和因特网更是加速了知识和经验的传播，从而使知识和经验的共享成为可能，为合作提供了智力上的支持。在工业社会中，知识和技术被少

---

① 詹姆斯·S. 科尔曼. 社会理论的基础（上）［M］. 邓方，译. 北京：社会科学文献出版社，2008：7.

数精英所垄断，而且在社会治理被视为一种专门领域的情况下，掌握着专业知识的人自然就获得了社会治理的合法性。然而，在后工业社会中，教育的普及和公民社会的兴起推动了社会治理的民主化，为多元主体参与社会治理或公共决策提供了可能性。最后，合作行动也需要社会结构予以支撑，然而在传统的“中心—边缘”的社会结构中根本不可能产生合作，因为支配型的组织结构以人与人之间的不平等为前提，尤其是在等级节制的科层制组织中更是如此。可见，只有消除了组织中的支配和宰制才能迎来真正的合作，所以建立合作行动自然提出了组织结构变革的命题。从以上分析来看，行动者自主性是一个社会概念，也是一个历史概念。只有在后工业社会进程中，主动建构起合作行动，才能促进行动者自主性的生成，从而建构起实质性的决策共识。

4.2　去支配化的合作行动及其构成

合作行动理论根植于社会历史和行动理论的传承之中，它是应后工业社会的兴起和人们对平等交往的向往而生成的。合作行动是一种不同于手段—目的行动或交往行动的行动图式，它不仅实现了行动理论建构的非“协作”化，还扩大了行动的内涵与边界。作为一种高度自主性的行动图式，合作行动具有话语意识和实践意识两个面向，同时也是伦理导向的。合作行动也是一种有组织的行动，具体说来，是一种“反结构化”的或低度结构化的行动，因而，它主张组织的“去中心化”。

4.2.1　行动的去权力化：平等交往及其伦理向度

其实，行动是一种社会关系，或者说，行动反映了人与人之间的关系。在传统的行动图式中，行动者之间的关系是不平等的，可以被归结为一种权力关系，这种关系的最大特征是具有支配性。从根本上来说，作为行动的公共决策也体现了权力关系的存在，因为，公共决策不仅关系到由谁来进行决策，以及如何进行决策的问题，还涉及要对公共决策的作出进行组织安排的问题。公共决策中权力关系的存在，尤其是不平等的权力关系的存在，影响着决策共识形成的质量。实质上，在权力关系中必然体现着支配，支配则意味着某些决策者的意志会受到宰制和歪曲，自然实质性决策共识的形成也就不可能了。

权力是历史生成的，在不同的社会具有不同的形态。在农业社会，权力与出身或身份有关，或者说权力来源于等级身份，因而，权力关系在本质上是一种人身依附关系。在工业社会，权力既来源于财产和技术，也来源于组织中的岗位职责和规章制度。从公共决策角度来说，权力潜藏于两种行动逻辑之中：即结果逻辑和规则遵循逻辑。结果取向的公共决策认为权力来源于技术，决策者们相信，可以通过一套理性计算与评估的技术手段从有限的备选方案中作出最佳选择或满意选择。因而，在技术主义的决策模式下，官僚技术专家们垄断了公共决策权。可见，在技术主义的权力观中，权力与理性是同构的，换句话说，谁掌握了理性计算的技术谁就拥有了权力。所以，在工业社会中，理性是一个核心概念，理性不仅是经济学的逻辑重心，也是社会学的理论基础，理性构成了韦伯和帕森斯社会学研究的中心。

理性的决策者们相信通过一套科学的计算与评估技术可以制定出理想的公共政策，从而使政策收益最大化。但是，在社会变得越来越复杂的情况下，理性本身则成了问题。实质上，理性不仅是一种技术，还是一种价值观，它主张通过计算的、逻辑的和有序的方式来处理人与自然界以及人与人之间的关系。理性曾被泰勒和韦伯界定为工具理性，对效率和物质财富的追求容易导致手段异化为目标，最终造成物支配人的局面，也就是所谓的“物化”，这一点曾被法兰克福学派的学者们揭露过。

然而，工业社会毕竟是一个组织化的社会，所以，权力主要是以组织化的面目呈现，具体来说，权力来源于科层制组织中的岗位设置。根据韦伯的观点，科层制组织中的权力关系是由规章制度来厘定的，是高度结构化和非人格化的，个人在组织中的职位越高，其权力也就越大。可见，在科层制的组织结构中，权力来源于层级落差，抑或说，是结构上的不平等导致了权力的形成，因而，权力关系实质是一种由规则来调节的命令—服从关系。

在后工业化进程中，随着教育的普及、知识资本化、服务业和高新技术产业的兴起，社会治理很难再被视为一个专门的领域。尤其是，高等教育的普及使专门知识得以扩散，普通公民已经有了足够的知识和技术来理解和参与公共决策，因此，公共决策越来越成为一个常识性的领域。因此，在后工业社会进程中，权力不再主要来源于技术或组织规则，可以说，权力有逐步消解的趋势。试想，如果每个行动者都可以获得参与公共决策的权力，并准许就政策方案直抒己见，那么，权力的存在还有什么意义呢？

贝尔曾对后工业社会进程中权力基础的嬗变进行过分析。他指出，在后工业社会，通过教育所习得的理论知识和专门技术构成了权力的基础，科学家是拥有这种权力的人群，并且，他们开始以一个阶层的面目出现——尽管他们之间仍然存在意识形态上的差异。贝尔意识到，随着后工业社会的来临，财产制度趋向瓦解，技术专家的地位不断提高，逐渐形成三种权力形式并存的格局：即建立在财产基础上的权力、建立在专业知识和技术基础上的权力和建立在政治职位基础上的权力。这三种权力形式在现代社会中是同时存在的，但会随着社会形态的变迁而呈现出力量上的此消彼长。从工业社会到后工业社会的转型过程中，权力的基础发生了改变，通过教育而获得的理论知识和专业技术开始取代财产成为权力的主要来源，因而，那些技术专家们开始成为权力的主体。虽然贝尔揭示了权力的不同来源，但是，他对权力的分析仍然是基于精英主义的视角。根据贝尔的观点，在后工业社会中，公共决策权仍会继续掌握在少数技术专家手里，也就是说，后工业化并没有推动公共决策民主化。

德鲁克对于工业社会的分析明显不同于贝尔。德鲁克指出，当知识社会来临的时候，拥有知识的人无疑是最有权力的，而权力意味着自主性和行动能力。因而，在后工业社会进程中，行动者自主性的增强意味着科层制组织势必走向瓦解，也必然意味着建立在等级职位上的权力的消解。所以，在高度复杂性和不确定性的社会形态下，权力的强制性会不断弱化，从而转换为一种行动能力。

吉登斯和克罗齐耶都曾对这种作为行动能力的权力进行过阐述。在吉登斯看来，权力是一种行动能力，具体来说，权力是行动者改造事态的能力，也是任何一种社会互动形式的基本特征，而且，权力并不必然导致冲突。[①] 权力在本质上是一种行动者利用自己所掌握的资源去获取结果的能力，而人们对结果的欲求是在相互依赖关系中实现的。吉登斯的观点得到了克罗齐耶的高度认同。克罗齐耶也认为，权力不是一种强制力，而是一种行动能力，抑或说，是行动者利用其所掌握的资源进行协商性交换的能力。组织中的权力不仅来源于不确定性，专业技术知识与对环境的适应性，还可能来源于信息传播与沟通渠道，同时，组织中的规则也会构成权力的基础。不确定性既关系到组织的生存，也关系到行动者进行协商性交换的能力。克罗齐耶认为，不确定性不能完全消除，只能去适应，组织理论的发展就是从消除不确定性到控制不确定性，再到适应不确定性的过程。

权力不仅是一种行动能力，还是一种关系。在克罗齐耶看来，组织中行动者之间的策略性讨价还价和协商性交换在本质上是一种权力关系，每个成员总是想方设法扩大自己的自由余地，并减少对其他成员的依赖性；同时，竭尽所能地减少对方的自主性，使其行为变得可以预测，从而使自己的利益最大化。司各特、布劳和霍曼斯同样揭示了权力的关系属性，[②] 他们认为，权力不是一种个人特征，而是体现了个体之间的相互依赖关系，只不过，这种依赖关系具有高度的情境性和权变性，会因人因事而异。在具体的相互关系中，权力的大小既取决于一方对以另一方为中介的目标的重视程度，也取决于一方在彼此关系之外寻求目标实现的可能性和可用性。如果权力是一个人依凭自己所掌握的一切资源对他者进行约束的能力，那么，专业知识、金钱、职位、力量等都不是权力，只有这些资源被行动者用来影响和约束对方时才会构成权力。可见，权力在本质上是一种社会关系，它反映的是个体之间不平等的交换关系，离开了对方也就不存在权力可言了。

我们认为，无论把权力视为一种强制力，还是视为一种行动能力或交

---

① 安东尼·吉登斯．社会学方法的新规则——一种对解释社会学的建设性批判［M］．田佑中等，译．北京：社会科学文献出版社，2003：210.

② 苏国勋，刘小枫．社会理论的诸理论（Ⅱ）［M］．上海：上海三联书店，华东师范大学出版社，2005：429.

换能力，都没有能消解权力的支配属性。如果存在支配现象，那么，个体行动者之间的平等就是不可能实现的，实质性决策共识的形成也只能是一种奢求。张康之把行动区分为合作与协作两种图式，从而为行动的去支配化提供了可能性。在张康之看来，合作和协作是两种不同的社会互动方式。合作是平等主体之间的社会互动，它以行动者之间的平等为前提，通过一种非支配、非压制的方式来进行交往。但是，合作并不是孤立存在的，而是根植于一定的社会背景和社会结构之中的，从根本上说，是行动者的合作意愿和网络型的社会结构促进了合作。合作行动不同于哈贝马斯的交往行动。哈贝马斯把社会互动化约为行动者之间的语言沟通，尽管他赋予行动者以平等地位，但这种平等只是语用学意义上的平等，而不是社会学意义上的平等。换句话说，在哈贝马斯看来，行动者之间的平等是理想交谈情境中话语有效性条件所赋予的，它仅仅用来对协商对话进行伦理约束，与社会结构或组织没有任何关系。

只有在与协作行动的对比中才能理解合作行动。与合作行动不同，协作是工业社会中居于支配地位的行动模式，它是非平等主体之间的社会互动。协作是一种典型的策略行动，它假定人是理性自利的，行动者在交往中会利用自己拥有的各种资源优势来进行讨价还价，从而在互动中占据主动并使自己的利益最大化。不仅契约的达成是一种协作行动，市场中的利益博弈和讨价还价是一种协作行动，甚至科层制组织中的决策行为也是一种协作行动。讨价还价是协作的主要表现形式，讨价还价是行动者之间反复进行磋商的过程，但是这种协商以利益计算为基础，目的是使行动者的利益最大化。

克罗齐耶把行动者之间的讨价还价称为“协商性交换”，一语道破了讨价还价的本质，也就是说，讨价还价只不过是行动者之间的交换行为，服从理性计算的法则与手段—目的行动逻辑。虽然合作与协作都涉及语言的介入，但它们是两种完全不同的社会互动方式，其差别主要体现在以下几个方面：首先，二者的作用方式不同。协作是借助于行动者所拥有的资源优势，通过强制、诱导和胁迫等方式来压服对方；而合作则悬置行动者各自的资源优势，依凭平等主体之间的协商对话来说服对方。其次，二者的目的不同。协作以寻求各自的利益最大化为目的；而合作是为了去相互理解。最后，二者的结果不同。在协作中各方为了便于实现自己的利益而相互作出让步，最终达成妥协，所以，妥协是利益分配的一种均衡态势；合作则涉及对意义的解释，意义无法进行计算和分割，只能去理解并通过相互理解形成共识。

其实，合作与协作都离不开社会结构，它们与社会结构是相互建构的，具体来说，社会结构既是合作与协作的条件，又是合作与协作的结果。然而，由于合作与协作所处的社会组织的结构化程度不同，它们受到的约束也大不一样。协作通常与高度结构化的组织和外在强制性的规则联系在一起，协作中行动者受到的约束自然就会更多，那么，行动者的自主性自然也就得不到保障。而合作则不同，合作以行动者的自主性和彼此之间的差异为前提，也就是说，合作行动的开展不能以牺牲行动者的自主性为代价。因此，对合作行动的整合或规范就不能再依赖外在的强制性规则，而需要建构一种伦理规则。

社会治理中伦理向度的凸显是治理主体多元化的必然要求，也是建构服务导向的行政模式的核心之所在。[①] 而且，伦理规则是可以与“去中心化”的组织结构相契合的，伦理规则并不是独立于行动者而存在，而是内化到组织成员行为中的组织规则。所以，伦理规则不仅不会限制行动者的自由，反而会生成他们的道德自主性，进而促进行动者们自发地去开展合作。当然，伦理规则的提出绝不是一种伦理口号和道德说教，而是根植于后工业社会进程中价值返魅的现实和规范协商对话的需要。并且，伦理规则是作为组织结构中的规则而存在的，有了组织这个架构作为支撑，伦理规则也就获得了稳定性。

在后工业化进程中，组织的伦理规则是以服务价值为核心的，直言之，就是鼓励和支持包括政府、非营利组织、企业和普通公民在内的多元主体积极参与社会治理，投身公共服务，为实现公共利益而开展合作。实质上，“服务”价值本身具有行动主义和平等的含义，因为，服务必然是以对方为目的，如果每一个人都去服务他人，那么，人与人之间的关系就是目的之间的关系，也就是互为主体的关系。因此，合作行动内在地包含

① 张康之．论伦理精神［M］．南京：江苏人民出版社，2010：115-117.

着以“服务价值”为主旨的伦理向度，也只有在“服务价值”的指引下，合作行动才能凸显出“合作”的特征。

4.2.2　合作行动的两个面向：话语意识与实践意识

公共决策中的共识建构是一个有意识的过程，而语言在这一过程中扮演了重要角色，因为，决策者的意向通常是通过言说来表达的。可以说，语言的存在是人之所以为人的主要标志。虽然决策共识的构建是话语意识介入的结果，但是，在不同的决策模式中，话语意识介入的程度和目的是不一样的。在由工具理性行动图式所主导的公共决策中，公共决策的作出是选择、搜寻或讨价还价的结果。无论是决策的选择理论，还是决策的搜寻理论，话语意识介入的程度都是很低的，语言在两种决策方式中所起的作用也是非常有限的，它只是用来对决策的各个环节进行表述，几乎不涉及行动者之间的交谈和对话。当公共决策涉及多个行动者，且大家在备选方案的选择上存在分歧时，就涉及讨价还价和理性交换的问题。

讨价还价与选择或搜寻的不同不仅体现在决策者人数的多寡、利益是否一致，还体现在决策情境的差异上。当决策情境相对简单，涉及决策者人数又较少，且彼此之间的利益一致时，决策者可依据一定的计算标准对备选方案进行搜寻或做出选择。当决策情境趋向复杂化，涉及决策者人数较多，且彼此之间的利益存在冲突时，就有必要付诸理性交换或讨价还价了。组织中行动者之间利益的差异性曾被奥尔森指出过。在奥尔森看来，个人在大型组织中的地位类似于在竞争市场中企业的地位，[①] 无论他如何做出努力都不会显著改善组织的绩效，反而可以坐享集体行动的成果，这便助长了“搭便车”行为的产生。实质上，决策的选择或搜寻理论就是以个体与集体利益的一致为前提的，如果人们基于理性计算选择或搜寻出最佳或满意的决策，那么，个人的利益也能得到最大限度的实现。但是，这种理想的决策情形只是一种虚设，现实中的决策要比选择或搜寻复杂得多，所以，讨价还价或理性交换就成为决策的主要方式。

实质上，在讨价还价或理性交换中话语意识的涉入相对较多，法国社

① 曼瑟尔·奥尔森．集体行动的逻辑［M］．陈郁等，译，上海：上海三联书店，1995：13.

会学家克罗齐耶和费埃德伯格提出过“协商性交换”的概念，也算是对理性交换中话语成分的承认吧。克罗齐耶和费埃德伯格指出，行动者在社会互动中的协商谈判和讨价还价其实就是一种策略性行动，也就是行动者的决策活动，它不仅体现了行动者之间的交换关系，也体现了行动者的行动能力。在协商性交换中，每个行动者都会利用自己的资源优势对其他行动者施加影响，同时，其他行动者也会根据对方的策略来做出有针对性的反应，组织的秩序就是由这种循环往复的协商性交换关系所维系的。克罗齐耶和费埃德伯格把这种协商性交换关系揭露为权力关系。所谓“权力关系”就是一种协商性交换关系，或者说，是行动者之间的讨价还价、竞争性论辩和谈判关系。在克罗齐耶和费埃德伯格看来，“不存在没有交换的关系，而且也不存在没有协商的交换”①

从行动理论的角度来看，公共决策中的选择、搜寻或讨价还价都是一种手段—目的行动图式，它们都假定偏好是外生的、稳定的和一致的，而且，决策者的目标都是追求个人利益最大化。即使决策者之间存在矛盾，那也只是在实现目标的手段上存在分歧，而不是在目标上有什么差异。它们之间的不同点在于对话语意识的依赖程度不同。相对于决策的选择和搜寻理论，在讨价还价中话语意识介入的程度较深，但是，交谈和对话是从属于理性计算的，也就是说，语言只是理性交换的媒介。所以，在公共决策中，选择、搜寻或讨价还价并不是为了直接形成共识，而是为了使自己的利益最大化。如果说存在共识的话，那么，这种共识也只是理性计算的副产品，或者说，是一种形式上的共识。在后工业化的历史进程中，文化和价值的多元化已经渐成常态，并且它们之间的矛盾和冲突日益加剧。在这种情况下，政策问题更多地呈现为价值或理念之间的冲突，而不是手段或工具之间的矛盾，对于价值冲突，讨价还价是无能为力的。因此，作为公共决策方式的理性计算和讨价还价必将退出历史舞台，至少会退居次要位置。

在泰勒看来，人们之间的同一性不是基于个人主义的利益计算，而是

① 埃哈尔·费埃德伯格．权力与规则——组织行动的动力［M］．张月等，译．上海：格致出版社，上海人民出版社，2008：120.

存在于与他人的对话之中，同时也是行动者之间在谋求认同过程中形成的。[①] 寻求平等主体之间的协商对话是哈贝马斯关注的主题。哈贝马斯以劳动与交往的区分为基础提出了交往行动理论，用于替代手段—目的行动图式，从而把多样化的社会互动形式化约为平等主体之间的语言沟通。哈贝马斯的交往行动理论与社会科学研究中的语言学转向有关，同时也是对后工业社会中人际关系主观化的积极回应。

在一个虚拟化、多元化和流动的社会中，当人与人之间的关系代替了人与物之间的关系时，强调以语言为媒介的主体间互动也就是顺理成章的了。哈贝马斯是在与目的论行动图式、规范调节行动图式和戏剧行动图式进行区分的情况下对交往行动进行界定的。依据哈贝马斯的观点，交往行动是以语言为媒介寻求直接理解为目的的行动，[②] 而其他三种行动模式虽说也以语言为媒介，但语言的作用只是辅助性的，且不以达成直接理解或形成共识为目的。目的论行动模式是以获取利益为目的，理解或共识只是行动的副产品，即便是策略行动也是结果取向的。虽说策略行动涉及多个行动者之间的互动，他们彼此之间会不断根据对方的行动取向来做出应对，但也只是在对自己有利的情况下，他们才会选择进行协作。因此，策略性行动在本质上是行动者之间的利益博弈，而不是为了寻求互相理解。从这种角度来说，克罗齐耶的“协商性交换”就是一种策略行动，行动者进行协商的目的是控制不确定性，以便扩大自己的自由余地，从而寻求最有利的结果。

实际上，公共决策中共识的形成不仅是话语意识参与的过程，也包含着非语言性成分，只不过，人们习惯于把有计划的、有意图的行动过程与语言联系在一起，从而忽略了那些非话语行动。吉登斯、布迪厄和新制度主义的相关理论则揭示出社会行动中理所当然的一面。吉登斯从认知角度提出了一个关于行动者的分层模型：即话语意识、实践意识和无意识。话语意识指的是“表达的清晰性”，它的前提是行动者对自己的行动及其缘

---

① 查尔斯·泰勒．本真性的伦理［M］．程栋，译．上海：上海三联书店，2012：56.

② 尤尔根·哈贝马斯．交往行为理论（第一卷）——行为合理性与社会合理性［M］．曹卫东，译．上海：上海人民出版社，2004：135.

由能够合乎逻辑地加以表达。话语意识不仅体现在行动者有意识地利用语言去解释社会现象或谋求自己利益的活动之中，也体现在行动者之间以理解为目的的协商对话之中。

其实，哈贝马斯已经揭示了语言在各种行动图式中的介入程度及其所发挥的作用。在哈贝马斯看来，任何行动类型都有语言的介入，只不过是，在有的社会互动形式中语言的分量重一些，而在其他一些社会互动形式中语言作用没那么显著罢了。而实践意识一般不需要借助于语言，它指的是行动者对自己或他人的行为所进行的反思性监控，同时也指对自己所关注的事件作出行动反应。实践意识体现在循环往复的社会实践之中，或者说体现在对惯例或规则遵循的重复性的社会活动当中。在由实践意识所主导的社会活动中，行动者只会按照理所当然的“常识性知识”来行事，而无须对他们的行为作出解释，只有当被别人问及行动缘由时才会以言语的方式作出回答。所以，话语意识和实践意识之间的界限并没有那么明显，当行动者需要对自己的行动作出解释时，实践意识就会转变为话语意识。而话语意识和无意识之间的差别就比较大了，无意识指的是行动者没有能力借助于语言来对自己行动的引发过程进行描述，它不仅与语言无关，还是一种无法转变为意识的本能行为。

我们认为，在对行动分析中必须重视实践意识。实质上，实践意识是行动的基本特征，它根植于社会生活中的“共同知识”或“知识库存”，为社会实践的循环往复和结构化提供了基础。规则作为行动的“类型化图式”更多是实践性的，而不是理论性的，那些规章制度、法令条文和游戏规则只不过是对规则的解释。行动者对规则的自觉服从正是实践意识的体现，而社会实践活动的生产和再生产主要基于行动者的实践意识而不是话语意识。人类的认知能力依据的主要是实践意识而不是话语意识，[①] 但是，也受制于无意识的或未被识别的行动意外后果的影响。鉴于人类认知能力的局限性，循环往复的社会行动往往会产生意料之外的结果，这些意料之外的结果又构成了下一步行动的条件。在吉登斯看来，人类历史并不能完全由有意图的谋划所主导，它总是会躲开人们意向性的掌控。从吉登斯关

① 安东尼·吉登斯．社会的构成［M］．李康等，译．北京：三联书店，1998：90.

于行动者人格维度的分析中我们可以看出，社会实践的生产和再生产主要由行动者的实践意识所推动，而不是由话语意识来推动。他在行动者的三种人格维度中厘定了一个基本构架，那就是实践意识是话语意识的基础，同时也受制于无意识的影响。当然，对吉登斯的这一观点进行理解必须引入时间维度，从他关于现代化进程中的“脱域”现象的分析着手。

布迪厄的实践理论则强调了行动的构成属性，即行动受习性所驱动的特性，同时习性作为一种结构化的行为倾向系统也形成于行动之中。习性是一种相对稳固的行为倾向系统，它根植于规则和社会结构的终端，自发地调节着实践活动，可见习性是作为实践活动的生成和组织原则在起作用。因此习性可以被视为一种“元结构”，也就是结构的结构，或者是促进结构化的结构。习性生成于历史经验的累积，作为习得的行为倾向系统，这些经验会铭刻在每一个行动者的身上，使他们在行动图式上表现出高度的一致性。不同于理性行动图式或交往行动图式，习性对行动的影响具有无意识的自发性，它能完全自由地生成思想、感知和行为，只不过，习性的生成受制于特定历史和社会条件。也就是说，在布迪厄看来，习性是一种与理性计算截然不同的行为方式，“它取决于直接铭刻于现时的客观可能性”。[①] 习性或实践感可以造就一个常识性的世界，这个世界具有不证自明性，可以为行动者提供参照框架，从而实现对集体行动的整合。

可见，布迪厄的行动理论是一种“非话语”的行动图式，他敏锐地意识到了理性行动图式和交往行动图式的局限性。实质上，理性行动和交往行动必须以“相信”为前提，行动者只有相信“理性”——工具理性或沟通理性，行动可以实现其目的，他才会采取“理性”行动。因此，“理性”行动的动因在“理性”之外，用布迪厄的话说，“理性”行动必须以习性作为基础。如果说人类的认知能力和行动逻辑主要来源于习性，那么，习性的“常识性”和人人可得性必然意味着实践理论是一个有助于公共决策民主化的理论。其实，布迪厄所说的客观主义认知方式和主观主义认知方式是一对矛盾体，存在对立统一性，但都从属于话语意识，而话语意识是以习性或理所当然的知识为基础的。

---

① 皮埃尔·布迪厄．实践感［M］．蒋梓骅，译．南京：译林出版社，2012：75.

吉登斯和布迪厄都主张实践意识或实践理性之于话语意识的优先性和基础性。他们认为，生成于日常生活经验中的常识性知识或理所当然的知识为社会实践的生产和再生产提供了智力来源。同样，这种不证自明的知识也是新制度主义的实践行动理论的基础。实践行动理论源于现象学和心理学中的“认知革命”。现象学和常人方法论揭示了人类认知中默会的知识或理所当然的知识对于社会互动的重要性。这种知识根植于传统和惯例，而不是话语意识参与的有意图的、有计划的结果。基于“实践推理”或“实践意识”的行动由规则所支配，行动者在社会互动中无法对自己的行动逻辑作出解释，只有在事后参照历史经验中业已存在的“脚本”或“生产系统”才能对自己的行动理由作出说明。

显然，实践行动理论从根本上不同于目的行动图式和交往行动图式，它根植于实践理性，侧重于强调行动的认知的、惯例的和理所当然的层面。实践行动理论是对理性行动理论和交往行动理论的突破，它揭示了人类行动中非计划性的、非话语性的构成。实践行动理论把早已被遗忘的行动的认知、习惯、前意识维度重新纳入行动理论的架构。在组织制度主义理论中，实践行动是建立制度的基础，或者说，制度的一个重要维度就是行动的惯例化。在特定情境下，决策者的行为是否适当，以及能否形成意向一致，主要是由规则和制度来界定的，而不是借助于理性计算。

其实，马奇也不是没有注意到话语意识之于决策的重要性，他在对整合式制度的论说中谈到了决策中的协商对话问题。但是，在马奇看来，无论是理性计算还是协商对话最终都要屈从于规则和制度。这相当于说，在决策的话语意识和实践意识之间，马奇选择实践意识作为决策的基础。然而，在组织新制度主义理论的逻辑中，实践意识或实践理性必然导致制度决定论，从而消解了行动者的自主性，那么，实质性决策共识的形成也就成了水中之月了。

实践意识可以使决策者之间在不借助于语言的情况下形成共识，而无须经过长时间的辩论和磨合，显然，这对于解决群体性突发事件是非常有价值的。因为，在紧急事件发生时，必须当机立断，也只能凭借行动者的经验来作出决策了，这时候，理所当然的知识就发挥了作用。但是，在高度复杂、不确定和快速流动的后工业社会，每一个政策问题都是不同的，那么，实践理性或常识性知识的有效性和价值就值得怀疑了。显然，在这个“唯一不变的是变化”的时代，实践理性并不能取代话语意识在公共决策中的作用，甚至可以说，决策共识的形成主要还得依靠协商对话来实现。

因此，在决策共识的构建中必须重构实践意识与话语意识的关系。具体来说，就是要在决策共识建构中，兼顾实践意识和话语意识的同时，赋予话语意识以主导地位。而合作行动理论则实现了对话语意识与实践意识之间关系的重理。首先，合作行动理论既重视话语意识，也不忽略实践意识；其次，合作行动理论把话语意识置于实践意识之上；最后，合作行动理论重置了话语意识和实践意识之间的融通机理。简要来说，合作行动理论认为，在后工业社会进程中，必须确立话语意识在行动中的主导地位，倡导以平等对话来建构共识，循环往复的对话也必然铸就惯例化的行动与实践意识，而实践意识与规则又为下一步的平等对话提供前提。可见，在合作行动理论的架构中，话语意识是一种常态，它是实践意识的基础，而实践意识又会反过来为其提供条件，二者循环往复，统一于合作行动之中。

4.2.3　作为过程的合作行动：从话语共识到行动默契

公共决策中的共识建构是一种意向性的活动，抑或说，是一种有意识的活动，无意识一般不摄入其中。决策共识的形成主要是通过以语言为中介的协商对话来实现的，作为决策方式的理性计算、讨价还价和协商对话都涉及语言因素。然而，语言在不同决策方式中的作用及其重要性程度是不一样的。在理性计算或讨价还价中，语言扮演着一种辅助或从属的角色，它服务于理性计算或理性交换。而在协商对话中，语言不再是充当利益计算的媒介，而是以直接理解为目的。所以，在由协商对话所构成的共识型决策中，共识不是一种利益均衡或利益妥协，而是决策者在理解上的一致。并且，随着后工业社会中不确定性、多元性和复杂性的常态化，平等主体之间的协商对话已经成为决策共识建构的主要方式。

通过协商对话来建构共识必须以时间作为保证，因为，决策共识的形成需要决策者之间进行多轮次的质证和协商，甚至有时候会由于分歧过大而使这一过程搁浅，也就是说，决策共识的形成绝非一蹴而就的事情。然而，在面对突发事件时，协商对话式的共识建构方式就显得不合时宜了，因为，突发事件需要应急处理，如果再耗费时间进行协商，就有可能贻误处理问题的最佳时机。因此，协商对话对于突发性事件的处理是无能为力的，那么，实践行动图式是否有利于解决突发性事件呢？我们知道，实践行动是参照惯例性、日常性和理所当然的知识而展开的行动，这些默会知识根植于人们共同经历所形成的历史经验，它们自发地影响人们的行动，从而使社会实践呈现为循环往复的特征。采用实践行动图式来解决问题，就是参照惯例和经验来解决问题，因而，采取实践行动图式的前提是经验具有可推广性。

进一步来说，只有在低度复杂和低度不确定的社会，所欲解决问题的结构化程度比较高的情况下，经验的借鉴和推广才是可行的。然而，在高度复杂和不确定的后工业社会，当决策情境、决策者和政策问题都发生质变的情况下，公共决策的经验和规则势必变得更具地域性和瞬时性，其推广的可能性也就越来越低，如果强行加以推广，不会收到理想的效果。所以，吉登斯、布迪厄和组织新制度主义的信奉者试图用实践理性来统合主观主义知识论和客观主义知识论，或者用实践理性来统合话语理性，实质上，这种观点是值得怀疑的。因为，在后工业社会，规则和经验的稳定性和可推广性本身就是值得怀疑的。如果社会实践以不规则的或低度结构化的形式来运行，那么，经验就不具有多少可借鉴性，又如何用实践理性来统摄话语理性呢？

因此，既不能否认历史经验中常识性知识或默会知识的存在及其作用——毕竟这种知识可以为人们的行动提供共享的参照框架，也不能夸大实践行动的重要性。波兰尼同样也肯定默会知识之于科学知识的重要性，他认为，科学是以理所当然的信念体系作为前提，正是因为人们有追求科学的热情，科学才能够存在，而且，科学家通常不会对这些他们默会遵守的前提加以反思。但是，他也揭示了这种默会知识中所隐含的个人性和主观性。在波兰尼看来，这种不可言传的、理所当然的知识具有鲜明的个人性和主观性，是个体行动者在长期的日常生活实践中所习得的，主要以个人技能和行家绝技的形式呈现。默会知识中的信念是一切知识的源泉，并且，信念是一种个人心灵的状态，只有当人们相信它时，它才是确切存在的，因此，对知识的探寻必须触及人类的心灵深处。

既然一切知识都来源于人的信念和心灵，人类的求知能力自然就失去了固定的客观评判标准，因而，只有把个人的自我判断作为“真理”的最高裁决者。波兰尼把这种自我认同的行为称为“信托行为”。① 实质上，波兰尼对个人知识的重视宣告了具有自主性的行动者的归来，具有自我认同的个体行动者可以挣脱科学知识或客观性知识的束缚。可见，波兰尼相信，客观中立的科学知识并不是与个人无关的，而是以默会知识中的个人信念为基础，这无疑是对传统科学知识观的一种颠覆。因为，人们习惯于认为科学知识与个人知识无关，而个人知识往往是个人性的、情感化的和非理性的。

但是，在波兰尼看来，默会知识和科学知识都根植于个人知识，那么，具有主观性的个人知识又如何能够转化为规则和惯例呢？默会知识中个人知识的存在，不仅能够证明惯例和规则的合法性，还彰显了平等主体之间协商对话的必要性。因此，无论是从后工业社会的具体情形来说，还是从默会知识的个体性特征而言，实践理性都不足以去应对突发性事件。实践意识充其量只能为话语意识提供知识背景，但不足以去消解话语意识。既然实践意识不能为突发性事件提供解决之道，那么，是否只能把希望寄托在目的性行动或策略行动上呢？如果公共决策重新回归到手段—目的行动图式，岂不是开了历史倒车？

其实，突发事件具有非突发性，我们只是看到突发事件突发的那一刻，而没有注意到突发性事件的酝酿过程。突发性事件并不是自然形成的，而是人为的结果，具体来说，是由人们对事情的不当处理所致，或者由人们之间不恰当的互动方式所致。作为一种社会建构物，突发性事件绝不是一朝一夕之功，而是要经历一个长期、缓慢、由量变到质变的过程。只不过，人们习惯于对突发性事件保持“无意识”，要么对其缺乏必要的防范意识，要么是在事件露出苗头时疏忽大意，要么是在事件爆发后的处

① 迈克尔·波兰尼．个人知识——迈向后批判哲学［M］．许泽民，译．遵义：贵州人民出版社，2000：406.

理过程中过于武断。我们认为，人们之所以在突发性事件的处理上一筹莫展，完全是由于陷入协作式的行动模式所致。协作式行动模式以默认行动者之间的不平等和行动与结构之间的二元对立为前提，因此，才会走向单纯强调社会互动或社会结构的歧途。话语意识下的协商对话重视平等主体之间以直接理解为取向的语言沟通，但是，却忽视社会结构与规则的重要性。实践意识下的规则遵循重视制度之于行动默契的重要性，却是以牺牲在场情境下的面对面沟通为代价的，或者说排斥了协商对话的可能性。实质上，对于公共决策来说，话语意识与实践意识的对立在本质上是行动与结构的对立。因此，实现话语意识与实践意识的有机融合，必须跳出工业社会的思维惯性和行动框架，从后工业社会这一背景出发，重构行动图式及其结构。

从合作行动理论来看，公共决策必然是过程导向而不是结果导向。我们知道，工具理性视角下的公共决策理论遵从手段—目的逻辑，专注于行动者的目标和偏好的实现，决策者只需从有限的备选方案中作出理性选择就行了。而合作行动视角下的公共决策则需要突破工具性思维的桎梏，把过程作为决策的重心，考虑如果让行动者通过自主性地协商对话或默会来形成共识。合作行动理论既强调由协商对话所形成的话语共识，也重视由非语言性互动所达成的行动默契，并主张通过组织学习来实现从话语共识到行动默契的自然过渡。也就是说，话语共识与行动默契可以统一于组织学习的过程。

合作行动理论认识到，在高度复杂和不确定性的社会情境下，寻求决策共识必须处理好话语意识与实践意识之间的关系。在后工业社会的进程中，通过平等主体之间的协商对话来形成决策共识已经深入人心，然而，行动默契也是十分必要的。因为，默契在解决突发性问题时不必再借助于长时间的协商对话，只需要决策者相互默会就可以形成意向一致，继而采取果断行动。显然，默契是一种非话语的共识，或者说，是一种无须借助于语言就可以形成的共识。默契的形成是实践意识作用的结果，它以默会知识作为基础。

在工业社会中，人与人之间的互动主要是在高度结构化的、非在场的情形下进行的，往往呈现出非语言的、循环往复的特征。在由惯例化的行动所主导的时代，语言只能沦为从属或次要角色，这正是吉登斯推崇实践意识的原因之所在。可见，在工业社会，默契主要形成于循环往复的社会实践之中，抑或说，形成于非语言的社会互动过程之中。然而，在后工业社会进程中，社会的虚拟性和多元性使人们之间面对面的互动的恢复成为可能，社会互动的耦合性和即时性使行动的定型化为泡影，进而也改变了社会结构及其规则的形态。但也不是说，后工业社会不再存在默会知识和实践行动了，而是说，实践意识退居到话语意识之后，成为被话语意识所决定的事物。可见，话语意识和实践意识本身统一于行动过程之中，二者的力量对比会发生逆转，甚至可以相互转化。当社会情形发生变化，社会科学研究发生语言学转向时，话语意识开始凸显出主导地位也就是自然而然的事情了。

在一个逐渐由话语意识和协商对话所主导的世界，默契的形成自然不会建立在高度结构化的、非语言互动的基础之上，而是基于面对面的持续对话。因此默契的非语言性是以语言为基础的，它同样来自社会行动的惯例化，具体来说，源于协商对话的结构化。如果默契是循环往复地协商对话的结果，那么，话语共识与行动默契之间的对立也就自然消解了。默契不仅可以看作是一种共识，而且是一种超越了话语意识的、更高层次的共识。因此，根植于协商对话的默契，不仅节省了人们在协商对话时所耗费的时间，而且可以消除存在于社会互动关系中的支配或宰制。

实质上，默契的形成也并不是公共决策中协商对话的终结，默契、行动的意外后果以及游离出人类意向性的无意识会为下一步的协商对话提供条件。尽管理性沟通是值得期待的，但是，人类的理性毕竟是有限的，只有当人们愿意去平等对话，并为这种平等对话建立结构上的支持，形成共识与默契之间的有序关系才是可能的。我们认为，在公共决策中实现从共识到默契的升华关键在于构建平等主体之间协商对话的长效机制，或者说，使平等主体之间的协商对话具有稳定性和可持续性。

其实，组织学习就是一种可以实现从共识到默契的行动机制。在组织学习中，组织成员之间彼此分享自己的经验和体会，并就各自的观点进行相互质询和论证，继而形成共识乃至默契。集体学习能力的提升和学习型组织的形成是通过“五项修炼”来实现的，所谓“五项修炼”完全是一种在技术上具有可操作性的管理方式。然而，组织学习或学习型组织并没有对组织结构进行反思和重构，因此，也就无法解决组织成员自主性的生成问题。如果组织成员之间的关系仍然是一种不平等的支配关系或权力关系，那么，通过组织成员之间协商对话所形成的共识和默契就是值得怀疑的。因为，实质性决策共识的形成是以决策者之间的平等和自主性作为前提的，没有平等和自主性，协商对话势必异化为强制或压服。

然而，在官僚组织或支配型的组织结构中，通过组织学习来建构政策共识只是一种空想，只有对组织结构进行彻底改造，组织学习的共识建构功能才能得到充分发挥。从决策共识形成的角度来说，合作制组织的建立是组织学习得以展开的结构性前提。因为，合作制组织解决了行动者之间的整合问题，作为一种网络结构，组织成员都是网络中的节点，他们可以自由地离开或加入组织，因而，也就不存在压制和支配的问题了。可见，只有在合作制组织中，组织成员才能获得充分的自主性，从而使组织学习的结构性障碍得以消除。在一个"去中心化"的组织中，相关行动者通过组织学习或政策学习来进行公共决策，就具体政策问题展开自由辩论，进而形成决策共识乃至默契。

4.3 公共决策安排的结构变迁与组织去中心化

共识取向的社会学家或公共政策学家普遍认为，决策共识的形成需要通过在场情境下的协商对话才能实现。但是，这种在场情形下的面对面互动在工业社会是很难实现的，因为，受"脱域化"或"抽离化机制"的影响，工业社会中的人际互动是趋向于不在场和匿名化的。在后工业社会进程中，社会虚拟化、多元化和流动性的加剧，以及行动者自主性的提高，为"去中心化"的、网络型组织的出场提供了社会条件。而行动主义取向的组织理论的发展又为其生成作了智知上的准备。基于合作行动的组织再造可以为自主性行动和协商对话的生产与再生产提供结构性支持。

4.3.1 公共决策中社会互动的匿名化：从"在场"到"不在场"

在多元化、虚拟化和不确定的社会，通过协商对话来建构共识并作出决策是公共决策的大势所趋。许多公共政策学家、政治学家和社会学家都对如何通过协商对话在平等主体之间建构共识进行过研究，但基本上都是依托行动与结构二元分立的理论架构，并且普遍把“中心—边缘”的组织形式视为理所当然的结构性前提。在公共决策中，行动者的个人能力和主观承诺固然影响着协商对话的顺利进行和决策共识的形成，但社会组织的作用也是不容忽视的，甚至更为重要。然而，如果执意在“中心—边缘”的组织中进行协商对话，那么，由此所形成的决策共识便是值得怀疑的。因为，在这种支配型的社会结构中，决策者之间必然存在着宰制和不平等，那么，行动者的自由意志就不可能不被扭曲或篡改。当决策者的意愿得不到自由表达时，他们之间的协商对话就必定沦为一种纯粹的形式主义，实质性决策共识的形成自然就没什么指望了。

因而，形成实质性的决策共识需要为平等主体之间的协商对话建立起结构性支撑，那么，组织再造自然就成为理论关注的重心。当然，我们在谈结构问题时，实质上是与行动联系在一起的，因为，所谓的组织只不过是行动的“结构性”特征，或者说，是行动在时空中的延伸。各种形式的组织虽被冠以不同的名称，但都不过是行动的结构化特征，只是结构化程度不同而已。从行动者及其行动的角度来看，公共决策中的协商对话是一种面对面的互动，但这种在场情形下的社会互动并不是由来已久的，因为，与工业化进程相伴随的是面对面互动不断隐匿的过程。在工业社会中，人与人之间的互动可以在时空中延伸，跨越不同的时间和空间，很少采取面对面的形式。所以，面对面互动的隐匿是历史生成，只有回溯到工业化或现代化的原点，深入梳理和分析面对面的互动得以消解的原因，才能为稳定性的协商对话建立起组织基础。

吉登斯、舒茨、哈贝马斯、伯格与卢克曼等社会学家都曾对社会互动的形式和情境进行过研究。吉登斯认为，所有的社会互动都是在一定的时间与空间中进行的，所以，时间和空间是社会互动的重要维度。社会互动的时空构成与在场或不在场联系在一起。在场情形下的社会互动被称为“日常接触”或社会再生产；不在场情形下的社会互动被称为系统再生产。日常接触由话语意识作为支撑，以面对面交谈的形式出现，具有偶然性和瞬时性，因而，也是不稳定的。系统再生产则基于实践意识，通过对行动的反思性监控来实现，它的秩序性和“反复不断的特性”有利于克服面对面互动时个体必须在场的局限性。而且，社会互动的时空延伸程度越深，表明其结构化程度越高，社会互动就越会呈现出秩序性，科层制组织就是时空延伸程度最深的社会互动形式。可见，吉登斯在对社会互动进行分析时引入了时空维度，从而把社会互动分为在场与不在场两种情形，并厘清了它们之间的关系。

舒茨把社会世界的结构分为社会的周遭世界、共同世界和前人世界。社会的周遭世界是一种“面对面的关系”，我与他者处于同一个时空，可以进行面对面互动，因此，周遭世界是一个互为主体的世界。可以说，周遭世界情境的本质是时空的直接性，我与他者在生命流程上处于同步状态，被体验的他者是以活生生的“邻人”出现的，因此，在社会的周遭世界中行动者之间是一种纯粹的“我们关系”，也只有在这种面对面的情境中，“体验的同步性和对彼此主观意义的追问才成为可能”。[①] 原则上，只有在周遭世界中行动者之间才能相互提出问题，并对彼此的诠释基模进行比对，验证理解的适当性，也就是说，只有在周遭世界中真正的对话和相互理解才有可能发生。共同的世界则是一种类型化的社会关系，他者只是类型化的存在——比如科层制组织中的官员就是类型化的行动者，其个人主观经验无关紧要。在共同世界中，行动者之间的相互理解需要借助于理想型概念，韦伯的手段—目的图式就是共同世界中为所有类型化的行动者所共享的诠释基模。在舒茨看来，在共同世界中我们所接触的人根本不是真实的人，而是一种类型化的人，其行为是规则所限制和约束的，他必须按照既定的预期和要求来进行行动。就像韦伯所说，科层制中的人只是机器上的一个小齿轮，其运行轨迹是被预先确定的。

伯格与卢克曼从现象学的角度对日常生活世界进行了研究，他们把日常生活世界界定为由社会中普通人的行动和思想所形构，并被他们视为理所当然的现实世界，这种“主体间的常识世界是通过主观意义的客观化过

---

① 阿尔弗雷德·舒茨．社会世界的意义构成［M］．游宗祺，译．北京：商务印书馆，2012：226-228.

程得以建立的”。[①] 可见，在伯格与卢克曼看来，日常生活世界是为行动者们所共享的互为主观的世界，它由一种面对面的情境或者是“此时此刻”所构成，其中包含的常识性知识为行动者的面对面互动提供了理解图式。

不同于舒茨把世界分为截然分立的三个类型，伯格与卢克曼认为，日常生活的社会现实是一个由社会互动构成的连续统，面对面的直接互动与匿名性的间接互动并不是不可通约的，它们位于这一连续统的两个端点。伯格与卢克曼还指出了语言对于日常生活世界的重要性，他们认为，日常生活中的主观意识是可以客观化的，这些客观化事物之所以可以跨越时空限制而直接为人所理解，主要是因为语言赋予其持久化的意义，因此，语言是理解日常生活的关键。由于语言是经验累积和意义的储蓄卡和有效载体，它可以经受时间的磨砺而传承下去，从而构成了行动者的共享世界和彼此进行理解的参照框架。

在哈贝马斯的交往行动理论中，日常生活世界是作为一个“补充性”概念出现的，它指的是一种内部主观性的世界，这种由语言和文化传统所组织的知识储存是交往行动的共同信念背景，或者说，是交往参与者所置身的一种“共同规定的行动状况”。[②] 可以说，日常生活世界的同一性为行动者之间进行质询与抗辩进而达成一致意见提供了同一性的背景条件。胡塞尔基于意识哲学的逻辑把生活世界化约为单一行动者的主观体验，而舒茨、米德和卢克曼则正确地认识到了生活世界的内部主观性问题。这种内部主观性的世界并不是单个行动者的私人世界，而是为多个行动者所共享的世界。然而，他们对生活世界的分析受制于胡塞尔的直观方法，没有从以语言为媒介的互为主体性的交往行动出发来揭示出日常生活世界的内部主观性。在哈贝马斯看来，日常生活世界从结构上来说包括社会、文化和个人三个部分，作为一种交往行动的背景，生活世界是理想言语情境的深层结构，其生产和再生产根植于传统惯例和历史经验的累积和更迭之中。

基于以上分析，我们认为，虽然社会学家对社会互动形式及其所处情

---

① 彼得·伯格，托马斯·卢克曼．现实的社会建构［M］．汪涌，译．北京：北京大学出版社，2009：18.

② 尤尔根·哈贝马斯．交往行为理论（第一卷）——行为合理性与社会合理性［M］．曹卫东，译．上海：上海人民出版社，2004：171-176.

境的描述不同，但基本观点是一致的，那就是社会互动可以分为在场和不在场两种形式。在场的面对面互动置身于“此时此刻”或“日常生活世界”，也就是说，在场的面对面互动是以行动者共处于“同一时空”为前提的，而基于实践意识的常识性知识或默会知识为这种互动提供了同一性的参照框架。然而，从工业社会发展的历程来说，社会互动的模式逐渐远离面对面的情境，变得更具有匿名性。吉登斯和哈贝马斯都曾意识到这一点，并对此做过分析。

在吉登斯看来，社会互动匿名性的增加与工业化进程中的“脱域”是联系在一起的。所谓“脱域”指的是“社会关系从彼此互动的地域化情境中脱离出来，在更广阔的时空距离中重新组织”。[①]“脱域”使社会互动逐渐远离了在场情境下的面对面互动。吉登斯认为，在前现代，时间与地点是联结在一起的，社会互动受此时此地的“在场”所支配，是高度地域化的，同时也是不稳定的。随着现代性的来临，钟表和日历的发明使时间从空间中分离了出来，为“脱域”提供了条件，然而“脱域”的实现则依靠象征标志和专家系统这两种脱域机制。正是象征标志中的政治符号和货币符号，以及专家系统中的技术成果和专家队伍把社会互动从面对面的情境中分离了出来，促进了社会系统的时空延伸。

社会治理中技术主义和精英主义的兴起也与“脱域化”有关，尤其是与专家系统这种“脱域”机制有关。在工业化进程中，随着劳动分工的出现，任务的复杂化使专业知识的发展成为必要，而一般的常识性知识则不断被边缘化，因此，专家就成为社会治理的理想人选。专家知识的扩展必然会导致社会共有知识储存的萎缩，进而推动社会治理中技术主义和科学主义的兴起。因为，专门知识的获取通常是通过“理论生活”或科学研究来实现的，而普通人不具备进行理论研究的知识和能力。因此，“纯理论”专门知识的增长必然导致普通人被排斥在社会治理之外，或者说，普通人只在形式上具有参与社会治理的机会。

同时，工业社会的时空延伸和“脱域”也促进了大型合理性组织的产生，而科层制组织就是“脱域”的产物，它是一种不受时空限制地解决问

① 安东尼·吉登斯．现代性的后果［M］．田禾，译．南京：译林出版社，2011：46.

题的结构设置。可见，正是现代社会中由“符号系统”和“专家系统”所构成的“抽离化机制”使社会互动脱离了地方性情境或在场的特殊性。① 吉登斯的观点得到了哈贝马斯的高度认同。哈贝马斯指出，在工业社会初期，公共问题的解决主要是通过面对面的公开讨论来实现的。只不过，随着“专家统治意识”和“技术主义”侵入到日常生活领域，导致日常生活领域被殖民化，从而消解了面对面的社会互动，造成了资本主义的合法性危机——这种危机主要表征为表达危机和委托危机，确切地说是共识难以形成的危机。

实质上，对于面对面互动隐匿的分析必须从历史背景出发。在农业社会，人们之间的互动拘囿于相对狭小的时空之中，而且，时间和空间是联系在一起的，离开了“此时此刻”社会互动就无法完成。所以，在农业社会，社会互动主要是一种高度在场的面对面互动。进入工业社会，面对面的互动被技术和专业知识所消解，或者说，正是工业社会的科学主义和技术主义使远距离的、跨时空的社会互动成为可能。这种不在场的社会互动表征为组织化的形成，具体来说，是以科层制组织的形式来呈现的。组织中的规章制度为不在场的行动者之间的互动提供了同一性的符码系统，可以省去彼此之间的对话和交流，从而使社会控制和效率的提高成为可能。因为，行动者的意向性和行动所传达的意义是由规则所赋予的，当行动者采取行动时，其他行动者无须询问就可以作出准确理解，从而使集体行动得以秩序化。但实践证明，仅仅依靠非人格的规则不足以对行动产生规范，因为，个体既不是机器，也不是刺激—反应式的“社会人”，而是具有自主性、能动性和反思能力的行动者。

我们知道，面对面互动的隐匿是在工业社会这种特殊背景下产生的，或者说，是由工业社会特定的历史和社会条件造成的。工业社会是一个生产主导的社会，对物质财富和效率的欲求催化了技术革新和专业知识的发展，促成大规模的合理性组织的出现，而科层制组织的生成意味着面对面互动的匿名。从行动的角度来看，科层制组织是一种匿名性或不在场的社会互动形式，或者说，是一种高度结构化的社会互动形式。因而，当科层

① 安东尼·吉登斯．现代性与自我认同［M］．赵旭东等，译．北京：三联书店，1998：19.

制组织开始扩展到几乎所有的社会领域时，面对面的互动又怎么可能产生呢？以此来看，当哈贝马斯把实现平等主体之间协商对话的希望寄托在“理想的言谈情境”或沟通的有效性条件时，又是何等的荒谬。

从公共决策的角度来看，在悬置组织的情况下谈论如何通过协商对话来建构决策共识绝对是一个误区，因为，任何社会互动都具有结构和规则，只是规则约束力有强弱之分。同样，在科层制组织中谈论决策者之间的平等对话问题更是荒诞，因为，科层制组织不是一种独立于社会互动的客观实在，而是社会互动的定型化或结构化，它与面对面的互动是截然不同的。从工业社会迈入后工业社会，教育和知识的普及、行动者自主性的生成以及社会流动性的增加，都为面对面互动的回归和组织的重构提供了契机。当然，我们主张以面对面的形式进行协商对话并不是要倒退到农业社会，而是立足于后工业社会进程这一时代背景，来思考社会互动及其结构的重构问题。

4.3.2 面对面协商的结构性条件：在场可得性与组织再造

工业社会中的社会互动主要是以匿名的形式存在的，这种不在场情形下的社会互动源于符号系统、技术和专业知识的发展。所以，在工业社会中通过协商对话来寻求决策共识几乎是一种奢望，因为，“中心—边缘”的、高度结构化的社会组织根本就不会支持这种面对面的互动。公共决策中的协商对话有两个基本前提，一是多元决策参与者之间的地位是平等的；二是双方的对话是面对面的且以直接理解为目的。所以，在公共决策中，恢复协商对话并使之具有可持续性，不仅需要寻求在场可得性，而且需要使这种“在场”获得结构性支持。

协商对话本身就是和组织联系在一起的，可以说，它是一种有组织的行动，因而，也具有结构性。哈蒙曾对各种决策模式与组织之间的关系进行过分析，他认为存在五种类型的决策模式，即层级决策、交易与市场决策、选举决策、契约决策和共识型决策，而且，每一种决策模式都是与某种类型的组织相对应的。在他看来，层级决策是在科层制组织中作出的，这种决策主要由少数组织高层领导者来负责，而组织较低层级的成员很少介入，更多的是负责执行业已制定的政策。在科层制组织中，谁有权参与决策，决策的权限有多大，如何作出决策，完全是由组织的正式规则和制度来界定的。与层级决策相对应的是交易与市场决策，这种决策模式相信，自利的行动者可以通过理性计算来形成利益或偏好的自然聚合，无须借助于外在的约束机制和强制性结构。同样，选举决策和契约决策也很少用于组织内部，如果用于组织内部则有着不可避免的局限性。

其实，公共决策必定是在组织中进行的，即便是面对面的协商对话也离不开结构性条件的支持。尽管一些公共政策学家也认识到组织变革的必要性，并且也提出要构建一种非层级节制的组织体系，但这种组织构想仍以科层制组织为蓝本，且没有取得实质性的进展。之所以如此，主要在于没有对社会互动在场与不在场两种情形进行深入分析，梳理出它们之间的相互关系。实质上，社会互动的在场与不在场并不是不可通约的，不在场和在场之间是可以相互转化的，应该从历史的维度来对此进行把握。

我们知道，决策共识的形成必定是通过一种在场情境下的社会互动来实现的，抑或说，得益于面对面的协商对话。然而，在场情形下的社会互动是以不在场为前提的，也就是说，在场的、面对面的互动是以一定的社会结构为条件的。因为，从来不存在没有结构的行动，也不存在没有行动的结构，行动与结构是相互建构的，结构既是行动的结果，也是行动的条件。我们可以把“不在场”理解为行动的高度结构化，或者理解为以高度结构化的组织为载体的互动情境。但是，这种“不在场”并不是一成不变的，如果社会条件发生变化，人们可以有意识地加以建构，完全可以恢复协商对话的在场可得性。无疑，这需要改变对组织的意象，作为社会互动的建构物，组织并不总是呈现为科层制组织那般封闭和机械，也可以是松散的和开放的。从行动主义的角度来说，任何组织都是行动的定型化或结构化，从完全自由的社会互动到高度结构化的社会互动无不处于一个连续体之中，它们之间是可以通约和转化的。

从行动与结构关系的角度来看，理性协商有两个基本影响因素：即决策者的能力问题和结构性问题。[①] 所谓“能力问题”就是决策者能否胜任

① 詹姆斯·G. 马奇，约翰·P. 奥尔森. 重新发现制度：政治的组织基础［M］. 张伟，译. 北京：三联书店，2011：135.

的问题，决策者所具有的专业知识、技术能力和智识能力影响他们对政策问题的建构、政策方案的设计和选择。可见，能力问题不仅要求决策者接受专业化的训练，还要求决策者对参与决策作出积极承诺。“结构性问题”指的是决策的责任分配或组织安排的问题，组织结构和责任性安排决定了谁有权参与决策，通过什么方式作出决策，以及决策的合理性和合法性问题。所以，协商对话本身就是与组织联系在一起的。显然，理性协商作为一种行动，既受到行动者自身的影响，也受到行动者所处的社会结构的影响。组织结构与规则之于公共决策来说至关重要，因为，结构和规则限定了决策者的参与权限、问题和解决方案的可选择余地以及决策作出的方式。

鉴于组织之于公共政策的重要性，马奇才会说，政府有责任也有义务来进行组织再造，从而改进公共决策，进而推动政策目标的实现。因此，改变公共决策的模式，必须从组织及其结构着手。马奇是从工业社会到后工业社会的历史变迁中来认识决策的结构性问题的。他指出，伴随着工业化进程的推进，科层制组织开始扩展到社会生活的各个领域，而作为官僚体制的政府组织开始垄断社会治理权，从而使公共决策完全转为一种组织决策——公共决策在政府组织内作出。在工业社会后期，以科层制组织为载体的公共决策开始暴露出诸多弊端，尤其是“有组织的无序”和决策的道德困境开始成为困扰人们的主要问题。于是，公共行政学家们提出了市场化或企业化改革方案，公共决策开始突破组织的拘囿，逐渐形成多中心参与公共决策的格局。在马奇看来，跨组织的公共决策需要新的组织形式为其提供结构性支撑，为此进行组织再造就显得十分必要了。

尽管各个国家在组织再造的取向和方式上存在差异，但组织再造一般采取两种话语，一种是行政话语，另一种是政治话语。组织再造的行政话语专注于科层制组织的结构和程序设计，而政治话语寻求的是构建一个包括政府组织、利益集团和公民在内的利益网络或多元行动者参与的行动框架。当以科层制组织为载体的公共决策模式无法应对外部环境的变化和越发迫切的公民参与诉求时，人们开始把注意力转向网络组织的构建上。可见，在后工业社会的进程中，走向由多元行动者构成的网络组织已经是大势所趋。

网络组织的生成与后工业化进程中个体自主性的提升与信息技术的发展有关，鲍曼、吉登斯和芳汀都对此做过深入分析。鲍曼指出，消费社会的灵魂是欲望而不是需求，经济学家通常把需求或偏好视为相对稳固的、不变的和受到限制的，而欲望则是无止境的、流动的和变幻无常的，并且是自我生成的。欲望本身的特性决定了欲望永远无法被满足，正印证了那句古话“欲壑难填”。甚至还有人认为，欲望终会被愿望所取代，随着愿望成为消费的驱动力，自我彻底被解放。总之，鲍曼认为，不受约束的欲望彻底瓦解了理性秩序和旧控制体系的企图，幻想、激情和非理性再也难以被限制。[①] 所以，消费主义时代的来临，意味着个体自主性的增加，以及福特主义和全景监狱式控制体系的式微，也就迎来了组织重构的契机。

个体自主性的增加与知识社会的来临为新型组织形式的生成提供了温床。在德鲁克看来，后工业社会是一个知识社会，教育的普及和知识资本化使劳动力和生产工具合为一体，从而促进了行动者自主性的生成。那么，行动者就可以相对自由地离开或加入另一个组织，组织的边界自然也就变得松动，甚至消解了。无论是把后工业社会看作是消费社会，还是知识社会，都是从不同的角度来对后工业社会作出的描述，但基本都认可后工业社会所具有的流动性特征。的确，后工业社会的消费化和知识化造就了自主性的行动者，使他们进行面对面互动的概率大为增加，层级节制的组织形式也难以应对行动者对自由参与公共决策的积极要求，因此，组织变革势在必行。

吉登斯也认识到，工业社会中科层制组织的扩张使场所区域化了，部门分割的、封闭的组织形式让面对面的在场互动成为奢望。然而，信息技术和新媒体的出现促进了“时空交汇”，极大扩展了社会互动的空间，同时也压缩了时间，使远距离的行动者可以在第一时间进行互动。[②] 芳汀在《构建虚拟政府：信息技术与制度创新》一书中深入分析了信息技术与政府机构的关系，提出了虚拟政府的概念。信息技术和互联网对社会组织产

---

① 齐格蒙特·鲍曼．被围困的社会［M］．郇建立，译．南京：江苏人民出版社，2005：193.

② 安东尼·吉登斯．历史唯物主义的当代批判［M］．郭忠华，译．上海：上海译文出版社，2010：40.

生了深远的影响，不仅使组织结构更加精简和扁平化，还消解了组织的界限，促进了网络组织的生成。正如芳汀所说，因特网和信息技术作为一项技术，具有像蒸汽机和印刷机一样的革命性潜力，可以改变社会治理结构以及政府和公民之间的关系。① 作为一种具有整合功能的技术，整合数字网络使远距离的、权限分离的组织之间的连接成为可能，进而使社会治理结构网络化。这种网络组织虽具有虚拟性，但同时也是一个无缝隙的整体。政府、企业、非营利性组织和公民的虚拟整合为公共决策的民主化提供了组织载体，每个组织或个体都可以通过网络分享与政策问题有关的信息，提出自己的建议，甚至可以通过网络多点交互视频会议来进行政策辩论。可见，在后工业化进程中，信息技术的发展和行动者自主性的提高使获取协商对话的在场可得性成为可能，同时也为网络组织的生成提供了社会条件。

4.3.3 公共决策的合作组织构想：一个去中心化的决策结构安排

在克罗齐耶的组织决策理论中，“权力”和“游戏”是分析组织的两个核心概念。“权力”指的是行动者在协商性交换中构建于己有利的行动能力，实质上，权力体现的是行动者之间的策略性交换关系。权力来源于行动者的“管辖权”，即行动者的实用知识和技能，它们是行动者在长期的社会学习过程中习得的。而“游戏”指行动者之间进行讨价还价或协商性交换的“机遇”，“游戏”这个概念把分析的重心放在了互依性、协商和谈判等社会互动上，而不是角色或结构上。“游戏”是一种权力关系或策略性社会互动的整合机制，也是一种规范行动者之间协商性交换活动的工具，它调和着行动者的自主性和社会结构之间的关系。“游戏”作为一种社会建构物，是行动者之间相互分离的策略行为的黏合剂，“游戏”具有偶然性和权变性，会随着具体情境的变化而变化。然而，“游戏”并不直接对行为产生影响，而是通过影响行动者的策略选择来影响行动，同时这些策略选择又重构着“游戏”，因此，“游戏”永远是开放的。这样，组织

---

① 简·E. 芳汀. 构建虚拟政府：信息技术与制度创新［M］. 邵国松，译. 北京：中国人民大学出版社，2010：21.

就成了由多种“游戏”构成的集合体，也就是说，组织结构和规则是由多重“游戏”所建构的，而不是适应预先确定的组织功能和“角色”的产物。

克罗齐耶把由“权力”和“游戏”所构成的有组织的集体行动称为具体行动体系，“具体行动系统就是被建构的人类整体系统，它使用诸种相对稳定的游戏机制，来协调整合其系统的诸参与者的各种行动”。[①] 可见，具体行动系统不是功能主义者或控制论者所描述的先验存在或者客观实体，而是由社会互动所建构，并由“游戏”规则所维系的一种组织形态。作为一种社会建构物，具体行动体系及其规则存在于行动之中，它既是由协商性交换所建构的，同时又构成了协商性交换的条件。另外，具体行动体系具有明确的问题导向，它是围绕某一特定问题和问题的解决方案来得以构建的，因而具有个体性、或然性和暂时性，所以，对具体行动体系的识别只能通过问题来界定。显然，克罗齐耶和费埃德伯格给我们描述了一个具体的、权变性的和问题导向的组织意象。

克罗齐耶和费埃德伯格关于组织的决策分析不仅重塑了行动者的自主性，并以此为基础构建了一种低度结构化的组织形式，从而破除了行动与结构之间的二元分立。他们的研究表明，行动者的自主性与结构和规则并不是相互矛盾的，结构和规则不仅仅具有限制性，还具有使动性。然而，不可否认的是，具体行动系统中的协商性交换仍然是一种协作行动，因为，这种行动在本质上是一种策略性行动，它体现的是一种权力关系，而权力是与支配相伴而生的。

在吉登斯看来，权力以资源为基础，而资源分配的不平均会导致权力差距，从而产生支配。[②] 所以，权力天然地与支配联系在一起，而支配在社会互动的各种情境中无不表现为控制。因此，在吉登斯看来，权力等同于控制，在存在着权力的场所行动者之间的关系都不会是平等的。这不难理解，因为存在权力的地方，无论这种权力是一种强制力，还是一种交换能力，掌权者总会利用自己的权力来支配无权者。既然支配和权力是社会

① 米歇尔·克罗齐耶，埃哈尔·费埃德伯格．行动者与系统［M］．张月，译．上海：上海人民出版社，2007：210.

② 安东尼·吉登斯．民族、国家与暴力［M］．胡宗泽等，译．北京：三联书店，1998：7.

互动中不可分割的两个部分，那么，在存在权力的地方自然就会存在支配，而迄今为止，还没有哪个社会完全消除了权力。因而，我们也将不难理解吉登斯会认为，“我们也不能设想未来会有这么一个社会，完全‘克服’了支配的现象”。[①] 由此可见，吉登斯相信社会系统结构中支配地位的永恒性，所谓社会再生产也只是社会实践活动在时空延展中不断维系着不平等的社会关系，那么，社会实践的结构化也就成了不平等社会关系的循环往复了。

可见，在吉登斯的观念中，完全消解了权力的社会结构或组织是不可能出现的。然而，吊诡的是，虽然吉登斯承认科层制组织没有完全消失的迹象，但他仍认为，可以推动组织内部的民主化，建构一个以责任为基础的组织，从而扩大对话的空间。甚至，他还憧憬着一个由伙伴关系和自主组织所构成的新型社会。在吉登斯看来，一个步入更高阶段的现代性的社会必定是一个更具反思性的社会，这种新型的社会需要建立伙伴关系，并推动以社区或共同体为重心的治理。[②] 而高度自治组织的出现将是它的显著标志。显然，吉登斯的思想是矛盾的，他所展望的伙伴关系和自治组织显然与权力和支配的存在是格格不入的。因为，伙伴关系和自治组织的一个基本前提是行动者之间的地位是对等的，如果在行动者之间存在支配和宰制，那又何来伙伴之说呢？

我们认为，无论是克罗齐耶的具体行动体系，还是吉登斯的自治组织，其实都是一种“中心—边缘”的社会组织，因为，这种组织是建立在支配型的权力关系之上的。实质上，如果不消除权力的支配性，就不可能产生“去中心化”的组织。然而，迄今为止，几乎所有公共政策理论、组织理论或民主理论推崇的都是一种形式上的平等，尽管交往行动理论和协商民主理论最接近实质民主的理想，但由于它们悬置了对行动者所处社会背景或社会结构的考量，因而，只是一种乌托邦式的空想。我们必须认识到，若要消除权力关系中的支配性特征，必须识别和鉴定权力的来源和基础。

---

① 安东尼·吉登斯．超越左和右——激进政治的未来［M］．李惠斌等，译．北京：社会科学文献出版社，2000：97.

② 安东尼·吉登斯．第三条道路：社会民主主义的复兴［M］．郑戈，译．北京：北京大学出版社，2000：83.

显然，现代社会是一个组织化的社会，组织在公共决策中扮演着关键角色，实际上，公共决策基本都是在组织内或组织间的场域中做出的。随着公共决策民主化进程的不断发展，公共决策中的多中心参与已经成为一种趋势，而经济和教育水平的长足进步也破除了公民参与公共决策的诸种障碍。首先，物质丰裕意味着权力的消解。在物资匮乏的时代，生存是人类的第一要务，因此，谁掌握的物质财富越多，谁的权力就越大。然而，随着经济发展，中产阶级已经成为后工业社会进程中的主力军，对中产阶级来说，基本不存在物资匮乏的问题，因而，通过控制生存需求来支配人们已经难以奏效。对广大中产阶级来说，参与公共决策不是为了满足利益需要，而是为了自我实现，甚至是为了履行作为一个公民的责任和义务。显然，公民的这种诉求是不能用经济思维和效率概念来加以应对的。其次，在工业社会，知识与权力是联系在一起的，谁垄断了专业知识或科学知识，谁就拥有了权力，并可以获得治理社会的合法性。然而随着高等教育的普及、网络技术的发展和知识形态的变化，封锁专业知识已经是不可能的事情了。知识的快速传播和广泛共享使普通公民可以获得参与公共决策所需要的知识和技能，因而，已经没有理由再把公众排斥在公共决策之外。再次，信息技术的发展打破了行动者之间的隔阂，为公众参与决策提供了便利，也为构建虚拟化组织提供了技术支持，从而使面对面的协商对话成为可能。最后，在一个流动性、虚拟化和多元化的社会中，幻想继续依赖科层制组织或高度结构化的规则来约束行动者已经不合时宜，但是，一些公共政策学者仍囿于科层制组织来高谈如何建构决策共识，实在是令人费解。我们认为，为平等主体之间的协商对话建立结构支持，必须突破科层制组织，进而寻求建立一种去中心化的组织形式。

实质上，在后工业化进程中，资源要素已经不再是权力去支配化的主要障碍，结构与规则的滞后才是问题的核心所在。然而，公共政策学家们和社会学家们无一不是单纯地强调协商对话，或者在支配型社会结构下来谈论协商对话，从来没有从组织结构的“去中心化”上着手解决问题。我们认为，在后工业社会的历史进程中，只有着眼于组织重构，才能从根本上建立支持协商对话的组织形式。毋庸置疑，现代社会将是一个可直接进入的社会，也是一个横向社会，“在这样一个非个人的平等社会中，每个人与社会中心都是等距离的，无须任何中介就可以与之发生连接”。[①] 泰勒所描绘的去中心化的社会，无疑为组织的再造提供了可能性。

我们要建立的组织必定是以合作行动为基础的组织，而且是一个开放、反结构化的、有着模糊边界的组织形式，甚至这种组织形式与社会是同构的。合作制组织就是我们意想中的一个组织蓝本，这种组织形式是由合作行动所建构，并成为下一步合作行动的条件。合作制组织是一种网络结构，并且由伦理规则来整合组织中的协商对话，因此，这种组织能够最大限度地支持行动者的自主性以及彼此之间共识的形成。合作制组织的松散结构和弹性规则能够使协商对话的可持续性成为可能，从而有利于促成从共识到默契的升华。

① 查尔斯·泰勒．现代社会想象［M］．林曼红，译．南京：译林出版社，2014：137.

第5章 作为行动的组织学习与决策共识形成

组织学习是通过组织成员之间的深度会谈和讨论来建构共识的一种方式，并且，长期的组织学习还可以形成默契，也就是说，组织学习可以实现从共识到默契的升华。组织学习可以被视为一种克服了语言局限性的决策方式，它虽以话语为媒介，却摆脱了协商对话的拘囿。然而，传统的组织学习理论却带有现代主义的烙印，往往把组织学习看作是一种达成既定组织目标的沟通技术和工具，并服从于系统或结构的指令，从而忽略了组织学习中的行动者及其能动性。具体来说，传统的组织学习理论主要从属于功能主义的视角，即便谈到了行动问题，也是把行动化约为目的性行动。因此，欲使组织学习真正成为平等主体之间建构共识的决策方式，就必须对其加以解构与重构。

5.1 组织学习的解构

在后现代学家看来，“解构”一词指的是对现状加以质疑和批判，并试图对其进行彻底动摇和改变。虽然组织学习是一种行之有效的共识形成技术，但也消解了行动的自主性和能动性，从而使决策共识的真实性大打折扣。从后现代主义的视角来看，作为现代主义的产物，组织学习理论具有明显的整体主义、工具主义和语言性理解的局限性，因而，需要对其加以解构，并在解构的基础上进行重构。但是，这种重构绝不是重蹈后现代主义的覆辙，走向虚无主义和相对主义，而是要在后现代主义清理地基的前提下，对组织学习加以彻底重塑，使组织学习成为一种具有行动主义特征的集体行动。无疑，消解了功能主义特征的组织学习就会彰显行动者与行动的主导作用，并成为一种能够建构实质性决策共识的有效途径或方式。

5.1.1 组织学习的系统构成：整体主义的局限性

组织学习本意指的是“发现组织中存在的问题，并通过对组织‘使用理论’——行为背后所隐藏的基本假设和心智模式——的修正，而加以改进的过程”。[①] 组织学习是共识构建的一种沟通或对话方式，但这种对话方式主要与系统理论联系在一起。组织学习的核心是团队学习，团队学习是组织成员通过相互质询和辩论来建构共识的一种方式。在学习型组织中，团队学习是有组织行动的整合机制，它通过讨论和深度会谈两种交谈方式，来使组织成员之间进行无拘无束的自由沟通，相互探询各自内心中的基本假设，并建设性地交换或讨论彼此对重要议题的观点，进而形成高层次的共识。可以说，正是团队学习把组织成员的行动整合在了一起，并使之呈现一定的秩序。

从公共决策的角度来说，团队学习可以被看作是一种决策方式，通过团队学习可以形成决策共识乃至默契。共同愿景的建立为团队学习提供了共享价值观，或者说，共同愿景和价值观为团队学习中组织成员的相互质询和深度会谈提供了同一性的标准。因为，没有标准，组织成员就会自说自话，共识也就无从谈起。

我们可以把团队学习视为一种社会互动方式，这种行动图式也是以语言作为媒介，类似于哈贝马斯的交往行动。虽然它们都把社会互动化约为以语言为中介的沟通行动，目的也都是为了理解，但是二者也存在着较大的区别。哈贝马斯是从话语伦理的角度来寻求交往中的共识形成。在哈贝马斯看来，共识是一种理想的沟通情境的产物，只要具备了他所说的有效性谈话的四个构成要件，共识的形成也就是自然而然的事情了。也就是说，哈贝马斯所说的共识更多的是一种程序意义或形式主义的共识，他忽

① Argyris C, Schon D. Organizational Learning: A theory of action perspective [M]. Reading, MA: Addsion-Wesley, 1978.

略了对行动者心灵深处的基本假设和认识图式的探查。而圣吉的组织学习理论则主要从系统动力学的角度来寻求共识的形成。他假定共识的形成服从于系统思考的逻辑，也就是说共识的形成不是源于某个单一事件或某个单独的行动，而是由结构性的团队学习或组织学习所决定。

虽然圣吉主张组织学习，并认为，通过组织学习可以建立起组织成员之间的共识，但是，这种共识是套嵌在一个自我再制的系统之中的，而且个体行动完全被系统所决定。也就是说，在系统论的组织学习中，个体只不过是某种“整体存在”的玩偶，其行动是被预先设定的。显然，如果个体行动者没有行动自由，他们在公共决策中就无法真实地表达自己的诉求和愿望，由此形成的共识就很难说是一种实质性的共识。

圣吉的组织学习理论深受佛睿思特的“系统动力学”影响，在圣吉看来，结构是影响行为的主要因素，这里的结构指的是系统中能够影响行为的一些关键性变量之间的相互关系，“而不是组织设计图上所呈现的结构，也不是一种论证逻辑结构”。① 圣吉指出，存在着三种影响行为的层次：即事件层级、行为变化形态层级和系统结构层级。前两个层次都是一种局限的、片段式的事件思考，而“结构性”的解释框架可以探究行为影响的深层次原因。圣吉关于“结构性”思考和“事件”思考的区分是社会科学研究中整体主义和个人主义方法论对立的体现。

从社会学理论的角度来说，“结构”和“过程”是分析社会现象的两种基本方式，这里的“过程”实质上就是事件分析。“事件分析”是片段化、原子化的思维方式，对社会现实持“唯名论”的立场，它假设社会系统可以分割为若干相互独立的组成部分，并且每个组成部分都具有自主性，即使离开了整体，也不会影响其存续。因此，以个体为逻辑起点的个人主义方法就成为分析社会现象的一种理想进路。而“结构性”分析对社会现实持有一种“唯实论”的立场。这种分析方法认为，社会系统是一个整体，类似于有生命的有机体，具有实在性，对单个组成部分进行分析不足以把握其整体特性。社会系统是一个自我关联的和自主的整体，凭借其

① 彼得·圣吉．第五项修炼——学习型组织的艺术与实务［M］．郭进隆，译．上海：三联书店，1998：47.

内部的逻辑和自身的力量可以支持其生产和再生产。因此，“结构性”思维框架的一个显著特征是，社会系统是自我再制的，也就是说，社会系统存续的驱动力在于系统结构自身，而不在于外部环境因素。

基于以上分析，我们也就不难理解，圣吉所提出的“结构影响行为”的观点了。圣吉正是从系统理论的角度出发来研究组织学习，他认为，科层制组织存在着学习障碍，应该构建学习型组织来取而代之。其实，圣吉的学习型组织在本质上就是一种自我再制的系统，这种组织需要经过五项修炼才能建立，或者说，学习型组织具有五个构成要件。

我们可以基于行动与结构关系的角度来对学习型组织进行剖析，以揭露其真实面目。在圣吉看来，学习型组织具有两个基本假设：一是假定行动者是自我超越的，具有积极追求个人愿景并实现其个人目标的学习能力和创新能力；二是假定心智模式影响个体行动，心智模式属于认知科学或社会心理学研究的主题，由此奠定了学习型组织的学科基础。从行动与结构的关系角度来看，学习型组织强调系统结构的自我再制功能，结构一旦建立便具有自主性，并对行动产生决定性的影响。因此，在结构与行动的连续体之中，学习型组织更倾向于结构一端。尽管学习型组织强调结构的优先性，但这种结构并不是外在于行动，而是由行动所建构，具体来说，是由循环往复的团体学习来建构和维系。因此，通过组织学习来建构共识必须认识到它的系统论前提，而在系统理论体系中进行组织学习是不可能形成真实性对话的。因为，系统理论从根本上来说是一种“整体主义”的认识论，它没有给行动者自主性留下充足的空间。所以，只有摒弃系统理论，并把组织学习构筑在合作行动理论的基础上，才能最大限度地释放行动者自主性，从而形成实质性的决策共识。

可见，对组织学习进行解构必须首先认识到它的系统论本质。系统是一种生物学隐喻，它指的是由各种元素组成的有机整体，这些元素之间虽然有着复杂的交互关系，但是，它们只能作为整体的一部分或者作为整体的构成要件而存在，离开了整体，个体也就失去了其存在的意义。系统理论的聚焦点在于整体中具有交互关系的各个要素得以整合的机制或形式。显然，系统理论把社会视为一个生命有机体，而不是物理学意义上可以拆分成若干独立单位的机械体。也就是说，系统最显著的特点是其组成部分之间存在着一种复杂的、网络式的交互关系，而不是简单的线性关系。

系统有开放与封闭之分。封闭系统指的是，在不与环境交换的情况下，依靠系统自身内部的运行方式和整合机制就可以达成持久的平衡状态；而开放系统则假定，系统与外部环境之间存在着复杂的交换关系，其构成要素会随着这种交换过程的变化而发生更迭，但仍能达成一种内部平衡，只不过是一种动态的平衡。系统与外部环境之间的交换关系并不是一种简单的、线性的因果关系，而是一种动态、复杂的相互调适关系。因而，系统并不是完全受制于外部环境和结构性条件的制约，它还具有自主性和能动性，可以及时对外部环境的变化作出识别并加以积极应对。尤其是在开放系统理论那里，系统更是自足的，不需要依赖外部条件就可自行运转。如果系统不再被外部环境所控制，而是自我再制，那么，破解系统“黑箱”就必须立足于系统自身，也就是说，要从系统自身出发去破解系统应对外部环境变化的内在逻辑。

从系统论的角度来说，系统内部的特定逻辑不能化约为各个独立元素之间的因果关系，而是一种自我组织的过程，即系统依凭自身内部的动能来引导与维持自己的运转。这种过程，就是佛睿思特所说的“迂回过程”，或者说是“自我套用”。卢曼是社会系统理论的集大成者，他认识到帕森斯的结构—功能主义的局限性，并对其进行了修正，从而提出“新功能主义”系统论。卢曼的系统论旨在弥补社会结构研究中行动者的“缺场”。在卢曼看来，行动和结构统一于社会现实与个体行动者交互作用的辩证过程，然而他所说的“行动”其实是一种与个体无关的“沟通”。卢曼坚信，沟通是社会系统的基本单元，而社会系统就是通过沟通的迂回性过程得以生产与再生产的，因此社会系统本质上是一种沟通系统。然而，卢曼却认为，沟通并不是社会行动的结果，而是社会系统的产物，“沟通与个体行动者无关，只有沟通才能沟通”。[①] 因为，个体不是系统理论的基本概念，系统理论是以系统与环境的区分为前提的，非系统即环境。而人则不是系统，因为在人身上虽存在着心理系统、神经系统和有机系统等诸多系统，

① Georg Kneer，Armin Nassehi. 卢曼社会系统理论导引［M］. 鲁贵显，译. 台北：巨流图书公司，1998：85.

但不存在使这些不同系统的自我再制性能够统一起来的机制。这些不同系统的封闭性使人与人之间的沟通几无可能，所以，卢曼才会认为沟通是非人格化的。

卢曼把源于生物学的社会再制概念移植到社会学领域，社会系统是一种自我再制的封闭系统，它是自我指涉的。也就是说，社会系统具有自主性。作为新的系统理论典范，自我再制系统指的是，具有生命的有机体通过其内在的逻辑运作来维持自我的生产与再生产。具体来说，系统由各个互动着的组成部分所构成并维系，同时它又生成着这些组成部分。直言之，系统与其组成部分之间是一种相互形构的关系。自我再制系统具有相同的组织，却具有不同的结构，也就是说，自我再制系统的各个组成部分具有统一性，但是，各个组织部分之间的相互关系却是可以发生变化的。在系统理论的概念框架中，组织指的是系统各组成部分所具有的统一性或整体性，而结构指的是各组成部分之间的关系。卢曼把沟通视为社会系统最小的基本单位，显然，对他而言，结构指的就是沟通与沟通之间所形成的网络结构。而由沟通所形构的社会结构则是一种自我再制系统，这种系统是自我指涉的，它的生产与再生产是自我驱动的，不需要借助于外部的力量。

可见，在卢曼的自我再制系统理论中，个体行动者及其意向性被降低为一个边缘化或辅助性的角色。个体只是系统所处的环境的一部分，而不是沟通的主体。在卢曼看来，沟通是由讯息、告知和理解这三个环节构成的，而个人的意向性和计划是无法决定沟通的，只有一个信息被告知且获得理解时才能形成沟通，因此，沟通必然是一个非人格化的过程。遗憾的是，卢曼是从系统理论的角度来对沟通进行社会化的界定，而没有从主体间或交往的层面来对沟通进行研究。

不难理解，卢曼为何把沟通而不是行动作为社会的基本单元。因为他是从个人主义的、原子化的角度来界定行动的，而以原子化的个体来界定行动必然导致行动与沟通的分立。沟通是双向或多向的，而行动则是一维的，二者之间的鸿沟难以弥合，所以，卢曼也只能从个体行动者之外来界定沟通了。然而，卢曼并不排斥社会共识，但是，他认为共识是社会系统自身的特征，而不是社会互动的结果，并且共识可以作为社会控制手段来规范人们的行为。由于在共识观上存在分歧，卢曼曾经与哈贝马斯进行过长久的辩论，利奥塔对此做过评论。其实，他们关于共识的分歧凸显了社会理论研究中结构和行动之间的对立。

因此，对“组织学习”“共识”和“沟通”进行理解必然放置到社会理论中行动与结构关系演进的图谱当中。其实，在社会学理论中一直存在着系统理论与行动理论的对立，二者之间的对立往往以主体—客体的形式呈现，这种对立关系构成了社会学理论演变的一条主线。主体主义从主体及其行动出发来洞悉社会行动的本质；而客体主义则把社会作为一个整体来进行研究。前者始于韦伯，后者则以涂尔干为鼻祖。韦伯强调个体行动者的主观意义，并主张以客观的方式来理解有意义的社会行动，从而找寻具有普遍性的行动法则。涂尔干则悬置了对行动者心理方面的探赜，集中关注社会事实问题。他认为，社会秩序是社会事实交互作用的结果，体现了一种集体共识，但不能化约为个体行动者的主观意向。比如，契约作为一种对规则的共同认可，本身就是社会事实，与行动者的心理状态无关，并先于个体行动者而存在。当然，无论是韦伯的理解社会学，还是涂尔干的整体社会学，最终是殊途同归，都导致了社会结构的物化。

卢克曼从现象学角度出发对社会现实的主观主义和客观主义进行了整合，他把社会现实视为一种辩证的建构过程。我们可以看到，关于社会现实的本体论和认识论经历了一个从自然实体论或唯意志论到社会建构论的转变过程，也就是说，经历了一个从悬置行动到吸纳行动的过程。基于以上分析，我们认为，无论是旧功能主义还是新功能主义，都把社会结构或组织视为具有自我再制能力的整体，这种整体对于个体行动具有决定性。虽然卢克曼的系统理论引入了微观“行动”基础，提出了系统是由社会互动所建构的观点，但是，这种社会互动却是由与个体行动者无关的沟通所组成的，所以，仍然没有走出“整体主义”的窠臼。因此，在系统理论所主导的组织学习中，共识是系统整体的产物，而不是个体行动者之间持续互动的产物。那么，在一个悬置了行动者及其行动的系统中，行动者的自主性和平等对话又如何能够生成呢？所以，建构实质性的决策共识必须解构系统论的组织学习观，恢复自主性的行动者，从而为平等主体之间的交往互动奠定基础。

5.1.2 组织学习的技术构成：工具主义的局限性

从理论旨趣来说，组织学习理论的初衷并不是为了促进公共参与和共识建构，而是为了改变线性思维方式在面对复杂情境时的局限性。当社会低度复杂和不确定时，事物之间的关系相对简单，以线性思维的方式就可以梳理出它们之间的因果关系。而当社会趋向高度复杂和不确定时，不仅事物之间的关系错综复杂，并且突发性事件也会频发，甚至成为一种常态，这时候再采取一种线性思维的方式就很难奏效。不得不承认，突发性事件是后工业社会进程中人类所遇到的主要挑战。然而，所谓“突发事件”并不是突然发生的，其发生通常要经历一个长期的、缓慢的和渐进的过程。可以说，突发事件的发生是一个系统事件，有着深层次的、多方面的复杂原因。因而，应对突发事件需要淬炼系统思考能力。

在圣吉看来，系统的结构性思维是一种循环往复的“动环式”解释模式，它把因果关系植入一个反复回流的动态循环之中，从而彻底颠覆了片段式的线性因果关系模式。换句话说，因果关系在时空上并不是呈线性分布的，因果是可以转换的，一个事件的结果也可能是另一个事件的原因，只有深入分析和识别系统结构或“系统基模”，才能梳理出因果关系。走出线性思维模式的怪圈需要重构语言，因为，传统的语言模式都是以自我为中心，虽说凸显了主体性，但也阻碍了人与人之间的交往。所以，社会学的语言学转向是指向“互依性”对话的，从强调主体性到重视主体间性，现象学社会学、符号互动论和交往行动理论无不是如此。系统新语言建立在不断增强的反馈、反复调节的反馈和时间滞延这三个基本元件上，而系统基模由此所构成。组织学习是建立系统新语言的关键，然而，组织学习总是存在着障碍。

造成组织学习能力不彰的原因既有组织结构方面的，也有个体行动者及其行动方面的。从结构上来说，科层制组织的条块分割的结构设计及其根深蒂固的原子化的思维方式，是导致组织学习障碍的根本原因之所在。圣吉提出，通过系统思考、自我超越、改变心智模式、团队学习和描绘共同愿景这五项修炼可以构建学习型组织，进而解决组织学习能力不足的问题。作为组织学习最佳单位的团队学习其实是一种有效的对话方式，包括讨论与深度会谈、反思与探询等沟通技巧。至于学习型组织是什么类型的组织，它的结构和规则又是什么，组织学习理论则疏于论述。但有一点是肯定的，那就是，学习型组织是一种不同于科层制组织的组织类型。所以，组织学习理论也隐含着组织变革的动向，只不过，这种意图被一种工具主义的组织学习观扼杀了。

学习型组织是组织学习理论的一个重要研究领域,① 它指的是那些主动通过组织结构和战略调整来不断改进和完善组织学习的组织。总体来说，组织学习只不过是建立学习型组织和形成系统思考能力的一种工具或者手段，这种有计划的管理和干预方式通常是从外部施加于组织的，而组织学习中的个体行动者及其行动则往往会被忽略。也正如卢曼所说，组织是一种自我再制的系统，有着独立性和自主性。显然，遵循系统理论而建立的学习型组织也是一种有着独立运转机制的组织，这种组织虽然通过有计划的管理手段而建立，但建立之后就成为一种自我再制的系统。

不同于彼得·圣吉，阿吉里斯是从行动理论的角度来分析组织学习，他所说的行动理论指的是确保行动有效性的计划，抑或说是，行动之所以有效的因果机制。行动理论的实质就是行动图式，是行动者在行动中所遵循的基本假设和行为逻辑。阿吉里斯认识到，有意图的行动或有计划的行动与理所当然的或无意识的行动是两种基本的行动类型，并且，两者之间的关系并不像很多组织社会学家所理解的那样是截然分立的。阿吉里斯正确地指出了目的性行动与实践行动之间的联系，它们之间得以融通的机制是日常行动的典型化或惯例化。惯例化的行动会导致行动无意识，进而造成组织习惯性防卫。

实质上，正是这种根植于习惯性活动或行动的组织习惯性防卫对组织学习构成了障碍。换句话说，习惯性防卫指的是由惯常性的行动图式及其在日常生活实践中的应用所产生的熟练行动或行动无意识。这种理所当然的行动降低了组织成员对外部威胁的敏感性，自然也疏于探查形成这些威

---

① Lahteenmarki S, Toivonen J, Mattila M. Critical aspects of organizational learning research and proposal for its measurement [J]. British Journal of Management, 2001, 12: 115-128.

胁的具体原因，正是这种“过度的自我保护抑制阻碍个体和组织的学习”。[①] 可见，组织习惯性防卫根植于行动的惯例化，一种行动图式一旦成为一种习惯，便固化为常识性知识，被认定为向来如此和理所当然，而组织中的行动者便会不假思索地加以参照和遵循。

从行动理论来看，阿吉里斯所说的惯例化行动或熟悉的行动类似于吉登斯的实践意识或布迪厄的惯习，它们指的都是人类行动中非计划性、非意图的和理所当然的一面。但是，他们的观点还是存在着较大区别。在吉登斯和布迪厄的理论中，理所当然的行动是社会结构生产和再生产的核心动力，也是集体行动得以秩序化的关键因素。同时，这种惯例化的行动及其背后的默会知识为面对面的互动提供了基础和前提。然而，在阿吉里斯看来，社会行动中的隐性知识所起到的作用是负面的，起码对组织学习来说是如此，因为，这种理所当然的知识形成了行动习惯，从而造成了组织学习的功能障碍。可见，同样是实践行动和默会知识，但它们在不同理论家眼中的作用是不一样的。然而，阿吉里斯的观点表明，实践行动或惯例化行动并不总是一种积极的行动类型。

有的学者认为，组织学习的基本单位应该是小组，而不是个体，因为个体学习并不必然导致组织学习。[②] 但在阿吉里斯看来，所谓组织学习其实并不是组织在学习，组织本身不会学习，而是组织中的人在学习。这种观点无疑是很深刻的，它表明，阿吉里斯已经走出了系统论的理论禁锢，发现了组织学习中的行动因素。根据阿吉里斯的分析，组织学习通常是经验性的，它既可能发生在行动预期与行动结果一致的情况下，也可能发生在不一致的情况下。阿吉里斯指出，组织学习有两种类型，即单环学习与双环学习。所谓“单环学习”是指那些仅仅改变行动而不改变系统的根本价值观和基本假设的组织学习。也就是说，单环学习的行动理论或行动图式被看作是既定的、不可更改的，学习所要改变的仅仅是行动本身。因此，单环学习通常适用于相对简单的社会情境或惯例性的工作，而双环学

① 克里斯·阿吉里斯．组织学习［M］．张莉等，译．北京：中国人民大学出版社，2004：71.

② Cook S D N, Yanow D. Culture and organization Learning［J］. Journal of management inquiry, 1993, 2 (4): 372-389.

习则涉及行动背后的驱动因素或主控程序的改变，所以，双环学习更适合于应对复杂环境或解决非程序性的问题，也最终决定着系统的命运。

单环学习与双环学习虽是两种不同的组织学习方式，但也存在着一定的联系，而且，双环学习可以分解为单环学习。阿吉里斯认为，到目前为止，大多数组织学习理论所强调的组织变革都是一种单环学习，这些组织变革没有触及行动理论中所潜藏的控制变量，因而，最终都只能沦为系统的附属品。也就是说，单环学习所能做到的仅是适应和顺从现状，而不能去改变现状。因此，建立学习型组织需要引入双环学习，并彻底重构行动图式与主控程序，那么，在行动理论中引入促进因素则是必然的了。

在阿吉里斯看来，行动理论分为两种——即名义理论和应用理论。名义理论也就是行动者所说的，可从言语上来加以识别；而应用理论则体现在行动上，无法从言谈中探查。名义理论是多变的，应用理论则是相对稳定的，所以，人类行动主要是受应用理论所指引。“应用理论”是在组织学习中切实地用于指导组织成员行动的理论，它基于工具理性的手段—目的逻辑，包含有几个基本的价值变量和一系列行动策略。这些行动指针社会化为行动者的内在心理结构，并为个体行动提供参照框架。个人应用理论的高度熟练化和内化催生了个体行动的无意识，使他们疏于反思自己的行动，或者说，习惯于把行动惯例视为理所当然而加以接受，从而阻碍了双环学习。“名义理论”是行动者提倡或表达的价值观，可被理解为行动者通过言说所表达出来的基本立场或观点。通常，在具体的社会实践中行动者所遵循的应用理论与名义理论是不一致的，他说的是一回事，在具体行动中所表现的又是一回事。

个体的应用理论或行动图式与特定的组织结构是一致的，单环学习对应于控制导向的科层制结构。但是，这并不代表重构组织结构就可以建立双环学习，因为，组织层面的介入并不能改变既定的行动理论和学习系统。阿吉里斯认为，个体是达成双环学习的关键，如果个体行动者不对自己的应用理论做出调整，组织结构也就很难加以改变，因为，个体学习才是组织学习的起点，组织本身不会学习。所以，为了建立双环学习，就必须鼓励个体摒弃防卫性推理，进行创造性推理。但是，阿吉里斯的行动理论是一种基于手段—目的关系的工具考量，其关注的焦点是如何通过采取行动来有效地达成结果。组织学习就是行动者对预期与结果进行比对，如果结果实现了预期则行动继续，反之，则要对行动或行动图式进行调整。可见，阿吉里斯的组织学习理论是一种赤裸裸的工具主义逻辑，它崇尚的仍然是理性计算和技术旨趣。

显然，组织习惯性防卫源于工具理性行动的典型化或惯例化，它根植于行动者内心深处的认知图式和基本假设，通过社会化而内化，并最终沉淀为组织文化。根据卢克曼关于社会现实客观化的观点，作为行动基础的组织文化一旦形成就会结构化为一套为组织成员所共享的基本假设，这种潜在的共同心智模式和心理结构是一种凌驾于个体行动者之上的客观化力量，从而消解了个体行动者的自主性和创造性。可见，组织文化的固化会成为一种压制性的结构，从而使个体行动者成为组织文化的奴仆。阿吉里斯以个体行动者作为切入点来寻求建立具有创造性的行动理论，构造双环学习，从而对固有行动模式的价值前提进行挑战。沙因也认识到，行动图式和组织文化的形成主要源于组织或团队的不断学习，只在部分程度上受到组织高层领导者的影响，然而，他却大谈特谈领导力如何有助于组织文化创建、革新和转型。可见，阿吉里斯和沙因所遵从的都是一种个人主义的路线，具有明显的工具性和技术主义取向。

从技术主义角度来说，即便结构不是由个体行动者所建构的，那它也必定是可以进行人为干预的，否则管理的存在也就没有什么必要性了。但是，强力人为的外在干预依然是一种手段—目的的工具主义图式，这种行动模式是一种彻头彻尾的精英主义逻辑，剥夺了普通行动者参与公共决策的机会。我们认为，组织学习的技术主义和工具主义根源于对行动与结构关系的误读。其实，社会组织和组织文化作为一种人为的建构物，是可以进行重构的，但重构的过程绝不应该交由少数人通过理性计算和有计划的工具性行动来完成，而是要引入广泛的社会参与，并通过主体间的协商对话来予以建构。并且，行动者也不是既定行动图式、社会结构或组织文化的消极顺从者，他有一定的行动自主性，可以规避或利用组织规则。

基于以上分析，我们发现，无论是从结构角度还是从行动角度来对组织学习进行研究，最终都会导致技术主义或工具主义的逻辑。因为，从系统的层面来看，组织学习是一种达成系统思考和实现组织目标的工具；而从行动的层面来看，组织学习则与个体的行动图式有关。从根本上来说，组织学习的工具化设定源于对行动与结构及其关系的误读。如果把行动看作是为理性计算所支配，而把结构视为一种自我再制的系统，那么，组织学习就必然具有技术主义和工具主义的特征。所以，在公共决策中通过组织学习来建构决策共识，必须消解组织学习的工具主义特征。

5.1.3 组织学习的话语构成：语言性理解的局限性

通常来说，对组织学习的研究是从结构和行动两种角度进行的。结构视角下的组织学习理论从属于系统论。作为一种自我再制的系统，组织具有整体上的不可分割性，而组织学习只不过是提升组织系统学习和思考能力的管理工具。在系统理论中，组织学习虽有利于组织成员之间的知识共享和经验交流，并能够在彼此之间建立共识或默契，但这些并不是组织学习的根本旨趣之所在。行动视角下的组织学习理论认识到，组织学习的主要障碍来自日常生活世界中理所当然的知识，为此，需要在组织中推行双环学习，以破除惯性思维范式的阻力，从而形成真正的组织学习。

组织学习理论中的理性主义色彩是显而易见的，但是，组织学习毕竟也是一种话语构成，因而，必然涉及语言和理解的问题。只不过，在不同的组织学习理论中，语言介入和发挥作用的程度是不一样的。在阿吉里斯的组织学习理论中，组织学习是一种基于手段—目的逻辑的理性谋划，语言的作用主要在于对隐藏在惯例化行动中的隐性知识或心智模式进行阐发和澄清，以揭露组织学习中习惯性防卫的症结之所在，从而启动双环学习。在阿吉里斯看来，建立组织双环学习的突破口在于个体学习，因为，组织并不会学习，只有个人才能进行学习。因此，阿吉里斯把个体确立为组织学习的基本单位，也就是说，组织学习是一种个人主义的或原子化的独白。然而，在圣吉的组织学习理论中，组织学习是一种主体之间的对话，而不是个体的独白。圣吉指出，在组织学习中，行动者要通过“反思”和“探询”来探查双方的心智模式，与他者进行深入磋商，从而建立起深层次的共识。可见，在圣吉的组织学习理论中，组织学习突破了主体中心主义，表征为主体间的协商对话。

从公共决策的角度来说，组织学习不失为一种建构决策共识的方式，我们倾向于把组织学习视为一种有效的政策对话，它有利于共识乃至默契的形成。然而，组织学习也并不是必然带来共识，因为，理解是以语言陈述上的一致性为前提的，如果不存在同一性的话语支点或参照框架，对话必定难以为继，共识形成也就无从谈起了。从现代性的角度来说，客观真理或共识真理可以为协商对话提供同一性的标准，而真理也无非是用语言来描绘的，无论它是通过发现还是通过对话来获取的。然而，从后现代性的角度来说，当悖论和歧见合法化，共识本身也就成了问题，又该如何通过协商对话来建构共识呢？所以，如果要充分发挥组织学习在决策共识形成中的作用，就必须立足于现代性和后现代性，从解构和批判主义的角度来剖析组织学习理论中阐释主义和理解的局限性，为对其重构奠定基础。

我们知道，组织学习中的对话是以理解为旨归的，而理解是阐释主义的理论核心。在持阐释主义立场的社会学家眼中，社会现象不具有自然主义所界定的那种客观“实在性”，而是一种社会建构物，其中必然渗透着行动者的主观意向。因此，对话的实质就是要探询和理解行动者赋予其行动的主观意义。社会学家中的现代主义者对于行动意义的理解或阐释持有两种立场。一种立场是把阐释看作行动者对他者的意向进行客观理解。这种观点认为，虽然意义对施为者来说具有主观性，但对于阐释者来说则是一种外在的“给定实在”，有待于客观地加以理解。显然，在这种阐释主义理论中，社会互动双方之间的关系是一种主体—客体关系。另一种立场把阐释看作是行动者之间对彼此的意向进行主观理解。这种观点认为，意义具有明显的主观性色彩，生成于主体间的主观互动过程，因此，只有通过协商对话才能加以理解。而且，从理论研究的角度来看，这里存在“双重阐释”的问题，不仅行动者要对彼此的意向进行阐释，研究者也要对行动者之间的阐释进行再阐释。诚然，两种现代主义的阐释立场在关于意义的本体论和认识论方面存在分歧，但是，它们在关于真理的认知上则是一致的，那就是真理具有唯一性。

后现代主义的社会学者秉持本体论上的基础主义和认识论上的多元阐释主义。他们认为，人类世界根本不存在唯一正确的客观“真理”，也不存在判断是非的统一性标准，因而，我们对社会现象的理解只是各种版本的“故事”或“语言游戏”，理论也不过是一种叙事而已。

伽达默尔指出了人们在“理解”和“诠释”上的多元性，在他看来，“理解”总是我们的视域与文本视域相契合的产物。由于个人的视域会因时空境遇的不同而产生变化，所以，在不同的情境中，人们对文本意义的“理解”必然呈现出多元性和相对性。同时，伽达默尔也认识到，“理解的过程乃是一种语言过程”，[①] 也就是说，只有借助于语言，人们才能达成理解上的一致。库恩把“常规科学”视为解谜，而把“科学革命”视为科学发展中的非累积性事件。他坚信，“科学的进步是新范式替代旧范式的过程”。[②] 由于不同的范式之间具有不可通约性，又缺乏判断科学理论真实性的客观标准，因此，也就不得不承认理论范式的多样性了。

费耶阿本德更是提出了“认识论的无政府主义”，他认为，不存在唯一的真理，只存在一条在“一切情况下和人类发展的一切阶段都可以加以维护的原理，那就是怎么都行”。[③] 德里达指出，“文本之外别无他物”，“替代意义之外别无他物”。[④] 他用“延异”这个概念来诠释符号意义的不稳定性、多变性和无限性。在德里达看来，语言或文本的开放性会导致符号意义或语言所指的确定过程被无止境地拖延或推迟下去，成为一个无限“延异”的过程，又会在不断地区分和“延异”中阐发出新的意义。因而，我们永远无法获得对符号意义的确定性和终极性的理解。也就是说一切符号意义都是暂时的，都是巨大的符号网络洪流中的一个片段，根本不存在所谓语言符号的恒定意义。从这些后现代学者所描绘的图景来看，意义是多元而变化的，根本无法进行理解，因此，只能承认多元主义的合法性了。

关于现代性和后现代性的争论众说纷纭。有的学者认为，现代性和后现代性是一个时间概念；有的学者则认为，“它们应该被称为可供选择的

---

① 汉斯-格奥尔格·伽达默尔．诠释学：真理与方法（I）［M］．洪汉鼎，译．北京：商务印书馆，2010：540.

② 托马斯·库恩．科学革命的结构［M］．金吾伦，胡新和，译．北京：北京大学出版社，2003：79.

③ 亚历山大·伯德．科学哲学是什么［M］．贾玉树，译．北京：中国人民大学出版社，2014：317.

④ 雅克·德里达．论文字学［M］．汪堂家，译．上海：上海译文出版社，1999：230.

两种不同的视角，而不是前后相继的不同时期”。① 我们赞同把现代性和后现代性作为一种视角，正如利奥塔所说：“后现代是属于现代的一个组成部分，后现代主义并不是现代主义的末期，而是现代主义的状态，而这种状态是川流不息的。”② 后现代的学者们反对哈贝马斯的“共识理想”观，他们把所有的知识——无论是科学知识还是叙事知识——都视为语言游戏规则，并且，这些语言游戏规则是异质多元的，不同的语言游戏其规则是不同的，即使是同一个语言游戏也有多种不同的玩法，因此，统一的共识也就成为一种遥不可及的梦想了。

共识向来与标准有关，没有标准，自说自话显然难以达成共识。现代性共识的标准建立在各种本体论上——要么是工具理性的“相符真理”，要么是交往理性的“话语真理”。后现代性则明确拒绝形而上学的本体论，拒绝本质主义和基础主义，不变的标准自然就又消解了，因此，理解和共识也就无从谈起了。虽然后现代主义公共决策理论也提倡协商对话，但是，对话的目的不是达成共识，而是凸显差异、悖论和话语的多元性。法默尔、福克斯与米勒对后现代主义背景下的公共决策进行了研究。他们揭示了现代主义公共决策理论因迷信理性主义、科学主义和技术主义所产生的矛盾或悖论，重新把人们早已遗忘的“想象”“差异性”和“对他者的开放性”引入社会治理的视域。后现代公共决策理论力图把握“时间的温度”，为在理性决策模式中被遮蔽和压抑的一切“不可言说的流变之物”争取话语空间，并赋予其合法性。因此，可以说，后现代公共决策理论开启了现代性之蒙，为政策理论的重建确立了一个逻辑起点。

后现代公共决策理论确证了“共识理想”的破灭，解构了传统的逻各斯中心主义，并祛除了一切“不可言说”的魅惑，但是，它的意义也仅仅局限于作为一个“异端”和颠覆者所具有的批判性。后现代公共决策理论只破不立，缺乏明确的理论目标和现实指向，因而，也就很难说有什么实践上的意义和价值了。在一些公共行政或公共政策学家看来，后现代公共

① 乔治·瑞泽尔. 后现代社会理论［M］. 谢立中，译. 北京：华夏出版社，2003：11.

② 让-弗朗索瓦·利奥塔. 后现代状况——关于知识的报告［M］. 岛子，译. 长沙：湖南美术出版社，1996：20.

决策理论与其说是对现代主义决策理论的反叛，不如说是对它的修正和补充，但是，这种努力仍然从属于理性主义的逻辑。即便它主张行动者之间要在互为主体性和相互承认的基础上进行协商对话，但是，这种对话“与其说是理性的结果倒不如说是理性的转化”。[①] 正如全钟燮所说：“尽管后现代理论依然缺乏建设性的成就，但我倾向于认为公共行政中的后现代理论并不是为非理性主义辩护，而是通过批判公共行政中存在的问题来赋予理性主义更为合理和恰当的理由。”[②] 作为一种理论取向，后现代公共决策理论依然没有走出理性主义的窠臼，它具有理论建构上的不彻底性。

虽然后现代公共决策理论否定真理和普遍共识的存在，但它依然希望建立一种局部性的和地方性的共识，或者说，一种差异性共存的局面，对秩序的倚重是其保有理性主义印记的明证。不得不承认，在后现代主义语境下，阐释主义遇到了难以突破的瓶颈，如果差异被合法化，那么，理解显然是不可能的，也只能剩下碎片化的局部共识了。然而，后现代主义也不是没有任何价值，起码它起到了清理地基的作用，为重构公共决策理论扫除了障碍。后现代主义公共决策理论给我们的启示是，在一个多元化、复杂化和高度不确定性的世界中，寻求解决不同问题的统一性答案是不可能的，因而，只能另觅良方。我们认为，面对后工业社会的复杂情境，仅仅解构和批判是远远不够的，还需要在利益、文化和决策主体多元化的背景下来思考如何建立决策共识的问题。

其实，无论是从现代主义还是从后现代主义的立场来看，只要把组织学习视为组织成员之间的对话，它就无法摆脱以语言为中心的阐释主义的局限性，而阐释主义取向的组织学习根本无法应对后工业社会带来的挑战。首先，在阐释主义者的视域中，理解是以语言为媒介的，只有当语言符号具有表意上的同一性时，理解才是有可能的。然而，在后工业社会中，当语言的能指与所指发生分离，并蜕变成多元化的符号能指游戏时，这种同一性也就不复存在了。因而，失去了现实指涉物的参照，理解必然

① 珍妮特 · V. 登哈特，罗伯特 · V. 登哈特 . 新公共服务：服务，而不是掌舵［M］. 丁煌，译 . 北京：中国人民大学出版社，2004：40.

② 全钟燮 . 公共行政的社会建构：解释与批评［M］. 孙柏英等，译 . 北京：北京大学出版社，2008：42.

成为没有支点的对话游戏，共识也就难以形成了。其次，在突发性事件渐成常态的决策情形下，寄希望于通过语言互动来形成共识在时间上是行不通的，而以深度会谈和讨论为核心内容的组织学习同样高度依赖于语言，其作用的发挥也必然是值得怀疑的。可见，在高度情形化的决策环境中，以阐释主义为取向的组织学习理论根本没有用武之地。最后，后工业社会中的政策问题从来都是处于一定时空中的具体性问题，这种问题具有低度结构化的特征，很难找到统一性的答案，因而，只能具体问题具体解决。但是，政策问题的差异性并不意味着同一性的消解，针对特定的政策问题仍然可以形成决策共识，并且，不同的政策问题之间也不乏一些共同特性。

卡蓝默关于“结构性常数”的论说为破解后现代主义的共识困境提供了理论启发。他的观点表明，即便是迥然不同的政策问题在结构上也存在着同一性，具体表征为指导问题解决的伦理原则。同时，卡蓝默还指出，“‘结构性常数’或伦理规则根植于实践经验，可以借助于经验交流的方式而获取”。[①] 我们认为，卡蓝默的观点是值得称道的，即便是在崇尚多元化和差异化的后工业社会，普遍性的共识也是存在的，只不过这种共识无法仅仅通过话语理性来达成。因此，在高度情境化的决策背景下，建构决策共识必须认识到以话语意识为基础的理性的局限性，突破阐释主义的思想拘囿，从默会知识或常识性的经验世界来寻求灵感和理解力。这充分说明，理解不一定非要借助于语言，还可以通过非语言的默会来实现，而组织学习只有疏通语言知识与非语言知识之间的隔阂，才能建立起广泛而真实的决策共识。

然而，当前的公共决策理论总是把以语言为媒介的面对面的协商对话作为共识建构的主要方式，忽略了那些根植于默会知识的、不在场的和非语言性的社会互动。诚然，在现象学社会学家、符合互动论者和持行动主义立场的公共政策学家看来，政策对话总是与面对面的在场情境联系在一起。但是，以语言为媒介的、在场的政策对话与非语言的、不在场的社会

① 皮埃尔·卡蓝默，安德烈·塔尔芒．心系国家改革——公共管理建构模式论［M］．胡洪庆，译．上海：上海人民出版社，2004：148.

互动之间并不是不可通约的，它们处于同一个社会互动的连续统之中，而且互为前提并可以相互转化。因而，若使组织学习理论挣脱阐释主义的桎梏，需要引入一种过程的视角。组织学习具有成为“行动流”的潜力，一旦把组织学习建立在实践理性或历史经验的基础上，它便可以生成循环往复的特征。因为，实践意识是社会实践得以持续化的根本动力。并且，组织学习本身就是一种有效的沟通技巧和工具，它直接指向行动者的潜在心智模式，并主张采用反思和探询的方式来阐明对话双方的认知图式，进而通过深度会谈和讨论来建构实质性的共识。因此，实现了过程化的组织学习，不仅可以建构实质性的决策共识，还可以在行动者的话语意识和实践意识之间建立连接，进而促使共识转变为默契。从方法论的角度来说，作为过程的组织学习还实现了对阐释主义的重构，它不仅是一种“双重阐释”，还是一种“反思性阐释”，同时也是一种融合了话语理性和实践理性的阐释。

5.2　组织学习的重构

依凭合作行动理论对组织学习进行重构，可以消解组织学习理论的结构主义或功能主义色彩，使其具有行动主义的特征，从而产生行动自主性。成为合作行动的组织学习，不仅能够使组织成员之间的协商对话建立在合作关系的基础之上，生成一种真实性的政策对话；还能够祛除组织结构的支配性和制约性，使组织学习获得结构性支持。同时，伦理制度和规则又为合作化的组织学习和组织学习中的行动自主性提供了整合机制，从而使组织学习的循环往复或再生产成为可能。

5.2.1　作为合作行动的组织学习

传统的组织学习具有工具主义和功能主义的特征，这种组织学习必然是一种协作关系，而不是一种合作关系，很难形成真实性的政策对话，因而，所建立的共识也是值得怀疑的。真实的政策对话以决策者之间的相互承认和平等地位为前提，可以说，没有平等就没有真实对话，自然也难以形成广泛而真实的决策共识。

对于平等和共识关系的省察需要搁置到社会治理模式的变迁当中才能辨识清楚。我们知道，在农业社会的统治型社会治理模式中，权力的独白没有给普通民众的话语表达留下任何空间。而且，作为前共识的认同是建立在行动者人身依附关系之上的，主要依靠强制力、诱导，甚至是欺骗来迫使被统治者屈服。也就是说，认同的形成是以弱势一方对自己意向的放弃为代价的。在统治行政的认同模式下，认同得以建立的基础是等级制、习俗、传统、情感等非理性因素。在工业社会的管理型社会治理模式下，共识的建构是建立在行动者之间存在差异以及相互承认的基础之上的，出于工具理性的利益权衡成为行动者建构共识的主要方式。因此，我们也就不难理解，斤斤计较的理性主义行动者针对公共议题，总是借助于以语言为中介的讨价还价和妥协来达成共识了。

由于社会的不断分化以及工具理性的作祟，管理型社会治理模式下所建构的决策共识总是呈现为一种碎片化的和形式化的形态。也就是说，理性主义决策模式决策共识仅仅局限于单一治理主体内部的共识，局限于某一局部领域所形成的共识，这种有局限性的共识给集体行动带来极大的障碍，当前社会冲突和群体性事件的频发就是这种共识异化的典型症候。针对管理行政模式下共识建构中存在的问题，一些西方公共行政学者提出了民主行政和公民参与的构想，也就是说多元治理主体“在利益诉求和意见不一致的情况下，必然会开展民主协商以求达成共识，然后在共识的基础上进行决策和开展行动”。①

我们认为，公民参与不过是对旧框架的修补，他们没有认识到问题的根源在于传统社会治理中的“中心—边缘”结构。因此，如果多元治理主体之间的不平等关系得不到根本的扭转，形成实质性的决策共识仅仅是一种幻象。在后工业化的进程中，从生产社会到消费社会的转型使“现实”蜕变成了“超现实”，“现实”完全成了一种幻象或幻象的幻象。现实的符号化和虚拟化使语言的能指和所指发生了分离，从而使公共对话失去了客观基础和标准，成为符号之间的能指游戏。如果公共对话不以所谓的“真

① 张康之，张乾友．共同体的进化［M］．北京：中国社会科学出版社，2012：376.

理”或“现实”作为参照，就完全可能成为自说自话，从而蜕变为一种自我指涉的、单向度的独白。其实，科层制组织中的公共对话也是一种独白，只不过，它是理性的独白。而后现代主义视角下的独白是多元话语前提下的独白，也就是说，在公共对话中存在多种声音或多种观点，但是，各种话语之间是不可通约的，无法形成理解上的一致。

作为一种思维方式的后现代主义是与后工业社会相伴而生的一种思潮。它把各种知识类型视为语言游戏规则，使“差异”和“悖论”合法化，从而瓦解了元叙事或元话语。元叙事的终结使公共对话失去了同一性的参照框架，那么，在不可通约的语言游戏规则之间形成共识也就成为可望而不可即的事情了。社会的多元化和符号化既提高了行动者的自主性，也会使他们陷入原子化的布朗运动。并且，个体行动者也有可能成为符号和信息操纵的受害者，以至于丧失参与公共决策的机会。所以，公共决策的核心问题就转变为如何在不可通约的、多样化的意见之间形成实质性共识的问题，这也是共识型决策研究的旨趣所在。可见，后工业化进程中的社会具有双面性，它既提供了在行动者之间建立平等关系的机会，也有可能使人们陷入离散化的境地。服务型社会治理模式的提出解决了行动者的自主性和社会结构之间的矛盾或对立，它以合作行动来重构行动者之间的关系，并主张建立一种网络型的合作制组织来规范这种合作关系。因此，合作治理模式的提出意味着真实性政策对话的来临。

行动从来不是孤立的，而是与结构联系在一起的，因此，我们只能在结构的前提下来谈行动，也只能在行动的前提下来讨论结构。合作行动与协作行动是两种截然不同的行动图式。协作行动以系统的封闭性、规则的确定性以及利益的可计算性为先决条件，是一种根植于工具理性的高度结构化的行动。合作行动指的是开放网络结构中平等主体之间的互动，它以人的共生共在为前提，是一种根植于实践理性的低度结构化的行动。显然，如果把组织学习改造成一种合作行动，就能祛除组织学习中的支配性，使其成为一种真实的政策对话。

我们可以把组织学习看作是一个完整的行动图式，因为组织学习的五项修炼不仅涉及关于行动者的假设、行动者之间的关系，还包含共享价值观的塑造和协商对话的技巧等。自我超越指的是个人行动者具有通过持续学习来实现自己目标的能力，这里的学习是一种开创性的学习，而不仅仅是简单地获取新的信息。个体行动者的学习能力是组织生命力的源泉，也是学习型组织建立的起点，其可以通过自我超越这项修炼来获取。自我超越这种修炼本身具有结构性特征，它有利于形成系统思考，把理性与直觉、自我与周遭统一起来，形成相互认同和对整体的使命感。心智模式是个体对看待事物的基本假设，它影响着人们对周围世界的认知以及所采取的行动。阿吉里斯认为，通过“反思”和“探询”可以审视行动背后的心智模式。“反思”是个体行动者在行动中对自己的心智模式进行反省，发觉其生成以及影响行动的机理。“探询”则是通过不断提出问题来识别对方观点背后的基本逻辑和依据。然而，“习惯性防卫”的存在是组织学习的主要障碍，它常常使“熟练的无能”成为一种理所当然的现象，从而遮蔽了对心智模式的有效省察。心智模式的修炼可以使个体行动者不断检视自己心灵深处的基本假设，与他者进行坦诚的、深入的沟通，从而形成真正的组织学习。

圣吉也认识到，在沟通中要兼顾探询与辩护才能形成合作性的学习。辩护是对自己观点的论证，缺乏探询的辩护只会引起对方更激烈的辩护，从而破坏对话和讨论的可持续性，自然难以生成共同学习。同样，单纯依靠探询也无法形成真正的组织学习，因为，纯粹的探询会使自己的观点被问题所掩盖。而不审视和反思自己的观点，自然也无法形成有效的沟通，真正的组织学习同样也无从谈起。实质上，有效的沟通和合作式学习既需要行动者清晰而坦诚地表达自己的观点，也需要厘清沟通对象的基本观点，这需要通过一个兼顾探询和辩护的过程来加以实现。可以认为，理想的交谈和真正的共同学习需要通过探询和辩护的交互循环过程来实现，也就是说，以探询和辩护为基本工具的沟通过程是维系组织学习的内在逻辑和基本动力。共同愿景是有组织行动的方向舵和指针，它为组织学习提供了焦点和精神支柱，也是组织成员能够形成共识的基础。共同愿景不应该由高层所确立，必须对组织成员的个人愿景加以整合，进而塑造成一个整体的图像。聆听在个人愿景的整合过程中发挥着关键的作用，因为，只有聆听才能使个人的愿景相互通融，并汇集成更好的蓝图。

团队学习是组织学习的基本单位，也是建立学习型组织的有效途径，因为，个人学习并不代表组织也在学习，只有团队学习才能带动整个组织的学习。团队学习是团体成员通过相互合作来共同实现组织目标的过程，它建立在自我超越和共同愿景这两项修炼的基础上。团队学习主要通过“深度会谈”和“讨论”两种建设性的团队沟通方式来实现，当然，团队学习还必须避开“习惯性防卫”所构成的学习障碍。深度会谈指的是在行动者之间进行敞明无弊的实质性沟通，使群体形成一种由“共同意义”所维系的整体。在深度会谈中，针对复杂的议题，每个人的观点并不一致，但大家都愿意反思并展露自己的心智模式，通过自由交流来融通各自的想法，进而汇集成新的共同意义。因此，通过深度会谈可以形成一种更高层次的共识，这种共识是一种“向上开展”型共识，它超越了任何个人的观点，呈现为更大的图景。因为，通过深度会谈，每个人的观点都得到了进一步的修正和升华，或者说，每个人的视野都得到了大幅度的提升。那么升华了的观点之间的融通所形成的共识自然不同于“向下聚焦”型的共识——各种个人观点中的共同部分。

可见，深度会谈的目的不在于赢得争论，而是为了汇集成更高层次的共识。圣吉认为，有效的深度会谈须具备三个构成要件。首先，参与者要悬置各自的基本假设。也就是说，要通过反思和探询来识别自己的心智模式，并在沟通中自觉地加以规避；其次，团队成员要形成伙伴关系。层级节制的组织结构是伙伴关系建立的主要障碍，因而建立伙伴关系需要突破组织的中心—边缘结构；最后，需要一个辅导者来对整个深度会谈的过程进行把控。在以上三个条件中，反思和探询是最为基础的，也是最为重要的。

同时，在团队学习中，讨论也是必不可少的。如果说深度会谈是为了呈现不同的观点并发现新见解，那么，讨论就是为了最终做出决定。从公共决策的角度来看，深度会谈和讨论可以看作是决策的两个不同环节，深度会谈是高度发散性的，旨在针对复杂问题激发不同的见解和解决方案，抑或说，深度会谈是搜寻解决政策方案的过程；而讨论则是从方案中做出选择的过程，当然也可能从讨论中得出新的方案。

组织学习或团队学习不失为形成决策共识的有效方式。具有反思性和能动性的行动者通过深度会谈和讨论来寻求解决问题的方案并作出决策，共同愿景的建立为团队学习提供了统一性的价值标准。其实，团队学习本身就是一种以语言为媒介的社会互动方式，或者说，是一种面对面的协商对话。组织学习与哈贝马斯的交往行动既有共同点，也存在差别。二者的共同点在于：都把社会互动化约为以语言为中介的沟通行动，目的也都是为了相互理解并建立共识。但是，二者的区别也是明显的。哈贝马斯是从话语伦理和形式语用学的角度来寻求交往中的共识形成。在哈贝马斯看来，共识是理想沟通情境的产物，只要具备了他所说的四个言谈有效性条件，共识的形成也就是自然而然的事情了。也就是说，哈贝马斯所说的共识更多的是程序和形式上的共识，而不是实质意义上的共识。虽然哈贝马斯也提倡协商对话的真实性，但也仅仅是一种伦理倡导，缺乏探赜“真实”的沟通工具和技巧。哈贝马斯主张祛除“工具理性”，同时也把必要的沟通工具摒弃了，这不能不说是一个遗憾。

组织学习基于一套有效的沟通技巧，具体来说，它倾向于通过探询和辩护、深度会谈和讨论来形成意向一致。可以说，组织学习不仅具有建立共识的愿望和标准，也具有建立共识的手段，从而实现了价值和工具的统一。我们认为，把组织学习改造成合作行动不仅需要行动者具有责任感，不断淬炼自我超越和心智改变能力，也需要一个共同的愿景来给予激励。把组织学习牢固地建立在责任、伦理和共同体的基础之上，关键是要在行动者之间建立合作关系，使他们能够以平等的关系来进行深度会谈和讨论。建立合作式的组织学习，还需要改变僵化的、中心—边缘的社会治理结构，为平等主体之间的团队学习提供结构性支持。合作关系意味着行动者相互倾听和相互影响的可能性，因此，转变公共行动人员的角色是当务之急，公务员要从“唯命是从”转向“当家做主”、从“管理者”转向“服务者”、从“发号施令者”转向“对话议程引导者”。在一个网络结构的组织学习中，公共行动人员的职能应该放在规划、组织和引导多元决策主体围绕相关政策问题进行充分的自由对话上。因此，对组织学习的改造不仅需要建立合作关系，还需要塑造与之相对应的组织形式。

5.2.2　合作制组织中的组织学习

在组织学习理论的文献当中，组织学习是学习型组织的基本特征，或者说，组织学习是在学习型组织中进行的。然而，学习型组织真的能够支撑作为合作行动的组织学习吗？我们的答复是否定的。圣吉从系统理论的角度来研究组织，他认为，科层制组织存在着学习障碍，应该以学习型组织来取而代之。在彼得·圣吉看来，学习型组织是通过五项修炼来建立的，它是一种自我再制的系统。所谓“自我再制”就意味着，组织具有自主性和独立性，它的生产和再生产依靠自我调适就可以完成，而无须借助于其他外在的因素。

学习型组织建立在以下几个基本假设之上：一是它假定了一个具有反思性和自我超越的行动者，行动者有不断挑战自我并与他者进行积极沟通的愿望，同时也具有实现个人目标和组织愿景的学习能力和创新能力。二是它假定心智模式影响个人行动。心智模式是潜藏在个体行动背后的隐性知识和认知图式，它具有无意识的和理所当然的特征，如果不借助一定的语言技巧和沟通手段，很难对其进行解释。所以，探询对话双方的潜在心智模式就成为组织学习或团队学习的关键。心智或认知模式属于认知科学或社会心理学研究的主题，因而，学习型组织也必然包含着认知和心理的成分。三是它假定学习型组织可以通过以团队学习为核心的五项修炼来建立。可见，学习型组织由行动者之间的社会互动所建构，是人们意向性和计划性行动的结果。四是作为一个社会建构物，学习型组织具有自主性，或者说，是一种自我再制的系统，可以独立于个体行动而存在。作为自我再制的系统，学习型组织具有不能化约为部分之和的整体性，而这种整体性不能从单个组成部分中推导出来，因此，学习型组织可以被视为一个“生命有机体”。作为一个整体性的行动系统，学习型组织在行动与结构的连续统中更趋向于结构一端。

在学习型组织理论中存在着难以自洽的悖论或矛盾。一方面，学习型组织是由行动所建构的，具体来说，是由动态循环的团体学习来建构和维系的。在学习型组织中，团队学习是有组织行动的整合机制，它提倡讨论和深度会谈，并主张通过一个反思、探询和建设性交谈的过程来交换彼此对重要议题的看法，进而形成共识乃至默契。可以说，正是团队学习把集体行动整合在了一起，并使之呈现出循环往复的特征。在一个强调自我修炼和反思探询的学习型组织中，行动者本身应该是自由的，他们可以深入探赜自己和他者的真实意图，并在此基础上进行自由对话。另一方面，由这种自主性行动所构建的系统却又是一种与个体行动无关的自我再制系统，这种系统独立于个体行动者，并可以对个体行动进行制约。

显然，在作为一个自我再制系统的学习型组织中，个体行动者的自主性和实质性的对话是无法得到保障的，因为，系统的决定性与行动者的自主性是相互矛盾的。那么，在学习型组织中系统的决定性与行动者的自主性又该如何兼容呢？这是学习型组织理论无法解决的问题。实质上，组织学习理论只是根据功能来对学习型组织进行描述，组织的轮廓并没有得到清晰的刻画，结构和规则问题更是没有提及。通过前文的分析我们认识到，要使组织学习成为一种合作行动和实质性的政策对话就必须对组织结构加以改造，从而为组织学习提供结构性支持。

对学习型组织进行重构需要识别组织社会学关于组织研究的两种取向。一种取向是从结构的角度来研究组织，这种研究思路主要体现在结构—功能主义和系统理论的文献当中；另一种取向发端于西蒙和马奇对组织中决策行为的考察，这是一种行动取向的组织研究。可见，行动与结构的关系问题是组织社会学研究的焦点。关于学习型组织的研究是在一个行动与结构二元分立的架构中进行的。圣吉从系统论的角度来研究学习型组织，而阿吉里斯则把学习型组织看作是一个行动的世界。从行动主义的角度来看，社会结构或组织可以被看作是行动的结构化特征或行动的虚拟化特征，因而，所有的组织都处于社会互动连续统之中的某个位置，只是结构化程度不同而已。由此可见，在场的面对面互动与不在场的社会互动都具有结构性特征，而且，它们之间也不是不可通约的，可以在社会环境和条件发生变化的情况下相互转化。

在后工业化进程中，社会的复杂性和不确定性呈几何级数增长，再寄希望于凭借一套高度机械化和稳定性的组织来解决所有的问题显然是不现实的。当流动性和变化成为社会的主要特征时，问题也会变得越来越低度结构化，因而，建构问题导向、情境导向和权变性的具体行动系统就成为组织社会学家的共同选择。关于未来组织的意象，组织社会学家们有不同的看法，但大多数人都把组织构想为一个开放的、网络型的具体行动系统。赫赛尔把未来组织称为“环形组织”，他认为，“在合作时代，政府机构、私人部门和社会部门之间必须确立一种合作关系”。① 阿什克纳斯把未来组织称为“无边界组织”，在他看来，未来的组织形式必然会突破等级之间、部门之间、组织之间，甚至是地域之间的界限，从而使技术、人才和信息能够自由流通。“无边界组织”并不是没有边界，只不过是边界比较灵活而已，因而具有一定的弹性和张力。②

吉登斯的“结构化”理论改变了人们关于组织的意象，他赋予行动与结构以不同的内涵，并重构了二者的关系。斯科特指出，吉登斯的“结构二重性”理论提供了一种动态观察组织的视角，既然行动是一种“流”，那么，“结构只不过是行动的循环往复的结构性特征”。③ 也就是说，吉登斯对“结构”采取了一种虚拟化的处理方式。克罗齐耶和费埃德伯格在组织研究中主张“换位”，把分析的重点转换到行动者之间发生关系的境遇，对组织理论中的行动取向和结构取向进行整合。为此，他们提出“具体行动体系”和“游戏”的概念，前者是对组织的称谓，而后者则指的是组织规则。

显然，克罗齐耶和费埃德伯格的组织观凸显了组织所具有的问题导向的和情境化的特征。芳汀把未来的政府组织形式称为虚拟性政府或网络组织，这种虚拟的网络系统既存在于单个组织之内，也存在于组织之间。在芳汀看来，组织间网络的形成对推动公共决策中的公民参与意义重大，因为“组织间网络的结构是扁平的，凸显了集体行动者之间的合作关系或伙伴关系”。④ 总之，组织社会学家们对未来组织的基本看法是一致的，那就是未来的组织一定是结构松散的、灵活的和问题导向的组织。虽然组织社会学家们对开放的网络组织情有独钟，但是，也不是所有的网络组织都能

---

① 德鲁克基金会．未来的组织［M］．方海洁等，译．北京：中国人民大学出版社，2006：93.

② 德鲁克基金会．未来的组织［M］．方海洁等，译．北京：中国人民大学出版社，2006：117.

③ W. 理查德·斯科特，杰拉尔德·F. 戴维斯．组织理论：理性、自然与开放系统的视角［M］．高俊山，译．北京：中国人民大学出版社，2011：27-28.

④ 简·E. 芳汀．构建虚拟政府：信息技术与制度创新［M］．邵国松，译．北京：中国人民大学出版社，2010：21.

够实现去支配化，从而为组织学习提供结构性支持。只有那些建立在合作关系而不是权力关系之上的网络组织，才能够真正实现组织的去中心化，从而为组织学习提供结构支撑。

合作制组织是一个合作系统，这种组织观认为，在高度复杂和不确定的社会情境下，面对突发性事件，结构化行动的惰性容易造成行动迟缓，从而贻误解决问题的最佳时机。并且，每一个问题都具有不同的特征，不存在解决所有问题的统一性答案。因此，只有在组织建构中坚持以问题为导向，并采用“反结构化”的方式，才能建立起支配型的组织形式。合作制组织建立于合作关系之上，这种组织由合作行动所建构，并为合作行动提供条件。实质上，合作制组织可以看作是由合作行动所构成的网络结构，它是高度情境化的、任务导向的，并会随着社会条件的变迁而进行集结或解散。

合作制组织明显区别于协作体系。协作体系从属于结构—功能主义的逻辑，它假定组织所面对的问题具有抽象的同一性，并可以加以分解，交由组织中的不同部门来独立完成，因而，设计一套合理的规则体系足可以解决所有的问题。在协作体系中，个体行动者的自主性势必被结构上的整体性和行动者之间的支配关系所消解。而在合作制组织中则不会出现这种情况，因为，合作制组织以合作行动作为基础，并支持合作行动，从而可以在实现对有组织行动进行整合的同时保留行动者的自主性。

作为一种网络组织，合作制组织与其他类型的网络组织也是存在区别的。格兰诺维特和博特虽然也从微观行动的角度来研究组织，提出了社会网络的概念，并把这种组织视为科层制和市场之外的第三种组织。但是，这种组织是建立在手段—目的行动图式之上的，因而是一种协作体系。尽管芳汀也认为，信息技术和因特网有利于建立网络组织，但是，她说的网络组织主要指的是组织间的网络——包括科层制组织，而且，她并不否认科层制组织继续存在的可能性。可见，当前的网络组织理论要么是建立在协作关系之上，要么被用来指涉组织间网络。但是，合作制组织则不同，它与其他网络组织的差别不仅体现在行动基础上，还体现在它是以科层制组织替代者的角色而出现的。正是由于这一点，合作制组织才能真正地实现去支配化，从而为合作化的组织学习提供结构性支持。

实质上，从决策共识建构的角度来说，组织重构的目的是“建立一种开放性的组织形式，从而为公民进入公共对话并进行面对面的交流提供支撑”。[①] 或者说，通过组织再造可以恢复面对面互动的在场可得性，从而使平等主体之间协商对话产生可持续性。合作制组织的构建使这种希望成为可能，所以，合制组织必定是组织学习得以运行的使动性结构。其实，网络组织和组织学习本身就是相互促进的。戈德史密斯和埃格斯认为组织学习是形成关系和集成网络的重要工具之一，并且，组织学习和网络组织是相互促进的。一个跨组织的关系网络能够促进组织学习的开展，因为，组织网络不仅能够消除组织内部和组织之间的学习壁垒，深化行动者之间的交流，还能加速经验和知识的传播。同时，组织学习也有利于网络的形成和维持，因为，组织学习能够使行动者分享彼此关于成功与失败的经验体会，扩大知识分享，建立信任关系。而“信任和知识共享正是网络组织的黏合剂”。[②]

克罗齐耶把个体和集体学习视为组织变革的关键。他指出，为了应对后工业社会的不确定性和复杂性，新型组织形式的构建是必然的。这不仅意味着物质方面的投入，更需要在非物质方面加大投资，而作为非物质投入核心要素的学习则是组织变革的关键。这种新的组织形式及其管理逻辑的成功主要取决于行动者认知能力、行动能力和沟通交流能力的提升，而以个体或集体形式进行的学习是行动者发生改变的主要途径。

如果组织的等级结构被消除，人际关系将从纵向的权力关系转变为横向的合作关系，那么，组织成员之间就会有更多的机会进行深度会谈和互依性沟通。[③] 并且，新的组织形式需要善于学习并能独立决策的积极行动者，而不是科层模式下“单向度的人”。[④] 阿格拉诺夫和麦奎尔甚至把协作性组织也视为共同学习体系，他们认为，共同学习或组织学习有利于行动

---

① 罗伯特·登哈特．公共组织理论［M］．扶松茂，丁力，译．北京：中国人民大学出版社，2003：122.

② 斯蒂芬·戈德史密斯，威廉·D. 埃格斯．网络化治理：公共部门的新形态［M］．孙迎春，译．北京：北京大学出版社，2008：94.

③ Kanter R M. The new managerial work［J］. Harvard business review，1989，67（6）：86-90.

④ 米歇尔·克罗齐耶．企业在倾听［M］．孙沛东等，译．上海：格致出版社，上海人民出版社，2009：7-13.

者之间达成相互理解，分享经验知识，促进共同行动。[1] 同样，作为网络组织并且是实现了合作化的网络组织与组织学习之间的关系更是水乳交融的。甚至，可以把合作制组织看作是由合作化的组织学习所建构的网络结构，抑或说，合作组织是由进行组织学习的行动者所构成的体系。因此，只有在合作制组织中进行组织学习，才能使组织学习成为一种真实的政策对话，从而建立起实质性共识。

5.2.3 伦理规范下的组织学习

通过前文的分析，我们认识到，组织学习只有与合作制组织相结合才能成为一种真实性的政策对话，从而有利于决策共识的形成。需要作出说明的是，我们在谈论组织学习时是以合作制组织为前提的，组织学习一定是合作制组织中的学习，而不是无结构条件下的组织学习。合作制组织的网络结构使组织学习中行动者之间的平等成为可能，而平等则是建立真实性政策对话的基本条件。然而，仅仅实现行动者之间的平等是不够的，欲使组织学习成为一种可持续的政策对话，还需要一定的规则来予以规范，从而使组织学习得以秩序化。也只有使组织学习生成循环往复的特征，才能在行动者之间建立信任，并逐渐超越共识形成默契。但是，组织学习的结构化不能以损害行动者的自主性为代价，因而，任何强制性的、非人格化的规则都不能作为规范组织学习的选择。这时候，伦理就走进人们的视野。伦理作为一种价值准则，既能约束人们的行为，又有足够的弹性，而不至于消解个体行动者的自主性，因此，伦理规则自然成为规范组织学习的理想选择。

其实，伦理作为一种对话规则早已出现在公共行政学和公共政策学的文献当中。哈蒙从行动理论的视角论证了行动者之间进行面对面互动的重要性，他把公共行政的话语引入到了行动主义、对话和伦理的世界。在全钟燮看来，作为一种社会设计的公共行政，必然强调伦理之于社会治理的重要性。因为，既然公共行政的现实是社会建构的，那么，每一个行动者

---

① 罗伯特·阿格拉诺夫，迈克尔·麦奎尔．协作性公共管理：地方政府新战略［M］．李玲玲等，译．北京：北京大学出版社，2007：165.

对于生活世界的理解都具有同等的重要性，他们的地位和作用也应该给予平等的承认。

卡蓝默指出，“伦理远不是治理这块蛋糕上的一个樱桃，而是治理不可分的部分”。[①] 卡蓝默在对工具理性社会治理模式弊病的分析与批判中论证了走向伦理治理的必然性。根据卡蓝默的观点，在由工具理性所支配的公共决策中，依凭理性计算或讨价还价即可作出决策，从而省略了与人进行的对话。理性的独白是技术专家政治的典型症候，科层制组织是它的温床，而对科学主义和技术主义的迷恋则是它的根源。因此，要在公共决策中祛除工具理性，推动民主化，就必须恢复对话。他认为，国家的对话者包括公民、企业、非营利组织和其他政府机构。但“参与”并不是一种真正的对话，因为，“参与”往往是被政府主导和操控的，参与者只是按照预先确定的主题和程式来进行对话，而不能自由表达自己的意志。因而，只有确立共同规划，真正的对话才有可能。

在卡蓝默看来，对话本身就是一种伦理，这种伦理有三个构成要件：首先是“信任”。如果没有信任，对话就不可能具有持续性，并取得实质性的结果。卡蓝默相信，对话并不是一种沟通方式，也不是信息传递的工具，甚至也不是行动者之间进行自由辩论的游戏，而是一种伦理。对话与信任是同构的，而信任只有经历时间的磨砺才能生成。因而，可以说，对话是“建筑在时间基础上的信任关系的结果”。[②] 当信任流失的时候，对话需很长的时间才能重新建立起来。其次是权限。权限有两个基础：一种权限基于组织中的岗位职责，另一种权限源于专业知识、经验和技术。通常人们容易把两种权限混淆在一起，以为占据某个职位的人在专业知识和技术上也最有发言权。并且，“标准”本身包括行政和技术两个维度，检验标准是否被执行，不仅涉及由行政权限来界定的合法性问题，还关系到由技术权限来测度的合理性问题。卡蓝默认为，真正的对话需要消解技术权限，他建议的伦理标准是“只要有可能，就决不要在我们的行政权限中建

---

① 皮埃尔·卡蓝默．破碎的民主：试论治理的革命［M］．高凌瀚，译．北京：三联书店，2005：73.

② 皮埃尔·卡蓝默，安德烈·塔尔芒．心系国家改革——公共管理建构模式论［M］．胡洪庆，译．上海：上海人民出版社，2004：85.

立别人没有的技术权限”。[①] 最后是“承认”。真正的对话是以“承认他者”作为前提的，所谓“承认他者”就是把他人视为与自己具有同等地位和价值的伙伴。

正如麦克斯怀特所说，真正的公共对话要保持相互开放，“唯一的选择就是倾听，就是成为空心人，把他者当作自身来接受”，[②] “承认他者”意味着尊重差异，不仅要尊重他人的知识、他人存在的合法性，还要尊重他人的平等话语权。在“承认”的前提下进行对话，是解决“多样性”与“同一性”问题的理想选择。因为，只有承认他者和尊重差异，才不至于在达成同一性的同时消解个体的自主性。泰勒也同样指出，真实性共识的建构必须从作为对话的伦理中去寻求出路。其实，人类生活的本质特征是其根本性的对话特征，“因为掌握了人类丰富的语言表达方式，我们才成为人性的主体，才能理解我们自己，从而建构我们的认同”。[③]

卡蓝默在《破碎的民主：试论治理的革命》一书中对社会治理和对话的伦理规则作了阐明。这种伦理原则用卡蓝默的话来说就是主动辅助性原则。所谓主动性，即提出具体解决方案的责任属于最基层；辅助性则指的是，对每一个地方层次，不能完全任其自由地采取行动，而是要符合一定的共同指导原则。共同指导原则是统一性的，而个人解决办法则具有多样性。主动辅助性原则是联结各种治理关系的交合点，它不仅是规范各个治理层级的基础，也是行动者之间形成合作伙伴关系的关键，同时还处于各种挑战之间的中心。

主动辅助性原则的具体内涵主要是以关系和伦理标准的形式来呈现：比如对公民能力和地位的承认、寻求代表公民的适当形式、使行政部门的节奏服从于社会节奏等，同时，“这些原则也是建立合作伙伴关系的条件”。[④] 卡蓝默把对话视为一种伦理，并且提供了具体的伦理规则，无疑是

---

① 皮埃尔·卡蓝默，安德烈·塔尔芒．心系国家改革——公共管理建构模式论［M］．胡洪庆，译．上海：上海人民出版社，2004：85.

② O. C. 麦克斯怀特．公共行政的合法性：一种话语分析［M］．吴琼，译．北京：中国人民大学出版社，2016：243.

③ 王晖，陈燕谷．文化与公共性［M］．上海：三联书店，1998：296.

④ 皮埃尔·卡蓝默，安德烈·塔尔芒．心系国家改革——公共管理建构模式论［M］．胡洪庆，译．上海：上海人民出版社，2004：185.

很有见地的。实际上，在不确定的年代，当政策问题高度情境化时，也只能用伦理来规范人们之间的政策对话了。我们不否认，关于“承认”“信任”和“权限”的伦理倡导和伦理原则对真实性的政策对话和共识的形成是非常重要的。但是，如果伦理规则没有得到结构性的支持，它的稳定性也是无法得到保障的。虽然卡蓝默也意识到，组织结构将会逐渐网络化，但他只是一笔带过，没有对组织作进一步的研究。

福克斯和米勒对于共识、政策对话及其伦理规范作出了后现代性的解读。他们认为，在公共能量场中进行政策对话并不是为了寻找到符合“真理”的政策，而是为了寻求意义。我们这里所说的“真理”既可能是理性主义决策所依据的客观“最佳标准”；也可能是通过“焦点对话”所形成的“共识”。福克斯和米勒清楚地意识到，哈贝马斯的交往行动理论是一种真实的话语，因为，在理性言谈情境的约束下，平等主体之间可以通过自由辩论来形成共识。但是，话语毕竟还有对抗性的一面，也就是说，对话的目的并不一定非要形成共识，分歧的存在本身就具有意义。

根据福克斯和米勒的分析，话语本身存在真实性和对抗性两个维度，因而，政策对话所形成的一致将具有多种形态，而不一定是无差别的同质性或意向一致。福克斯和米勒把话语的正当性视为检验政策对话真实性的标准。话语正当性包含四个构成要件：即真诚、切合情境的意向性、自主参与和具有实质意义的贡献。首先，真实对话的一个构成要件是信任，而真诚有利于对话者之间信任关系的建立。其次，对话者的意向性要与具体情境中的问题联系起来，而不是仅仅关注个体利益最大化，这样就可以超越个人对利益得失的斤斤计较，从而把对话者的意见集中起来以促进公共利益的实现。再次，对话者不是被要求、诱导或强迫参与的，而是主动地参与到了政策对话之中。只有对话者是自愿的，他才会尊重事实并真正进入对话空间。最后，话语正当性还可以通过提供独到的个人见解和代表其所在群体的利益诉求等这种实质性参与的形式而获得。

“话语的正当性”不同于科层制组织中的规章制度。规章制度具有非人格性、烦琐性和机械性，它严格限制了组织成员的行为，没有给行动者留下多少自主空间。事实上，规则和制度不可能做到事无巨细，而且，越依赖规章就会导致越多的规章。我们认为，“话语的正当性”其实就是一种规范对话的伦理规则。在福克斯和米勒看来，在公共决策中不乏进行面对面对话的机会，并且符合话语正当性条件的政策对话在规范性上总比其他形式的决策模式要好得多。只要有可能，我们就应该为促进平等主体之间的政策对话而做出努力。从类型学来说，政策对话可以分为少数人的对话、多数人的对话和一部分人的对话。依据福克斯和米勒的看法，少数人的对话是一种精英主义的独白，多数人的对话由于缺乏规范容易陷入无政府主义状态，“只有政策网络系统中部分人的对话才是一种真实的对话”。[①]

显然，福克斯和米勒认识到，伦理规则和结构对于真实性的政策对话都是极为重要的。他们所说的“话语正当性”就是一种规范对话的伦理规则；而“公共能量场”“政策网络”“特别小组”等都是一种网络型组织。然而，福克斯和米勒的观点中也透露出后现代主义的“颓废”，他们认为，对话不一定以取得共识为目的，如果“悖论”能够被控制在正常对话的范围之内，也不失为一种选择。如果通过对话还无法形成共识，那么，公共决策又该如何做出呢？福克斯和米勒对此没有作出回答。

组织学习和团队学习也是一种政策对话，而且是一种具有完备沟通技巧和程序的、可持续的政策对话。因而，对组织学习进行规范也只能借助于伦理规则，而不能依靠非人格的规章制度了。真正的政策对话以伦理上的“承认”“信任”和“相互发现”为条件。对话者应该承认他人的话语权、对话逻辑和个人意愿，并主动去了解别人，并让别人也了解自己的愿望，从而把对话作为了解自己的一面镜子。同时，除非对话者相信，通过对话可以扩展自己的知识和观念，或者加深对事物的理解，否则对话就难以为继。

形成真正的对话需要运用苏格拉底的辩论“助产术”，鼓励对话双方祛除防卫意识，阐明自己观点或决定中所隐含的价值和心智模式，也就是说，只有行动者能够在对话中反思“镜中我”并做到互为主体时，真正的对话才能够形成。但是“伦理”始终受到“中心—边缘”社会结构的限制，不仅科层制组织中的层级落差会阻碍低层官员和普通民众进入对话领

① 查尔斯·J. 福克斯，休·T. 米勒 . 后现代公共行政：话语指向［M］. 楚艳红等，译 . 北京：中国人民大学出版社，2002：135.

域，处于社会边缘地带的贫苦公民或教育程度低的公民往往被排斥在对话之外。所以，“承认”与伙伴关系的建立绝不仅仅是一种伦理倡导，还应该是一个结构性问题。也只有实现了对组织的彻底重构，祛除其中的支配现象，真正意义上的“承认”和“信任”才是可能的。

在这里，我们把组织学习视为一种合作行动，同时，也是在合作制组织中来谈论组织学习的，因此，组织学习的伦理规则就获得了结构性支持。也就是说，组织学习是以一定的结构和规则为前提的，具体来说，组织学习是在合作制组织和伦理规则中所进行的集体学习。作为一种合作行动，组织学习可以建构和维持合作制组织，同时，合作制组织也会为组织学习提供结构性支持。需要作出补充的是，合作制组织并不是一种独立于组织学习的“客观实在”，而是寓于组织学习之中的，或者说，是组织学习的“结构化”特征。作为一种高度情境化的、问题导向的、开放的组织，离开了具体行动者之间的互动，组织也就不复存在。所以，合作制组织只不过是体现在有组织的合作行动中的“网络化”特征，而组织学习则是合作行动的一种类型。

伦理对于规范组织学习具有积极的作用，但是伦理作为一种价值规范毕竟具有偶然性和不稳定性，因此，只有实现了制度化的伦理，伦理的作用才能得到稳定的发挥。制度化的伦理是规范政策对话的基本伦理准则，而不是解决问题的统一答案，它的纲要性和简明性决定了它不会限制对话者的自由，反而会促进他们的自主性。从根本上来说，伦理制度是一种建构物，只有通过个体行动者的行动才能发挥作用。抑或说，伦理制度对政策对话的规范作用与它的内化程度是成正比的，伦理制度越是转化为组织成员的自觉行为，就越有利于形成真实性的政策对话，也就越有可能建构实质性的决策共识。

可见，伦理制度和组织学习之间是可以相互促进的，伦理制度有利于组织学习，同时，组织学习也有利于促进对话者之间的信任和相互承认。我们认为，在后工业社会的服务型社会治理模式下，伦理制度应该把“服务”确立为核心价值。一旦“服务”价值成为规范合作制组织和组织学习的伦理规则，在政策对话中也就不存在谁主导谁的问题了，而是大家本着服务对方、服务公共利益的态度来进行协商对话的事情了。实质上，如果在组织学习中能够建立起真正的相互承认、相互发现和信任关系，那么，实质性决策共识的形成也就是顺理成章的事情了。因而，在合作制组织中，以伦理规则来规范组织学习，会使真实性的对话得以呈现，进而形成实质性的决策共识乃至默契。

5.3 经验取向的组织学习：一个扩展的决策共识形成机制

作为合作行动的组织学习具有“流”的特征，它不是一种结果，而是一种过程。过程取向的组织学习不仅不会使决策共识的形成走向终结，反而会进一步升华为默契。业已形成的共识和默契以及那些意料之外的后果共同构成了下一步组织学习的结构性条件，组织学习和社会结构之间是一种持续性的相互建构关系。组织学习之所以能够循环往复，要归因于反思性行动者和日常生活领域中的常识性知识，它们为组织学习的生产与再生产提供了源源不断的动力。

5.3.1 组织学习中的行动流再造

吉登斯把行动视为一种“流”，而不是一个节点。也就是说，人类的行动是一个循环往复的、绵延不断的过程。可见，吉登斯把“时空”引入到了行动的概念当中，从而赋予了其“历史”内涵。组织学习是一种合作行动，因而也必然体现出“行动流”的特征。作为一个持续性的社会互动过程，组织学习是嵌入到绵延的时空之中的，经由组织学习所建构的共识也不可能走向终结，而必然呈现出多样化的特征。

另外，从组织学习的在场可得性来说，决策共识也不可能是一个固化的形态。网络组织和伦理规则使在场的、面对面的组织学习或协商对话成为可能，同时也能有效地规避它的固化，从而使决策共识处于一种流动的过程。因此，在组织学习的过程中，决策者之间的探询与辩护、会谈与讨论不可能始终处于和谐的状态，必定会存在矛盾和分歧，甚至还会出现对话中断的可能性。在组织学习中即便达成了共识，也不意味着对话和共识的终结，还会在共识的基础上形成更高层次的共识。实质上，多元决策主体在组织学习中所积累的知识和经验都会被吸纳到日常生活的“共享知识库”之中，从而为下一步的组织学习提供智力支持。

公共决策毕竟需要以追求共识作为基本目标，因而，我们不能因为组织学习中出现悖论或分歧就对共识持悲观态度，也不能因为共识通常源于协商对话就把话语共识视为共识的唯一形式。吉登斯的行动理论改变了我们对组织学习的看法，同时，也为我们分析决策共识的形成提供了一种动态的视角，从而扩展了我们的决策共识观。然而，大多数哲学和社会学家都是从一种静态的观点来认识共识问题的。哈贝马斯把共识视为平等主体之间开展交往行动的结果，共识的形成意味着对话的终结，并且共识嬗变成了“真理”。根据哈贝马斯的观点，“真理”得以建构表明人们已经在某一公共事务上形成了全体一致，行动者之间的分歧和对立也就不存在了。可见，哈贝马斯所描述的共识图景具有理性主义色彩，在那里，所有不同意见都可以经由平等对话而得以消融。

哈贝马斯关于对话和共识的观点遭到了一些学者的反对与批驳。吉登斯、罗蒂、福克斯和米勒等西方学者都认为，对话的目的不一是要形成共识，对话本身就是目的，而分歧也不总是消极的。吉登斯提出了对话民主的概念，所谓对话民主指的是，具有交往自主权的行动者之间通过对话来作出决策。同样是一种以语言为媒介的社会互动，但是，吉登斯的对话民主不同于哈贝马斯的交往行动理论。在吉登斯看来，对话民主是嵌入到组织或社会结构之中的，并且不必然以形成共识为目的，“对话应该更多地被视为一种在社会互动关系中建构信任关系的手段”。①

作为实用主义的集大成者，罗蒂同样强调了对话本身所具有的重要意义。他首先肯定了不受限制的对话之于自由社会的重要性，既然所有的事物都无法依据外在的终极标准来加以评判——并且也不存在这种非人格的、超历史的标准，那么，只有用自由对话来界定事物了。罗蒂坚信，真理不是发现的，也不是与实在相符的理论，而是通过对话所形成的公正的观点，行动与实践是这种真理观的核心要旨。鉴于实用主义的反本质主义

① 安东尼·吉登斯．超越左和右——激进政治的未来［M］．李惠斌等，译．北京：社会科学文献出版社，2000：119.

倾向，理性与情感、主体与客体、现象与本质的区别也就不再具有任何意义了，或者说，“根本就不存在关于表象或道德的本质原则”。[①] 在罗蒂看来，通过自由对话而形成共识并不意味着对话的终结，它还要面对其他对话或进一步对话的挑战。所谓的意见一致只是暂时的，甚至根本就不是对话的目标，对话的继续本身才是目的，或者说，对话是以自我为旨归的。罗蒂的观点具有典型的后现代主义特征，如果承认有比对话更深层次的目的，就陷入了本质主义的旧框架。显然，实用主义是行动主义取向的，它反对自然秩序和程序化规则对行动者的约束，赋予行动者以独立性与自主性，并提倡不受限制的自由对话。

美国的公共行政学者福克斯和米勒则对共识进行了彻底否定，从而把异议和歧见合法化了。他们以解决后现代状况下环式民主参与不足和话语失真的问题作为分析起点，建构了一个话语理论，其中的核心概念就是“公共能量场”。这一隐喻意为：多元治理主体为赢得意义之战而进行公共对话和交流的开放性场域，在公共能量场中，一套话语正当性规则可以实现真实的对话与交流。但是，福克斯和米勒的话语理论所倡导的公共对话寻求的不是共识而是“异质同构”，它鼓励多元话语和异质观点之间的对抗性交锋，但这种多样化的对抗观点之间的张力又为话语的正当性规则所控制，不至于使对话和争辩破裂。

可见，现代和后现代的学者们基本都对对话和共识作了简化处理，对话的目的不是形成共识，就是追求歧见共存，或者是，仅仅为了对话而对话。其实，共识和争议都是对话的重要组成部分，它们统一于循环往复的对话当中。我们赞同罗蒂的可持续性对话观，但是，并不认为对话本身就是目的，对话毕竟还是要在行动者之间形成共识或同一性，因为，没有共识人们就无法组织起集体行动以应对共同的问题。

从决策共识形成的角度来说，组织学习是以共识作为旨归的，但是，决策共识形成的过程不可能没有争论和异议，并且，共识的形成并不意味着组织对话的终结。因为，组织学习是过程取向的，也是一个持续改进的

---

① 查理德·罗蒂. 后哲学文化［M］. 黄勇，译. 上海：上海译文出版社，2004：239.

概念。[①] 所以，还必定存在更高层次的共识，那就是默契。默契的形成有利于突发情况下政策问题的解决，因为，默契不需要借助于话语行动就可以形成，无须在反复协商中耗费时间。因为，在紧急情况下，通过长时间的协商对话来形成共识在时间上是不允许的，只有当机立断才能化解危机。这时候，行动者之间的默契就显得尤为重要了。当然，默契并不是偶然行动的结果，而是长时间的交往所致，具体来说，要经过循环往复的协商对话才能形成。

从话语意识和实践意识的角度来说，共识更多地源于话语意识，而默契更多地源于实践意识。吉登斯在《社会的构成》一书中指出，在现代性阶段，实践意识是社会实践生产与再生产的前提，同时也是话语意识的基础，也就是说，社会实践之所以呈现出循环往复的特征完全是由实践意识所决定的。建立在实践意识基础上的社会互动是一种不在场的情形，而建立在话语意识基础上的社会互动则是一种在场的面对面的情形。所以，实践意识决定话语意识，等同于说，不在场的社会互动决定在场的社会互动。

然而，在《现代性与自我认同》一书中吉登斯的观点发生了变化，他认为，随着高级现代性阶段的来临，社会关系必定会经历一个“再嵌入”的过程。所谓“再嵌入”就是对已脱域的社会关系进行改造，具体来说，就是重新梳理和建构社会互动的在场与不在场两种情形。“再嵌入”这个概念用来说明“象征符号和专家系统这两种脱域机制都会与面对面的互动发生套嵌，并且，前者会被后者所维系或改变”。[②] 根据吉登斯的分析，随着社会的转型，实践意识与话语意识之间的关系会发生反转。在高级现代性阶段或后工业社会进程中，话语意义开始跃居到支配地位，并支撑和决定着实践意识，甚至可以转化成实践意识。吉登斯的观点为公共决策中面对面互动的常态化提供了理论证明，同时也意味着，在公共决策中可以实现从共识到默契的过渡与升华。我们认为，在公共决策过程中，共识的形

① G. Swee, G. Richards. Benchmarking the Learning Capability of organization [J]. European Management, 1997, 15 (5): 579-580.

② 安东尼·吉登斯．现代性与自我认同［M］．赵旭等，译．北京：三联书店，1998：77.

成并不意味着对话的完结，可以超越共识形成默契，而默契可以被看作是一种更高层次的共识。

在公共决策中，可以通过组织学习来形成共识乃至默契，沙因的组织文化理论可以为我们的观点提供证明。实际上，组织学习总是与组织文化联系在一起，甚至可以说，“组织学习就是组织文化的建构过程”。[①] 沙因指出，“组织文化是一个组织在解决它的外部适应和内部整合问题的过程中，基于组织学习而习得的共享的基本假设的一套模式”。[②] 可见，在沙因看来，组织文化是与组织学习联系在一起的，而且可以通过组织学习来加以构建。沙因把组织文化划分为三个层次：最外层的是器物层，比如组织所在的空间结构、组织结构图以及文字标志等；中间层是意识层面，主要包括组织成员所奉行的价值观和信念；而最深层的则是一套被组织成员视为理所当然的基本假设，它隐匿于组织成员无意识的习惯之中，是信念和行动的终极源泉。最深层的基本假设是组织文化的核心，它是一种“认知图式”和“行动框架”，类似于阿吉里斯的应用理论。文化的内隐层最终决定着组织成员对事物的感知和理解，并可界定这些事物的意义，进而影响人们的行动选择。

虽说意识层面的信念和价值观也能够影响人们的认知和行动，但这种影响更多的是名义上的，而不是实际上的，并且常常与人们的实际行动发生背离。用一句俗语来说，中间层的价值与深层的基本假设相当于“言”与“行”，“言说”并不总是可靠的，“行动”才能反映一个人的真实意图，这就是所谓的“听其言，也要观其行”。用吉登斯的话来说，组织文化的价值层属于话语意识，而基本假设层属于实践意识，组织文化的核心是基于实践意识的。而来源于实践意识的心智模式或基本假设被视为理所当然，因而，往往也容易被忽视。当然，这种理所当然的知识既有可能形成阿吉里斯所说的“组织习惯性防卫”，也有可能形成具有积极意义的默契。

---

① Schein, E. On dialogue, culture, and organizational learning [J]. Organizational Dynamics, 1993, 2 (22): 45-47.

② 埃德加·沙因. 组织文化与领导力 [M]. 马红宇等, 译. 北京: 中国人民大学出版社, 2011: 13.

沙因的组织文化理论对于公共决策中的共识形成具有积极的意义，因为，它合理设定了一个关于实践意识和话语意识的分层模式。在沙因的组织文化理论中，话语意识和实践意识分属于组织文化的第二个和第三个层级，并且，通过组织学习可以实现不同组织文化层次之间的递进。也就是说，通过组织学习可以形成组织成员之间共享的心智模式。可见，沙因组织文化理论的积极意义在于，它们正确地指出了影响人类行动的潜在的认知和心理因素，也就是说，社会行动从本质上来说是一个认知和心理问题。行动者对相关事物意义的理解会影响其行动选择，而意义则是由一套潜在的共享基本假设来定的——基本假设是一套稳定的认知图式。因此，组织文化最终会影响组织成员的行动，并可使他们形成意向或理解上的一致。

组织学习对于决策共识乃至默契的形成意义重大，团队学习中的深度会谈与讨论是组织学习的基本单位，尤其是深度会谈中的反思与探询是形成共识的有效沟通方式。团队学习是一个持续的对话过程，通过深度会谈和讨论，行动者可以识别彼此观点背后潜藏的基本假设，并自由交换各自的观点，甚至能够激荡出一种单凭个人反思所无法获取的创新性想法，从而形成一种更高层次的共识。持续性的团队学习可以形成一种共同的思维习惯、认知旨趣和心智模式，这种共同的心智模式使共识不借助于以语言为媒介的协商对话就能达成。也就是说，循环往复的团队学习或组织学习会在组织成员之间形成一种默契，可见，通过团队学习可以形成决策共识，也可以经由循环往复的对话而形成默契。

我们可以把共识和默契视为经由组织学习而达成的两个递进的阶段性成果。共识是通过合作制组织中的组织学习而形成的，而默契则是共识的惯例化形态。或者说，当组织学习成为一种循环往复的对话时，经由其所形成的共识会被行动者视为理所当然的，自然会不假思索地加以接受，并据此来开展行动。那么，共识也就转变成了默契，可见，默契是共识的常识化或常态化。所以，共识和默契都是在组织学习过程中所形成的结果，二者统一于组织学习及其惯例化的辩证过程之中。

作为一种合作行动的组织学习具有或然性和临时性的特征，但一旦组织学习惯例化便生成了结构性特征。结构化的组织学习有利于建构合作制组织，同时这种组织的生成又会为下一步的组织学习提供条件。可见，组织学习和合作制组织之间是一种持续性的相互建构关系。所以，默契的形成一定是在合作制组织中持续推行组织学习的结果。同时，组织学习中行动者的反思性与自主性又能够防止共识和默契的固化，从而使它们呈现为卢克曼与伯格所说的“固化—社会化—固化”的辩证过程。

其实，人类的认知能力本身就是有局限的，在具体的社会条件下，人们对问题及其解决方案的认知和理解总会受到各种因素的限制，所以，通过组织学习所形成的共识也只是那个特定时代的产物。随着时间的流逝，当社会情形发生变化时，人们对问题的看法也会发生改变，那么，原有的共识也势必被突破。也许，人们会认为当一个问题被解决时，针对那个问题所形成的共识也就终结了。其实，这完全是一种误解。实质上，问题从来不可能被彻底解决，因为，问题并不是客观存在的，而是被人们所建构的，日常生活世界的共享性决定了问题之间的关联性。所以，针对某个具体问题所形成的共识可能会为其他问题的解决提供条件，或者，会为同一个问题不同的变形提供条件。公共决策的世界不是由一个个片段构成的，而是一个虽有间断但却绵延不断的过程。所以，无论是从政策问题的特征来看，还是从共识的形态来看，决策共识的形成都必定是一个过程，而不是一个结果。关键是我们要把组织学习视为一种行动流，从过程的角度来推动组织学习，从而在公共决策中形成共识乃至默契。

5.3.2 组织学习中的自我修炼与社会支持

显然，成为合作行动的组织学习是决策共识形成的理想方式，但是，组织学习的动力到底来自哪里呢？诚然，合作关系的建立、组织模式的重构和伦理制度的设计对于组织学习至关重要，但是，组织学习毕竟是人的学习，或者说，是个体行动者的学习。因此，只有个体行动者愿意学习，并能够主动加强自我修炼，组织学习才能持续下去。

根据吉登斯的观点，反思性是行动得以持续化的关键之所在。吉登斯认为，社会实践之所以会呈现出循环往复的连续性特征完全是由于行动者在认知能力上所具有的反思性所致。行动的反思性是吉登斯行动过程架构中的一个重要环节，其他两个环节是行动的理性化过程和行动的动机激发过程。而作为“流”的行动就是由这三个环节所构成的，其中“反思性”是最为关键的环节。“反思性”体现的是行动者的认知能力；“理性化”体现的是行动者的理解和解释能力，它凸显了行动的“意向性”特征；而“动机激发过程”与行动者的意识有关，它通常指的是意图、理由和动机。

在吉登斯看来，意图和理由是人类可以用话语来清楚表达的行动根据，动机则是潜藏于行动者的个人需求之中，通常无法用言语来阐明，而人类行动主要为无意义动机所激发。吉登斯关于意识的分层模型与沙因的组织文化理论是一致的。作为一套潜在的共享的心智模式，组织文化的价值层可以用语言来阐明，而隐藏的基本假设层则具有无意识的特征。吉登斯和沙因的研究表明，行动主要是被无法言说的、被视为理所当然的知识所支配，这种知识既是人类认知能力的盲点，也是认知能力的挑战。然而，在循环往复的社会行动过程中，“反思性”还必须要担负起节拍器的作用，因为，只有反思性才能够重构心智模式，从而引发组织学习。

反思性是人类活动的基本特征，然而，反思性在不同的历史时期凸显为不同的面目。在农业社会，反思性是指向“过去”的，主要体现在对传统的理解和重新阐释上；而在工业社会，反思性则贯彻在社会系统的每一个环节，能够对意识和行动的每一个环节进行监控，从而使社会实践始终处于连续不断地被省察和被改造的位置。吉登斯深刻揭露了现代性的反思性的内涵，他指出，现代性不是以求新为指向，而是对包括反思本身的整个反思性的认定。[①] 所以，反思性的存在彰显了人类不断反思自我、质疑自我和挑战自我的基本特质。如果失去了反思性，人类社会只会裹足不前。

组织学习又何尝不是如此。我们知道，组织学习的最大障碍是组织习惯的存在，所谓“组织习惯”就是组织中被视为理所当然的知识或组织成员所共同认可的心智模式。直言之，就是物化的认知模式，因而，形成真正的组织学习需要打破这种固化。在组织学习中只有借助于行动者所具有的反思性，对话者之间才能真正地敞开心扉，做到相互接纳、相互承认和相互发现，进而使真实性的对话成为可能。反思性也体现在对反思本身的

---

① 安东尼·吉登斯．现代性与自我认同［M］．赵旭东等，译．上海：三联书店，1998：34.

反思上，或者说对反思背后的认知视角和理论视角进行省察。所以，反思性是一种永无穷尽的持续性的认知过程。鉴于反思性所具有的这种特性，如果在公共决策中培育具有反思性的行动者，也就有可能打破决策共识的固化，从而使共识建构呈现为一种过程，而不是一种结果。当然，我们推崇反思性行动者是为了强调反思性对突破组织学习中习惯性认知图式的重要性，并不排斥行动者的其他特性。因为，行动者的理解和行动能力对于组织学习也是至关重要的，而且反思性行动者本身就具有行动者的所有特征，只不过是更具反思性罢了。

在组织理论演变的过程中，技术和环境决定论一度甚嚣尘上，其实，技术和环境都必须通过人来发挥作用，或者说，必须经过人们的认知检验和反思过滤才能够加以应用。一些组织社会学家对信息技术寄予很高的期望，他们乐观地认为，信息技术的发展可以造就一个由网络组织所构成的世界，从而彻底实现对社会关系的重构。但是，芳汀却认为信息技术并没有使世界完全变成平的，科层制组织依然存在。在芳汀看来，科层制组织是建立在劳动分工与协调的基础之上的，分工通过任务专门化、部门化和标准化来实现，而协调依凭的是层级节制、正式规则和社会化。

实质上，官僚体系就是由条块分割的层级结构和正式规章制度来构成的，是一种从属于效率旨趣的构造。劳动分工和技术专门化是出于提高效率的需要，而协调则是整合分工并使之服务于集体目标的必备工具。离开了协调，分工也就没有任何意义，因为，缺乏协调的分工只会走向离心化。虽说信息技术使科层制组织僵化的机械式结构更加松动，更加趋向于扁平化，但是，这并没有从根本上改变层级化这一科层制组织的核心特征。也就是说，网络技术影响下的组织构架依然凸显了韦伯所描述的科层制组织的特征。甚至，在芳汀看来，信息技术和因特网的使用不仅不会使组织更加扁平化，反而会强化正式规则与标准化这些科层制组织体系所固有的特征。

因此，芳汀才会认为，信息技术对组织结构的影响并不是决定性的，也不是直接的。有些组织在面对信息技术的冲击时表现出了很强的韧性，并且，信息技术是通过内嵌于制度或网络安排中的行为来作用于组织结构的。换句话说，对组织结构产生影响的并不是客观技术，而是经过行动者解释、选择和加工的执行技术。“执行”概念反映了人们在认知或理解外部环境的刺激时所具有的能动性和选择性注意。正如芳汀所说，“技术执行是认知、文化、结构和政治嵌入的结果”。[①] 芳汀的观点充分说明了人类的认知能力在技术应用中的重要性，因为，对于事物的认知和理解决定着行动选择。

我们不否认，信息技术和互联网对于组织世界的影响，但是，它们只是为网络组织的形成提供了基本条件和可能性。也就是说，信息技术之于网络组织是一种必要条件，而不是一种充分条件。作为一种工具，信息技术只有在人类认识到它的重要性的时候，或者说，只有当人们感觉到它有用的时候，才会加以使用。鉴于反思性是人类认知的基本特征，所以，也可以认为，技术只有经过行动者的反思才能发挥作用。由此可见，行动者的反思性对于社会行动的重要性。

在组织学习中，尤其是在作为组织学习基本单位的团队学习中，反思是深度会谈和讨论的基础。只有当个体具备了反思能力，他才能够对自己的观点和心智模式加以反省和审查，从而促成真正的相互发现。如果在组织学习中不能对自己的观点进行反思，一味地探询别人的意向，就很容易引起别人的抵触。同时，反思也包括对整个组织学习的反思，通过反思组织学习中遇到的问题，以及共识形成中所存在问题，可以引发对组织学习的修正，为启动下一步的组织学习奠定基础。可见，反思性既是组织学习或团队学习的关键，也是组织学习得以循环往复的动力所在。因此，反思性既是个体行动者的特性，也是作为行动流的组织学习的特性。

法默尔在《公共行政的语言——科层制、现代性与后现代性》一书中提到了“反思性阐释”这个概念。在法默尔看来，“反思性阐释”是一门考察构成人们观察和分析事物所采用理论视角的一套基本假定的艺术。这种阐释之所以是反思性的，在于它所关注的焦点是人们观察事物所使用的透镜或视角，而不是被观察的事物本身。[②] 因此，“反思性”的根本特征在

① 简・E. 芳汀．构建虚拟政府：信息技术与制度创新［M］．邵国松，译．北京：中国人民大学出版社，2010：80.

② 戴维・约翰・法默尔．公共行政的语言——官僚制、现代性与后现代性［M］．吴琼，译．北京：中国人民大学出版社，2001：17.

于对隐性的基本假设和认知模式的反思。所以，不难理解，在组织学习中一旦把反思的焦点对准组织成员行为背后的心智模式和基本假设，就能准确识别该成员行动背后的基本动机，从而引发真正的组织学习。

反思性行动者的生成与个人和集体的学习有关，也与教育发展和知识普及有关。在圣吉的组织学习理论中，自我超越和改变心智模式是五项修炼中的两个重要方面，并且学习型组织的建立也有利于个体实现自我超越。其实，能够实现自我超越和心智模式改变的行动者可以被视为反思性的行动者。反思性行动者与个人学习、集体学习和社会学习之间的关系曾被亚历山大和克罗齐耶论述过。

亚历山大在分析市民社会与行动的关系时谈到了反思性行动者的生成这个问题。在亚历山大看来，大众教育的推广和教育期限的延长为市民社会文化的形成提供了智知上的准备，因为，“教育革命”有利于认知、情感和道德的分立，“促进了有反思能力的行动者的生成，从而为理性互动和彼此之间的融合提供了坚实的基础”。[①] 显然，从亚历山大的观点来说，行动者反思能力的生成与教育和知识有关。

克罗齐耶是把个体和集体的学习能力视为建立新型公共行政体制的一个重要举措。根据克罗齐耶的分析，法国的公共行政体制是建立在国家与社会高度分离的基础之上的，这种僵化、封闭和低效的组织形式产生了越来越多的弊端，已经与良好的社会治理愿望渐行渐远。因此，必须进行改革，而改革的方向则是祛除这种公共行政体制的封闭性、机械性和垄断性，进而建立起更具开放性和自主性的公共组织。具体来说是要实施三个战略：一是推行权力的非中心化，赋予地方决策体系更大的自主权，从而能够更加充分地调动其积极性和行动能力。同时，还要建立多元治理主体之间的伙伴关系，鼓励不同机构和个人之间展开良性竞争，通过以权力制约权力和公开辩论的方式来进行公共决策。克罗齐耶反对通过法令来对社会治理体系进行技术性的改革，而主张通过采取一种更具时效、更合乎情理的实验性的渐进方式来变革公共行政管理体制。他希望通过对行政组织

---

① J.C. 亚历山大. 新功能主义及其以后［M］. 彭牧等，译. 上海：译林出版社，2003：279-280.

及其体制的改革来释放地方的活力与自主性，推动真正意义上的民主，而不是流连于既有的形式民主。二是要开放精英体系。克罗齐耶认为，法国社会治理的混乱局面和恶性循环很大程度上与精英体系的封闭性和垄断性有关，为此必须打破精英团体的封闭性。在他看来，法国的精英团体主要来自大学、高级行政管理团体与技术管理团队，可以通过创立大学联合体和专家网络来完成对精英团体的改造，从而使它们保持开放性，能够建立与外部组织和个人之间的交换关系。三是要革新知识体系，摒弃技术专家统治。克罗齐耶认为，技术专家统治论的盛行使几乎所有重要的决策权都集中到了技术专家手里，知识的封闭导致了决策权力的高度集中，同时也剥夺了其他人参与公共决策的机会，因此开放知识世界甚为必要。可以说，正是技术专家治国论造就了封闭的公共决策体系，阻碍了公开辩论和真正交流的产生。因此，知识对于创造一个开放的体系至关重要，为此，应该将个体与社会的学习放到战略性的位置上。

克罗齐耶认为，个体学习和选择能力的培养主要基于日常的实践和经验，因此，“要变革学校类型，加强教育改革，提高青少年的自由度，并鼓励他们承担责任就成为优先选项”。[①] 可见，在克罗齐耶看来，伙伴关系的形成与组织形式的重构以及个体和集体学习有密切的关系，甚至主要取决于它们。通过完善个体、组织和社会的学习可以造就一个开放的行政体系，促进公共决策中的公民参与，并形成真正的公共对话。同时，克罗齐耶也指出，知识体系的改造和完善须以提高个体学习和选择能力为旨归，而学习和选择本身就与认知联系在一起。因此，可以断定，个体学习和选择能力的提高必定有利于生成反思性的行动者。

从决策共识形成的角度来说，组织学习需要反思性的行动者，而反思性行动者的生成与其说是一个个人问题，还不如说是一个社会问题。因为，个体行动者毕竟是一个社会人，也只有在社会中才能凸显出作为个体存在的价值和意义。因此，反思性行动者的生成与个体学习、组织学习和社会学习都有关系，具体来说，反思性行动者的生成是三种学习形式交互

① 米歇尔·克罗齐耶．法令不能改变社会［M］．张月，译．上海：格致出版社，上海人民出版社，2008：173-176.

影响的结果，反过来，行动者的反思性又有利于促进这些不同形式的学习。当然，反思性行动者的生成主要与组织学习有关，因为，在一个组织化的社会，无论是个体学习还是社会学习，都难以脱离与组织学习的关系。因此，在公共决策中，要建立起真正的组织学习机制，并希望通过组织学习来形成决策共识乃至默契，反思性行动者的生成是至关重要的。而反思性行动者的生成不仅需要个体和组织作出改变，也需要整个社会作出改变。尤其是，要普及高等教育，扩大知识传播，并打破公共决策中的知识和技术垄断。我们认为，在公共决策中，建立决策共识形成的组织学习机制，绝不仅仅是一个伦理问题，更是一个如何通过完善知识学习和传播渠道来生成反思性行动者的问题。

5.3.3 组织学习中的共享知识库构建

我们在这里所讨论的组织学习是合作行动意义上的，也就是说，组织学习是一个多元行动者通过合作行动来进行决策的过程。在这一过程中，协商对话是主要的决策方式，同时也可以通过默会来形成公共政策。因此，在合作行动架构中，组织学习必然是一个祛除技术主义和专家治国论的决策共识形成过程。组织学习根植于一定的知识基础，从某种意义上来说，组织学习理论就是一种知识论，其根本运行机制就是寻求和分享知识。① 而组织学习也正是通过对知识的学习和理解而得以提高组织运行功能。②

我们知道，在崇尚科学主义和技术主义的工业社会，公共决策被看作是一个专业性很强的技术领域，参与公共决策需要掌握与政策问题相关的专业知识和技术要领，因而，公共决策就成了职业官僚和专业技术人员的专属游乐场，普通人被排斥在了决策之外。技术主义的公共决策观受到很多学者的批判，他们认为这种决策方式是一种精英主义的模式，与民主的理想和本意背道而驰，因此，转而寻求在实践理性的基础上构筑一种民主

① S. Ghoshal, H. Korine, G. Szulanski. Interunit communicaton in multinational cirporation [J]. Management Science, 1994, 40: 98-106.

② C. finl, M. Lyles, A. Marjorie. Organizational Learning [J]. Academy of Management Review, 1985, 10 (4): 805-810.

化的决策模式。

可见，公共决策从来不仅仅是一种技术主义的追求，还蕴含着实践理性和经验的向度。正如古丁和克林格曼所认为的，公共政策的学术史存在两种对立的方法，即科学主义与经验主义。“科学主义的方法强调理论知识和专业技术的重要性，而经验主义的方法则强调社会治理经验和公共决策中的多中心参与。”① 这两种不同的公共政策取向既是共时的也是历时的，它们之间有着错综复杂的关系。一些社会学家或公共政策学家试图梳理和界定二者之间的关系，基本上都认为，它们的生成有着具体的历史背景和社会条件，并且，在某一个特定历史阶段，一定是某一种公共决策方式占据主流。

一些社会学家或公共政策学家曾对公共决策模式的变迁进行过分析，他们认为，科学主义和技术主义取向的公共决策与工业社会中工具理性的扩张有关，并且，这种决策方式依托于科层制组织的形式。在组织社会学家看来，科层制组织本身就是一个技术主义和工具理性的设置，所以，经验取向和民主取向的公共决策方式倡导者一直都把科层制组织作为批判的靶底。他们以为，一旦瓦解了科层制组织，也就动摇了科学主义决策模式的根基。

哈贝马斯则把公共决策与社会领域变迁联系在了一起。在哈贝马斯看来，在工业社会前期，公共决策是建立在日常生活领域和经验知识之上的，只不过，随着工业化进程的推进，工具理性和系统侵入日常生活领域导致了公共决策模式的技术主义转向。哈贝马斯所说的日常生活领域其实就是实践经验的世界，由于“库存知识”具有经验上的共享性，所以，日常生活领域凸显出互为主观性的特征。那些现象学哲学家和社会学家都倾向于把建立在实践理性之上的日常生活领域构置为人类社会的根基，并认为，实践理性是理论理性的基础，也是社会实践得以生产和再生产的原动力。同样，吉登斯也把基于实践意识的、理所当然的“常识性知识”作为社会生产和再生产的基础，并把实践意识建立在话语意识之上。然而，在吉登斯看来，实践意识并非一直是话语意识的基础，话语意识也可以维系

① 罗伯特·古丁，汉斯-迪特尔·克林格曼．政治科学新手册［M］．钟开斌等，译．北京：三联书店，2006：559.

和改变实践意识，尤其是在高级现代性阶段，当话语意识成为一种主流时更是如此。

在这里，我们需要对实践理性与理论理性，以及实践意识与话语意识作一下区分，否则容易对理论产生误解。我们认为，两者既有共同点也有不同点。二者的不同点在于：首先，它们的划分依据不同。实践意识和话语意识的区别在于是否有言语介入，实践意识是非话语的一种意识，而话语意识则是把话语作为媒介；实践理性和理论理性的区分依据的是人的认知能力和知识来源，实践理性来自经验性知识；而理论理性则源于一种论证性知识。其次，话语意识和理论理性外延并不一致。理论理性是被裹挟在话语意识之内的，或者说，理论理性是话语意识的一个子集。话语意识的外延更宽泛一些，话语意识除了包括以语言形式表述的理论知识或“相符真理”外，还包括通过交往行动所形成的“共识真理”，甚至还包括行动者言说行为或交往中的对话本身。也就是说，只要有语言介入就是话语意识。

二者的相同点在于：首先，它们指的都是个体行动者所具有的特性。理性先是被哲学家揭露为主体性，指的是人类所具有的认知和行动能力，尤其是个体基于理性计算而进行选择的能力。理性后来被哈贝马斯界定为主体间性，指向以直接理解为目的的交往行动。意识指的是个体行动者的人格特征，在个体行动上体现为“意向性”。单从“意向性”上来说，意识与理性在内涵上是一致的，指的都是个体行动所具有的意图性和计划性，以及个体把他者视为主体—客体关系中的客体。

我们在本文中提出“合作意识”的概念就是为了修正意识的主体性，转而寻求一种互为主体性的合作关系。其次，实践意识和实践理性的内涵是基本一致的，都指向行动中所具有的理所当然的一面。从以上分析来看，实践意识和实践理性都指向了实践经验和常识性的领域，这个领域中的知识有一个最大的特征，那就是能够为行动者所共享而且被视为理所当然。这也就是曼海姆所说的“知识中的行动主义成分”,① 这种“不纯粹的

① 卡尔·曼海姆．意识形态与乌托邦——知识社会学导论［M］．霍桂恒，译．北京：中国人民大学出版社，2013：319.

知识”潜藏于无意识的行动之中，显然与那种含有目的性成分的行动形成鲜明对照。正是因为经验知识所具有的共享性，人们之间的沟通对话和相互理解才成为可能。实践理性取向的社会治理得到了卡蓝默的高度认同，他认为，“社会治理应该是一门应时性的实践艺术”，① 必须从日常生活经验中汲取养分，从而提炼出指导性的原则。

公共决策中的理论取向和实践取向不仅仅是一种意识形态，还以一定的社会条件作为基础，或者说，还是特定时代背景下的产物。既然科学主义和技术主义意识的扩张可以导致日常生活领域和经验性知识的萎缩，那么，当社会形态和社会条件发生变化时，经验性领域的兴起也绝不会是一种幻想。随着后工业社会的兴起，信息技术和互联网的发展不仅加速了知识和信息的传播，还使面对面对话的概率大为提高，从而使经验的共享成为可能。尤其是，高等教育的普及使普通民众获得了参与公共决策所需具备的知识和技能，从而打破了专家治国论的神话，真正推动了公共决策民主化。多中心参与公共决策局面的形成使人们逐渐认识到，公共决策与其说是一个科学领域，更不如说是一个经验领域。正是人们在公共决策中的经验累积和经验分享增进了“共享知识库”，从而使公共决策的循环往复成为可能。

卡蓝默以法国的行政管理体制为分析对象，他指出，社会治理的碎片化是当前法国行政体制的主要问题，这一问题主要是科层制的层级机制和条款分割造成的。他寄希望于通过重新确立伦理、契约和共同体作为社会治理的核心话语来应对这一危机。在卡蓝默看来，多样性和同一性是社会治理的核心主题。因而，公共管理的主要挑战就是如何处理同一性和多样性之间的关系问题，抑或说，如何建构一个能够有效兼容同一性和多样性的社会治理模式的问题。这种治理模式可以在尊重差异性的基础上来寻求合作，而不是“像科层制那样为了追求一致性而不惜抹杀个体性”。② 为此，他认为关系管理是破解社会治理难题的钥匙，所谓“关系”主要是不

---

① 皮埃尔·卡蓝默．破碎的民主——试论治理的革命［M］．高凌瀚，译．北京：三联书店，2005：24.

② 皮埃尔·卡蓝默，安德烈·塔尔芒．心系国家改革——公共管理建构模式论［M］．胡洪庆，译．上海：上海人民出版社，2004：116.

同治理层次之间的关系，并且在两个连续层级之间的关系具有同质性，而“结构性常数”是建立起两个治理层次之间关系的纽带。“结构性常数”不是问题的答案，而是处理问题的基本指导原则或伦理规范。“结构性常数”和“分形假设”共同构成了卡蓝默所说的“主动辅助性原则”，这种原则是关系管理的核心要旨。在卡蓝默看来，主动辅助性原则或共同指导原则的产生，不是由政治精英和官僚技术专家们闭门思考、精打细算或进行科学研究的结果，而是由多元行动主体在合作治理中进行经验交流和经验分享的结果，尤其是通过网络式交换的学习机制来对实践经验予以整合的成果。也就是说，主动辅助性原则中的所有要素并不从属于理论知识，而是一种经验知识或实践知识。

因此，卡蓝默相信，周期性地组织经验交流和继续学习对于社会治理来说至关重要，这种继续学习过程从组织层面来说叫“初学者课堂”，从社会层面来说叫作社会资本。无疑，主动辅助性原则转移了社会治理和民主的重心，重新界定了公务员的责任和角色，它不再是在几种替代方案中进行选择，而是以合作伙伴关系的方式去激发行动者的责任心和创造力，并通过经验交流和团体学习去寻求合理的解决方案。一言以蔽之，主动辅助性原则就是一种社会治理的艺术，这种艺术旨在寻求最大限度的同一性和最大限度的多样性的融合。卡蓝默给我们描绘了一个构筑在实践理性和经验知识之上的社会治理图景，这种治理模式是反科层制、反科学主义和反专家治国论的，因而，也必然是趋向实质民主的。

克罗齐耶也推崇经验性和惯例性对于组织生活的重要性。我们知道组织社会学的核心问题是行动与结构的问题，换句话说，就是如何处理行动者的自主性和结构性制约之间的关系。对于自主行动的追求是人类孜孜以求的目标，然而行动必然是与结构联系在一起的。因而，如何对自主性的行动者进行整合，或者说，如何在维护集体行动结构和规则的同时又能保持行动者的自由余地，一直是组织社会学要破解的难题。实际上，对这个问题的解决再依靠传统的技术—经济逻辑是徒劳无益的，也注定会无功而返。克罗齐耶认为，如果转换分析视角，把组织现象视为一种由人类建构的游戏，就能破解有组织行动中行动者的自主性和结构性限制之间的对立问题。为此，要把文化作为组织分析的第一要素，因为，文化可以赋予组织成员以自主性。

尽管集体行动的结构和运行机制是一种文化建构，但这并不意味着文化和价值观能决定组织成员的行为方式。因为，在有组织的社会互动中，人的行为并不由某种先在的因素所决定，而会因个体能力的差异呈现为不同的行动策略。也就是说，总会有几种策略可供行动者选择。但是，文化作为一种为行动者所共享的元素，毕竟可以为行动者之间的沟通交流提供智力支持。根据克罗齐耶的观点，文化为个体之间的交流、互动和相互依存关系提供了一种共享元素和知识基础，因为，“文化也是一种能力，是行动者在与他人交流和互动的过程中习得、运用、转换的手段与能力”。[①] 文化这种能力是行动者在日常生活中通过持续地与其他行动者进行交流而习得的，它根植于经验和惯例。因此，我们认为，克罗齐耶的“文化”类似于舒茨的“库存知识”和现象学社会学的“默会知识”。这种知识的共同特征都是来源于惯例和日常生活经验，并可以为行动者们所共享。显然，这种共享的经验性知识不会把任何人排斥在公共生活之外，从而为互为主体性和面对面的对话提供了基础和前提。也就是说，日常生活领域的扩大和经验性知识的常态化使互依性和在场的面对面对话不再止于哲学或社会学的想象，而是真正成为一种现实。

互联网和信息技术的发展使知识和经验的共享成为可能，从而消除了群体之间和个人之间的学习障碍，为组织学习的开展提供了技术和知识上的支持。对经验的重视推动了公共决策民主化，也使人们改变了对公共决策的认识。公共决策不再被视为科学的范畴，而是一种实践和艺术，服从于实践理性的指引。实践理性必然使公共决策成为一个组织学习的过程，并且，也只有在实践理性的基础上组织学习才能成为一种合作行动。因为，在实践中，积累的经验性知识不像科学知识那样具有较高的壁垒，几乎可以为每一个行动者所掌握，自然可以通过组织学习来加以交流和分享。可见，建立在经验性知识基础上的组织学习有利于切断知识与权力之间的脐带，加速知识的去权力化。知识中权力因素的消解必定会消除组织

---

① 米歇尔·克罗齐耶，埃哈尔·费埃德伯格．行动者与系统［M］．张月，译．上海：上海人民出版社，2007：196.

学习中行动者之间的支配关系，从而使合作行动真正成为可能。

组织学习与“库存”知识或“常识性知识”是相互促进的。一方面，“库存知识”为组织学习中面对面的深度会谈和讨论提供了共享知识和同一性的判断标准；另一方面，经验知识的交流、共享与传播也会进一步丰富和扩充“库存知识”。可见，组织学习是推动知识和智慧为组织成员所共享与增值的过程。① 有鉴于此，决策共识和默契可以通过组织学习加以建构，而组织学习又与经验知识联系在一起，所以，公共决策中共识与默契的生产与再生产可以看作是由组织学习和“库存知识”的辩证互构过程所促进的。

因此，认识到组织学习中共享经验知识的重要性，我们就找到了组织学习得以循环往复的宏观驱动力。从决策共识形成的角度来说，只要有可能，我们就应该在公共决策中建立起组织学习机制，并鼓励决策者去分享和交流自己的经验，进而通过组织学习来带动社会学习，逐步扩大常识性知识库，形成良性的组织学习再生产机制。我们相信，在后工业社会进程中，一个建立在实践理性或经验性知识之上的组织学习机制，可以为决策共识乃至默契的形成提供支持，从而解决高度复杂性和不确定性情境下实质性决策共识难以形成的问题。

---

① Bierly，P E，Kessler，E H and Christensen，E W. Organizational Learning，Knowledge and Wisdom［J］. Journal of Organizational Change Management，2000，13（6）：597-616.

第6章 结论与展望

本文主要基于组织社会学的相关理论来研究公共决策中的共识形成问题。其实，关于共识的追求是由来已久的事情，甚至可以说，民主社会的历史有多长，共识的缘起就有多悠久。然而，真正把共识作为公共决策的目标，并有意识地加以建构，还要归结到公共决策民主化浪潮的兴起，尤其是共识型决策模式的提出。以实现公共性为旨归的决策共识形成通常要借助于决策者之间的协商对话和反复讨论才能实现，而对话必定是要耗费时间的，因此充足的时间是决策共识得以形成的基本前提和条件。

然而，在后工业社会进程中，当决策情境越来越具有复杂性和不确定性，政策问题变得低度结构化，而决策主体又趋向多元化时，人们很难在公共决策中形成共识，更不用说形成实质性的决策共识了。突发性事件的常态化是后工业社会进程中决策情境发生质变的典型征兆。尽管人们无法针对突发性事件来形成共识，但是这并不表明，解决突发性事件不需要形成共识。实践证明，决策共识的形成有利于规避突发性事件。因为所谓的突发性事件并不是真的突发，它通常是由常态性事件演化而来的。如果在突发性事件处于萌芽状态时，或者，在常态性事件还未发生异化时，就能有意地吸纳所有利益相关者参与公共决策，并就相关政策议题形成共识，那么大多数突发性事件还是能够提前规避的。所以，决策共识的形成无论是对于公共性的实现，还是对于突发性事件的解决，都具有非常重要的意义。问题在于，在决策情境发生嬗变的前提下，多元决策者如何针对低度结构化的政策问题来形成实质性的决策共识。

纵观当前的决策共识理论，都不能很好地解决这一问题，原因在于以下几个方面：首先，大多数决策共识理论割裂了突发性事件和常态性事件之间的联系，它们没有认识到，突发性事件不过是常态性事件的异化形态。如果针对常态化问题形成共识，那么突发性事件也就不会突发了。其次，现有的决策共识理论总是在行动与结构二元分立的架构中来研究决策共识的形成问题，即便是认识到二者契合的必要性，也试图寻求对行动与结构及其关系进行重构，但仍把目的性行动和支配型的社会结构视为不变的前提。最后，当前的决策共识理论倾向于把决策共识视为平等主体之间进行协商对话的结果，共识的形成意味着协商对话的终结，显然忽视了决策共识发生变迁的可能性。

有鉴于此，我们构建了一个决策共识形成的合作行动框架来解决后工业社会进程中实质性的决策共识难以形成的问题。我们的理论构想基于以下基本假设：首先，后工业社会的政策问题是一种社会建构物，更多地表征为价值观或认知方面的冲突，且具有低度结构化和个性化的特征；对这种政策问题的解决不能再借助于统一性的、一劳永逸的答案，而是要提高针对性和权变性。其次，突发性事件也是一种低度结构化的问题，并根植于常态化的事件之中，或者说，只是常态化问题的变异形态。因为突发性事件的形成并不是一蹴而就的，往往要经过一个漫长的过程，其萌芽和发展阶段多以常态化的形式出现，只是由于没有得到及时处理而最终酿成了突发性事件。所以，从过程的角度来看，突发性事件在本质上具有常态性，服从于时间上缓慢变化的逻辑。再次，决策共识的形成不是一个结果，而是一个过程。虽然公共决策以寻求共识为目的，但是共识的形成并不意味着对话的终结，业已形成的共识和协商对话的意外后果会为下一步的公共决策提供前提和条件。实际上，所有的决策共识都只不过是特定社会情境下的产物，必然受到历史条件和人们认知水平的限制，因此决策共识是暂时的和有条件的。最后，决策共识的形成绝不仅仅是行动的结果，也必然受到社会结构的影响。行动与结构是相互建构的，而不是相互分立的。“行动”不仅仅指的是以语言为中介的理性计算、讨价还价和协商对话等社会行动或互动，也包括建立在常识性知识基础上的惯例性行动。“结构”指的是循环往复的社会行动所具有的“结构性”特征或“虚拟性”特征，而不是一种独立于行动者的客观性实体。作为一种人为的建构物，结构对行动不仅具有制约性，还具有使动性，而且结构可以被改造。

实质上，改变了有组织行动的整合方式也就改变了结构。

从合作行动及其结构的角度来看，决策共识的形成是平等主体之间进行协商对话的结果，而合作制组织及其伦理规则为这种真实性的协商对话提供了结构性支持。合作行动是平等主体之间的社会互动，但它不是一种静态的行动图式，而是一种“行动流”，具有循环往复的特征。“时间”维度的引入，使作为合作行动的协商对话呈现出“过程”的特征，可以促进话语意识到实践意识的过渡，从而实现从决策共识到行动默契的升华。同时，作为问题导向、反结构化和开放型的组织形式，合作制组织的生成既是行动与结构关系辩证发展的逻辑必然，也是对流动性的、虚拟化的和多元化的后工业社会进行规范的现实诉求。

合作制组织的建立绝不是空中楼阁，而是根植于理论逻辑和实践背景之中的。合作制组织的网络化和“去中心化”有利于消解组织中的支配和宰制，实现人际关系的去权力化，从而可以最大限度地促进行动自主性和行动者之间的平等。实质上，合作制组织可以被看作是合作行动或合作关系的结构化特征。从公共决策的角度来说，作为一种合作行动，平等主体之间的政策对话有利于合作制组织的建立与维系。同时，合作制组织又可以恢复政策对话的在场可得性，并使这种面对面的协商对话成为可能。伦理制度和规则承担了对有组织的政策对话进行规范的功能，它既能使平等主体之间的协商对话获得稳定性或可持续性，又不至于消解行动者的自主性。因为伦理制度和规则是一种非强制性机制，它对政策对话的规范所依凭的不是一种外部性的、非人格化的规章条例，而是一种可以内化为行动者自觉意识的伦理原则。总体来说，决策共识乃至默契的形成是一个过程，这个过程是政策对话、组织结构和伦理规范三种因素相互作用的结果。具体来说，在公共决策中，共识乃至默契的形成需要借助于持续化的平等对话，而政策对话之所以能够得以循环往复离不开合作制组织的结构性支持和伦理制度的规范。

从协商对话或政策对话的具体形式上来说，组织学习或团队学习是一种理想的对话方式。因为，组织学习或团队学习侧重于通过反思和探询，以及深度会谈和讨论的沟通技巧，来寻求对话者之间的意向一致。不仅可以改变被行动者视为理所当然的心智模式，而且还可以在此基础上形成一种超越行动者已有认知水平的共识，乃至形成默契。也就是说，组织学习可以被视为政策对话，并且，这种对话方式具有一套有效的沟通技巧，可以触及行动者内心深处的基本假设，从而促成彼此之间的深度理解和意向契合。可见，组织学习作为一种政策对话方式，不像交往行动理论、协商民主理论或其他后现代性公共政策学家那样仅仅从程序或形式上来追求对话的真实性，而是切实从内容上来谋求共识或默契的达成。

我们也应该认识到，组织学习理论具有的功能主义或系统论特征，所以欲使组织学习发挥作用，就必须首先对其加以改造，使之成为一种合作行动。并且，也只有在合作制组织和伦理制度中推行组织学习，才能够建立实质性的决策共识，进而实现从共识到默契的转变。作为一种过程的组织学习之所以可以循环往复并呈现出流动的特征，与反思性行动者和基于实践理性的“库存知识”有关。反思性行动者的怀疑和批判精神是组织学习得以持续进行的微观动力，而那些实践经验和理所当然的默会知识则为组织学习提供了共享的参照框架。当然，反思性行动者的生成和“库存知识”的增长也与个体学习、组织学习和社会学习联系在一起，可以说，它们之间是相互促进的。可见，用合作行动理论加以改造的组织学习在公共决策中可以实现超越共识达成默契，从而解决公共决策中的实质性决策共识难以形成的问题。

参 考 文 献

一、中文文献

（一）专著

1. C. 赖特·米尔斯. 社会学的想象力 [M]. 陈强等，译. 北京：三联书店，2005.

2. D. S. 皮尤. 组织管理学名家思想荟萃 [M]. 唐亮等，译. 北京：中国社会科学出版社，1986.

3. Georg Kneer，Armin Nassehi. 卢曼社会系统理论导引 [M]. 鲁贵显，译. 台北：巨流图书出版社，1998.

4. H. 乔治·弗雷德里克森. 公共行政 [M]. 丁煌等，译. 北京：中国人民大学出版社，2011.

5. J. C. 亚历山大. 社会科学的理论逻辑（第一卷） [M]. 于晓等，译. 北京：商务印书馆，2008.

6. J. C. 亚历山大. 新功能主义及其以后 [M]. 彭牧等，译. 上海：译林出版社，2003.

7. O. C. 麦克斯怀特. 公共行政的合法性危机：一种话语分析 [M]. 吴琼，译. 北京：中国人民大学出版社，2002.

8. V. 奥斯特罗姆，D. 菲尼，H. 皮尔特. 制度分析与发展的反思 [M]. 王诚，译. 北京：商务印书馆，1992.

9. W. 理查德·斯科特，杰拉尔德·F. 戴维斯. 组织理论：理性、自然与开放系统的视角 [M]. 高俊山，译. 北京：中国人民大学出版社，2011.

10. 阿尔弗雷德·舒茨．社会世界的意义构成［M］．游宗祺，译．北京：商务印书馆，2012.

11. 阿兰·图海纳．行动者归来［M］．舒诗伟等，译．北京：商务印书馆，2008.

12. 埃德加·沙因．组织文化与领导力［M］．马红宇等，译．北京：中国人民大学出版社，2011.

13. 埃哈尔·费埃德伯格．权力与规则——组织行动的动力［M］．张月等，译．上海：格致出版社，上海人民出版社，2008.

14. 埃莉诺·奥斯特罗姆．公共事物的治理之道——集体行动制度的演进［M］．余逊达，陈旭东，译．上海：上海三联书店，2000.

15. 艾尔·巴比．社会研究方法（第10版）［M］．邱泽奇，译．北京：华夏出版社，2005.

16. 安东尼·吉登斯．超越左与右：激进政治的未来［M］．李惠斌等，译．北京：社会科学文献出版社，2000.

17. 安东尼·吉登斯．第三条道路：社会民主主义的复兴［M］．郑戈，译．北京：北京大学出版社，2000.

18. 安东尼·吉登斯．历史唯物主义的当代批判［M］．郭忠华，译．上海：上海译文出版社，2010.

19. 安东尼·吉登斯．民族——国家与暴力［M］．胡宗泽等，译．北京：三联书店，1998.

20. 安东尼·吉登斯．社会的构成［M］．李康等，译．北京：三联书店，1998.

21. 安东尼·吉登斯．社会理论与现代社会学［M］．文军，赵勇，译．北京：社会科学文献出版社，2003.

22. 安东尼·吉登斯．社会学方法的新规则：一种对解释社会学的建设性批判［M］．田佑中等，译．北京：社会科学文献出版社，2003.

23. 安东尼·吉登斯．现代性的后果［M］．田禾，译，南京：译林出版社，2011.

24. 安东尼·吉登斯．现代性与自我认同［M］．赵旭等，译．北京：三联书店，1998.

25. 安东尼·唐斯．官僚制内幕［M］．郭小聪等，译．北京：中国人民大学出版社，2006.

26. 奥利弗·E. 威廉姆森．市场与层级制：分析与反托拉斯含义［M］．蔡晓月等，译．上海：上海财经大学出版社，2011.

27. 保罗·利科．历史与真理［M］．姜志辉，译．上海：上海译文出版社，2015.

28. 保罗·利科．作为一个他者的自身［M］．佘碧平，译．北京：商务印书馆，2013.

29. 本杰明·巴伯．强制民主［M］．彭斌等，译．长春：吉林人民出版社，2011.

30. 彼得·F. 德鲁克．德鲁克文集（第三卷：社会的管理）［M］．徐大建，译．上海：上海财经大学出版社，2006.

31. 彼得·M. 布劳．社会生活中的交换与权力［M］．李国武，译．北京：商务印书馆，2012.

32. 彼得·伯格，托马斯·卢克曼．现实的社会建构［M］．汪涌，译，北京：北京大学出版社，2009.

33. 彼得·圣吉．第五项修炼——学习型组织的艺术与实务［M］．郭进隆，译，上海：上海三联书店，1998.

34. 布莱恩·琼斯．再思民主政治中的决策制定：注意力、选择和公共政策［M］．李丹阳，译，北京：北京大学出版社，2010.

35. 查尔斯·J. 福克斯休·T. 米勒．后现代公共行政：话语指向［M］．楚艳红等，译．北京：中国人民大学出版社，2002.

36. 查尔斯·林德布洛姆．决策过程［M］．竺乾威等，译．上海：上海译文出版社，1988.

37. 查尔斯·泰勒．本真性的伦理［M］．程炼，译．上海：上海三联书店，2012.

38. 查尔斯·泰勒．现代社会想象［M］．林曼红，译．南京：译林出版社，2014.

39. 查尔斯·泰勒．自我的根源：现代认同的形成［M］．韩震等，译．南京：译林出版社，2012.

40. 查理德·罗蒂. 后哲学文化［M］. 黄勇，译. 上海：上海译文出版社，2004.

41. 陈振明. 政策科学——公共政策分析导论［M］. 北京：中国人民大学出版社，2003.

42. 大卫·马什，格里·斯托克. 政治科学的理论与方法［M］. 景跃进，译. 北京：中国人民大学出版社，2006.

43. 戴维·H. 罗森布鲁姆、罗伯特·S. 克拉夫丘克. 公共行政学：管理、政治和法律的途径［M］. 张成福等，译. 北京：中国人民大学出版社，2002.

44. 戴维·奥斯本，特德·盖布勒. 改革政府：企业家精神如何改革着公共部门［M］. 周敦仁等，译. 上海：上海译文出版社，2006.

45. 戴维·赫尔德. 民主的模式［M］. 燕继荣等，译. 北京：中央编译出版社，1998.

46. 戴维·约翰·法默尔. 公共行政的语言——官僚制、现代性与后现代性［M］. 吴琼，译. 北京：中国人民大学出版社，2005.

47. 丹尼尔·W，布罗姆. 经济利益与经济制度——公共政策的理论基础［M］. 陈郁等，译. 上海：上海三联书店，1996.

48. 丹尼尔·贝尔. 后工业社会的来临——对社会的一项预测［M］. 高铦等，译. 北京：商务印书馆，1984.

49. 丹尼斯·缪勒. 公共选择［M］. 张军，译. 上海：上海三联书店，1993.

50. 德博拉·斯通. 政策悖论：政治决策中的艺术［M］. 顾建光，译. 北京：中国人民大学出版社，2006.

51. 德鲁克基金会. 未来的组织［M］. 方海洁等，译. 北京：中国人民大学出版社，2006.

52. 菲利普·塞尔兹尼克. 田纳西河流域管理局域与草根组织——个正式组织的社会学研究［M］. 李学，译. 重庆：重庆大学出版社，2014.

53. 哈贝马斯. 交往行为理论（第一卷）——行为合理性与社会合理性［M］. 曹卫东，译. 上海：上海人民出版社，2004.

54. 哈贝马斯. 交往行动理论（第二卷）——论功能主义理性批判

［M］. 洪佩郁等，译. 重庆：重庆出版社，1994.

55. 哈蒙. 公共行政的行动理论［M］. 吴琼恩，译. 台北：五南图书出版公司，1982.

56. 汉斯·格奥尔格·伽达默尔. 诠释学：真理与方法（I）［M］. 洪汉鼎，译. 北京：商务印书馆，2010.

57. 赫伯特·A. 西蒙. 管理决策新科学［M］. 北京：中国社会科学出版社，1982.

58. 赫伯特·A. 西蒙. 管理行为［M］. 詹正茂，译. 北京：机械工业出版社，2006.

59. 赫伯特·马尔库塞. 单向度的人——发达工业社会意识形态研究［M］. 刘继，译. 上海：上海译文出版社，2008.

60. 霍布斯. 利维坦［M］. 梨思复，译. 北京：商务印书馆，1985.

61. 简·E. 芳汀. 构建虚拟政府：信息技术与制度创新［M］. 邵国松，译. 北京：中国人民大学出版社，2010.

62. 简·莱恩. 新公共管理［M］. 赵成根等，译. 北京：中国青年出版社，2004.

63. 杰罗姆·布鲁纳. 有意义的行为［M］. 魏志敏，译. 长春：吉林人民出版社，2011.

64. 卡尔·曼海姆. 意识形态与乌托邦——知识社会学导论［M］. 霍桂恒，译. 北京：中国人民大学出版社，2013.

65. 克里斯·阿吉里斯. 组织学习［M］. 张莉等，译. 北京：中国人民大学出版社，2004.

66. 克罗戴特·拉法耶. 组织社会学［M］. 安延，译. 北京：社会科学文献出版社，2000.

67. 孔繁斌. 公共性的再生产：多中心治理的合作行动机制建构［M］. 南京：江苏人民出版社，2012.

68. 理查德·M. 西尔特，詹姆斯·G. 马奇. 企业行为理论［M］. 李强，译. 北京：中国人民大学出版社，2008.

69. 理查德·桑内特. 公共人的衰落［M］. 李继宏，译. 上海：上海译文出版社，2014.

70. 列奥·斯特劳斯，约瑟夫·克罗波西．政治哲学史（下）[M]．李天然，译．石家庄：河北人民出版社，1998.

71. 林南．社会资本——关于社会结构与行动的理论[M]．张磊，译．上海：上海人民出版社，2005.

72. 卢卡奇．历史与阶级意识[M]．杜章智等，译．北京：商务印书馆，1999.

73. 卢梭．社会契约论[M]．李平沤，译．北京：商务印书馆，2011.

74. 罗伯特·K. 默顿．社会理论和社会结构[M]．唐少杰等，译．南京：译林出版社，2015.

75. 罗伯特·A. 达尔．论民主[M]．李风华，译．北京：中国人民大学出版社，2012.

76. 罗伯特·B. 登哈特．公共组织理论（第三版）[M]．北京：中国人民大学出版社，2003.

77. 罗伯特·阿格拉诺夫，迈克尔·麦奎尔．协作性公共管理：地方政府新战略[M]．李玲玲等，译．北京：北京大学出版社，2007.

78. 罗伯特·伯特．结构洞：竞争的社会结构[M]．任敏，译．上海：上海人民出版社，2008.

79. 罗伯特·登哈特．公共组织理论[M]．扶松茂，丁力，译．北京：中国人民大学出版社，2003.

80. 罗伯特·古丁，汉斯-迪特尔·克林格曼．政治科学新手册[M]．钟开斌等，译．北京：三联书店，2006.

81. 罗伯特·米歇尔斯．寡头统治铁律[M]．任军锋等，译．天津：天津人民出版社，2003.

82. 罗曼托·曼戈贝拉·昂格尔．知识与政治[M]．支振锋，译．北京：中国政法大学出版社，2009.

83. 洛克．政府论[M]．叶启芳，瞿菊农，译．北京：商务印书馆，1964.

84. 马茨·艾尔维森，卡伊·舍尔德贝里．质性研究的理论视角：一种反身性的方法论[M]．陈仁仁，译．重庆：重庆大学出版社，2009.

85. 马克·格兰诺维特．镶嵌：社会网与经济行动[M]．罗家德，译．北京：社会科学文献出版社，2007.

86. 马克斯·韦伯．经济与社会（第二卷）［M］．阎克文，译．上海：上海人民出版社，2010.

87. 马克斯·舍勒．知识社会学问题［M］．艾彦，译．北京：北京联合出版公司，2014.

88. 玛丽·道格拉斯．制度如何思考［M］．张晨曲，译．北京：经济管理出版社，2013.

89. 迈克尔·波兰尼．个人知识——迈向后批判哲学［M］．许泽民，译．遵义：贵州人民出版社，2000.

90. 迈克尔·豪特利，M. 拉米什．公共政策研究：政策循环与政策子系统［M］．庞诗等，译．北京：三联书店，2006.

91. 曼瑟尔·奥尔森．集体行动的逻辑［M］．陈郁等，译．上海：上海三联书店，1995.

92. 米歇尔·克罗齐耶．法令不能改变社会［M］．张月，译．上海：格致出版社、上海人民出版社，2008.

93. 米歇尔·克罗齐耶．科层制现象［M］．刘汉全，译．上海：上海人民出版社，2002.

94. 米歇尔·克罗齐耶．企业在倾听［M］．孙沛东等，译．上海：格致出版社、上海人民出版社，2009.

95. 米歇尔·克罗齐耶，埃哈尔·费埃德伯格．行动者与系统［M］．张月，译．上海：上海人民出版社，2007.

96. 穆雷·霍恩．公共管理的政治经济学——公共部门的制度选择［M］．汤大华等，译．北京：中国青年出版社，2004.

97. 尼古拉斯·亨利．公共行政与公共事务［M］．张昕等，译．北京：中国人民大学出版社，2002.

98. 帕特里克·贝尔特，菲利佩·卡雷拉达·席尔瓦．二十世纪以来的社会理论［M］．瞿铁鹏，译．北京：商务印书馆，2014.

99. 皮埃尔·布迪厄．实践感［M］．蒋梓骅，译．南京：译林出版社，2012.

100. 皮埃尔·卡蓝默．破碎的民主——试论治理的革命［M］．高凌瀚，译．北京：三联书店，2005.

101. 皮埃尔·卡蓝默，安德烈·塔尔芒．心系国家改革——公共管理建构模式论［M］．胡洪庆，译．上海：上海人民出版社，2004.

102. 齐格蒙特·鲍曼．被围困的社会［M］．郇建立，译．南京：江苏人民出版社，2005.

103. 齐格蒙特·鲍曼．立法者与阐释者：论现代性、后现代性与知识分子［M］．上海：上海人民出版社，2000.

104. 齐格蒙特·鲍曼．流动的现代性［M］．欧阳景根，译．上海：上海三联书店，2002.

105. 齐格蒙特·鲍曼．全球化——人类的后果［M］．郭国良，徐建华，译．北京：商务印书馆，2013.

106. 乔纳森·特纳．社会学理论的结构［M］．邱泽奇等，译．北京：华夏出版社，2001.

107. 乔万尼·萨利托．民主新论［M］．冯克利等，译．上海：上海人民出版社，2015.

108. 乔治·弗雷德里克森．公共行政的精神［M］．张成福等，译．北京：中国人民大学出版社，2003.

109. 乔治·瑞泽尔．后现代社会理论［M］．谢立中等，译．北京：华夏出版社，2003.

110. 乔治·萨拜因．政治学说史（上卷），邓正来，译．上海：上海人民出版社，2008.

111. 全钟燮．公共行政的社会建构：解释与批判［M］．孙柏英等，译．北京：北京大学出版社，2008.

112. 让·鲍德里亚．消费社会［M］．刘成福，译．南京：南京大学出版社，2014.

113. 让·弗朗索瓦·利奥塔．后现代状况——关于知识的报告［M］．岛子，译．长沙：湖南美术出版社，1996.

114. 让·皮埃尔·戈丹．何谓治理［M］．钟震宇，译．北京：中国社会科学文献出版社，2010.

115. 塞缪尔·P. 亨廷顿．第三波：20 世纪后期的民主化浪潮［M］．

欧阳根景，译．北京：中国人民大学出版社，2013.

116. 斯蒂芬·戈德史密斯，威廉·D. 埃格斯．网络化治理：公共部门的新形态［M］. 孙迎春，译．北京：北京大学出版社，2008.

117. 苏国勋，刘小枫．社会理论的诸理论（Ⅱ）［M］. 上海：上海三联书店、华东师范大学出版社，2005.

118. 塔尔克特·帕森斯．社会行动的结构［M］. 张明德等，译．北京：译林出版社 . 2012.

119. 托马斯·R. 戴伊．理解公共政策［M］. 谢明，译．北京：中国人民大学出版社，2011.

120. 托马斯·库恩．科学革命的结构［M］. 金吾伦，胡新和，译．北京：北京大学出版社，2003.

121. 汪行福．通过话语民主之路：与哈贝马斯对话［M］. 成都：四川人民出版社，2002.

122. 王晖，陈燕谷．文化与公共性［M］. 上海：上海三联书店，1998.

123. 王绍光，樊鹏．中国式共识型决策“开门”与“磨合”［M］. 北京：中国人民大学出版社，2013.

124. 威廉·N. 邓恩．公共政策分析导论［M］. 谢明等，译．北京：中国人民大学出版社，2011.

125. 威廉姆·A. 尼斯坎南．官僚制与公共经济学［M］. 王浦劬，译．北京：中国青年出版社，2004.

126. 文森特·奥斯特罗姆．美国公共行政的思想危机［M］. 毛寿龙，译．上海：上海三联书店，1999.

127. 沃尔特·W. 鲍威尔，保罗·J. 迪马吉奥．组织分析的新制度主义［M］. 姚伟，译．上海：上海人民出版社，2008.

128. 乌尔里希·贝克．风险社会［M］. 何博闻，译．南京：译林出版社，2004.

129. 吴琼恩．行政学［M］. 台北：三民书局，1996.

130. 雅克·德里达．论文字学［M］. 汪堂家，译．上海：上海译文出版社，1999.

131. 亚历山大·伯德. 科学哲学是什么［M］. 贾玉树，译. 北京：中国人民大学出版社，2014.

132. 姚大志. 当代西方政治哲学史［M］. 北京：北京大学出版社，2011：68.

133. 伊森·里布. 美国民主的未来：一个设立公众部门的方案［M］. 朱昔群，等，译. 北京：中央编译出版社，2009.

134. 尤尔根·哈贝马斯. 哈贝马斯精粹［M］. 曹卫东，译. 南京：南京大学出版社，2004.

135. 于尔根·哈贝马斯. 公共领域的结构转型［M］. 曹卫东等，译. 上海：学林出版社，1999.

136. 于尔根·哈贝马斯. 现代性的哲学话语［M］. 曹卫东等，译. 南京：译林出版社，2011.

137. 于尔根·哈贝马斯. 在事实与规范之间：关于法律和民主法治国的商谈理论［M］. 童世骏，译. 北京：三联书店，2003.

138. 于尔根·哈贝马斯. 重建历史唯物主义［M］. 郭官义，译. 北京：社会科学文献出版社，2013.

139. 尤尔根·哈贝马斯. 包容他者［M］. 曹卫东，译. 上海：上海人民出版社，2002.

140. 约·埃尔斯特. 协商民主：挑战与反思［M］. 周艳辉，译. 北京：中央编译出版社，2009.

141. 约翰·W. 金登. 议程、备选方案与公共政策［M］. 丁煌等，译. 北京：中国人民大学出版社，2004.

142. 约翰·基恩. 公共生活与晚期资本主义［M］. 马音等，译. 北京：社会科学文献出版社，1999.

143. 约翰·克莱顿·托马斯. 公共决策中的公民参与［M］. 孙柏英，译. 北京：中国人民大学出版社，2014.

144. 约翰·罗尔斯. 正义论［M］. 何怀宏等，译. 北京：中国社会科学出版社，1988.

145. 约翰·罗尔斯. 政治自由主义［M］. 万俊人，译. 南京：译林出版社，2011.

146. 詹姆斯·E. 安德森 . 公共决策［M］. 唐亮，译 . 北京：华夏出版社，1990.

147. 詹姆斯·G. 马奇 . 决策是如何产生的［M］. 王元歌，译 . 北京：机械工业出版社，2014.

148. 詹姆斯·G. 马奇 . 马奇论管理［M］. 丁丹，译 . 北京：东方出版社，2012.

149. 詹姆斯·G. 马奇，约翰·P. 奥尔森 . 重新发现制度：政治的组织基础［M］. 张伟，译 . 北京：三联书店，2011.

150. 詹姆斯·M. 布坎南，戈登·塔洛克 . 同意的计算：立宪民主的逻辑基础［M］. 陈光金，译 . 北京：中国社会科学出版社，2000.

151. 詹姆斯·Q. 威尔逊 . 官僚机构：政府机构的作为及其原因［M］. 孙艳等，译 . 北京：三联书店，2006.

152. 詹姆斯·S. 科尔曼 . 社会理论的基础（上）［M］. 邓方，译 . 北京：社会科学文献出版社，2008.

153. 詹姆斯·博曼 . 公共协商：多元主义、复杂性与民主［M］. 黄相怀，译 . 北京：中央编译出版社，2006.

154. 詹姆斯·博曼，威廉·雷吉 . 协商民主：论理性与政治［M］. 陈家刚等，译 . 北京：中央编译出版社，2009.

155. 詹姆斯·菲什金，彼得·拉斯莱特 . 协商民主论争［M］. 张晓敏，译 . 北京：中央编译出版社，2009.

156. 詹姆斯·汤普森 . 行动中的组织——行政理论的社会科学基础［M］. 敬乂嘉，译 . 上海：上海人民出版社，2007.

157. 张康之 . 公共行政的行动主义［M］. 南京：江苏人民出版社，2014.

158. 张康之 . 合作的社会及其治理［M］. 南京：江苏人民出版社，2014.

159. 张康之 . 论伦理精神［M］. 南京：江苏人民出版社，2010.

160. 张康之 . 行政伦理的观念与视野［M］. 北京：中国人民大学出版社，2008.

161. 张康之．寻找公共行政的伦理视角［M］. 北京：中国人民大学出版社，2002.

162. 张康之，张乾友．公共生活的发生［M］. 北京：高等教育出版社，2010.

163. 张康之，张乾友．共同体的进化［M］. 北京：中国社会科学出版社，2012.

164. 珍妮特·V. 登哈特，罗伯特·B. 登哈特．新公共服务：服务而不是掌舵［M］. 丁煌，译．北京：中国人民大学出版社，2004.

165. 周雪光．组织社会学十讲［M］. 北京：社会科学文献出版社，2003.

167. 竺乾威．公共行政理论［M］. 上海：复旦大学出版社，2015.

（二）期刊

1. 陈炳辉．哈贝马斯的民主理论［J］. 厦门大学学报（哲学社会科学版），2001（2）：101-110.

2. 陈炳辉，王卫．民主共识的达成——协商民主解决多元偏好冲突的路径选择［J］. 厦门大学学报（哲学社会科学版），2012（5）：35-42.

3. 陈家刚．中国协商民主的比较优势［J］. 新视野，2014（1）：20-26.

4. 陈玲，赵静，薛澜．择优还是折中？——转型期中国政策过程的一个解释框架和共识决策模型［J］. 管理世界，2010（8）：59-72.

5. 陈肖生．理解作为一种辩护方法的政治建构主义［J］，中国人民大学学报，2014（3）：54-63.

6. 杜英歌，娄成武．西方协商民主理论述评［J］. 国家行政学院学报，2010（5）：60-64.

7. 顾肃．多元民主社会中的重叠共识与公共理性［J］. 马克思主义与现实（双月刊），2008（1）：23-27.

8. 李芳．哈贝马斯交往理性的构成及其实践局限［J］. 湖北社会科学，2015（8）：109-111.

9. 刘仁春，林延斌，王莹．协商民主视阈下公共决策“公共性”的实现［J］. 广西师范大学学报（哲学社会科学版），2014（5）：43-49.

10. 刘淑妍，陈学东．中国政策过程问题浅析——从共识角度分析［J］. 学理论，2013（16）：46-47.

11. 罗维．寻求不一致的一致——中西协商民主制度比较研究［J］. 江汉论坛，2012（11）：43-48.

12. 童世骏．关于“重叠共识”的“重叠共识”［J］. 中国社会科学，2008（6）：55-65，205-206.

13. 王露珠．重叠共识与社会稳定：起源、限定与达成［J］. 甘肃社会科学，2014（5）：125-128.

14. 谢立中．哈贝马斯的“沟通有效性理论”：前提或限制［J］. 北京大学学报（哲学社会科学版），2014（5）：142-148.

15. 邢玲，高信奇．言语、行动与共识：协商民主的三重面向［J］. 学海，2013（5）：102-107.

16. 薛冰．自由、社群与协商共识——探究公共管理的思想基础［J］. 江海学刊，2007（2）：105-109.

17. 薛澜，陈玲．中国公共政策过程的研究：西方学者的视角及其启示［J］. 中国行政管理，2005（7）：99-103.

18. 颜学勇，周美多．基于共识的治理：后现代情境下政策共识的可能性及其限度［J］. 电子科技大学学报（社科版），2011（4）：19-25.

19. 杨芳．公共理性在公共政策中的运用及其实现［J］. 理论导刊，2012（4）：18-20.

20. 姚大志．从《正义论》到《政治自由主义》——罗尔斯的后期政治哲学［J］，中国人民大学学报，2010（1）：23-29.

21. 姚大志．哈贝马斯政治哲学的内在逻辑［J］. 社会科学研究，2010（1）：114-119.

22. 张康之，向玉琼．政策问题建构：从追求共识到尊重差异［J］. 社会科学研究，2015（5）：1-11.

23. 周超，易洪涛．政策论证中的共识构建：实践逻辑与方法论工具［J］. 武汉大学学报（哲学社会科学版），2007（6）：913-920.

二、英文文献

1. ARGYRIS C, SCHOND. Organizational Learning: A theory of action Perspective [M]. Reading, MA: Addsion-Wesley, 1978.

2. BIERLY, P E, KESSLER, et al. Organizational Learning, Knowledge and Wisdom [J]. Journal of Organizational Change Management., 2000, 13 (6): 597-616 .

3. COOK S D N, YANOW D. Culture and organization Learning [J]. Journal of management inquiry, 1993, 2 (4): 372-389.

4. C FINL, M LYLES, A. Marjorie, Organizational Learning [J]. Academy of Management Review, 1985, 10 (4): 805-810.

5. Fischer, Frank. Evaluating Public Policy. [M] Belmont, CA: Wadsworth, 1995.

6. G. Swee and G. Richards, Benchmarking the Learning Capability of Organization [J]. European Management, 1997, 15 (5): 579-580.

7. Herbert . Blumer: Symbolic Interactionism [J]. University of California Press, 1969: 1-60.

8. Kanter R M. The new managerial work [J]. Harvard business review, 1989, 67 (6): 86-90.

9. Lahteenmarki S, Toivonen J, Mattila M. Critical aspects of organizational learning research and proposal for its measurement [J]. British Journal of Management, 2001, 12: 115-128.

10. Stanley Hoffmann. Some Notes on Democratic Theory and Practice [J]. The Tocqueville Review2, 1 (Winter 1980): 69.

11. Schein, E. On dialogue, culture, and organizational learning [J]. Organizational Dynamics, 1993, 2 (22): 45-47.

12. S. Ghoshal, H. Korine, and G. Szulanski, interunit communicaton in multinationalcirporation [J]. Management Science, 1994, 40: 98-106.

13. Stellman, T. A. and L. A. Maguire, Understanding ParticipantPerspectives: Q - Methologyin National Forest Management. [J] Journal of Policy Analysis and Management, 1999: 18.

14. Toulmin, S. The Uses of Argument [J]. Cambridge University Press, 1958: 96-99.

致　谢

作为大千世界的一分子，个体的命运固然取决于个人努力，但也离不开他人的眷顾与恩惠。所以，我们应该懂得感恩，哪怕是点滴之恩，也要涌泉相报。也许，这就是论文一定要附上致谢的缘由所在。因为，求学的要旨不仅在于求知，还在于求德，甚至德性的修炼更为重要。我的博士求学之路正是得益于困顿时一个同事的启发，是他的一番言论重新点燃了我的求学热情。其实，早在攻读硕士研究生时我就有了继续读博的念想。然而，仅仅是生活中的些许困难使得我的这一追求夭折了，相对稳定的工作又充当了泯灭理想的温床。可见，我不是没有梦想，而是安于现状的懒惰思想在作祟，束缚了理想的放飞。不得不承认，我是一个后知后觉的人，总是被动地适应环境，而不能洞察先机。无论怎么说，我首先要感谢这个不经意间给我力量的同事。

在漫长的求学道路上，我最应该感谢的是张康之教授。作为公共行政学界的知名学者，张老师著作等身，言传身教，总是以春风化雨般的慈爱来呵护学生的成长。能够继续追随张老师求学，时刻聆听他的教诲，是我莫大的荣幸！总体来说，我的博士论文写作相对还是比较顺利的，这得益于张老师的悉心培养和有意锻炼。记得博一临近期末时，我拿着两篇刚刚付梓的文章让老师看，本想攀附老师的大名发表了事。怎奈老师却说，还是自己先投稿试试，按照评审的意见好好修改，不要害怕被退稿，好文章都要经历千锤百炼，并拿自己和一位诺贝尔文学奖获得者的事例来激励我。当时，我不理解老师的良苦用心，甚至还有点怨言。但是，在小论文发表和大论文写作的过程中，我发现独立思考能力